智元微库
OPEN MIND

成 长 也 是 一 种 美 好

HR
总是有办法

从入职到离职的
101个纠纷巧解

吕帅　陈橙　著

人民邮电出版社

北京

图书在版编目（CIP）数据

HR总是有办法：从入职到离职的101个纠纷巧解 /
吕帅，陈橙著. -- 北京：人民邮电出版社，2023.5（2024.7重印）
ISBN 978-7-115-61079-9

Ⅰ．①H… Ⅱ．①吕… ②陈… Ⅲ．①劳动争议－处理
－基本知识－中国 Ⅳ．①D922.591

中国国家版本馆CIP数据核字（2023）第003928号

◆ 著 吕 帅 陈 橙
　责任编辑 黄琳佳
　责任印制 周昇亮
◆ 人民邮电出版社出版发行　　北京市丰台区成寿寺路11号
　邮编 100164　电子邮件 315@ptpress.com.cn
　网址 https://www.ptpress.com.cn
　天津千鹤文化传播有限公司印刷
◆ 开本：787×1092　1/16
　印张：19　　　　　　　　　　2023 年 5 月第 1 版
　字数：255 千字　　　　　　　2024 年 7 月天津第 3 次印刷

定　价：79.80 元
读者服务热线：（010）67630125　印装质量热线：（010）81055316
反盗版热线：（010）81055315
广告经营许可证：京东市监广登字 20170147 号

自序 /preface

近几年，劳动争议案件量明显增长，作为律师、劳动争议调解员、劳动仲裁员，我们在一线接触了大量劳动争议案件，也和形形色色的劳动者、用人单位打过交道。我们有一个明显的感受，就是维权的劳动者越来越趋于年轻化，而且委托专业律师的相比其他类型案件来说更少一些。当然，这也与劳动争议案件的涉案金额较小、维权途径较丰富等特点有关，但是我们也不能忽视大数据对人们获取信息的影响。我们现在在打开手机搜索某个法律问题时，可以收到各类 App 推送的普法类文章及短视频，这的确培养和提高了新时代劳动者群体的法律保护意识，使独立自主维权变得相对容易，但是，我们发现这种进步仍然存在一些问题。比如，不乏有劳动者自信满满地按照网络上的"指导"维权，结果弄巧成拙，甚至败诉。

就劳动争议本身来说，常见的争议类型不外乎工资报酬、劳动合同、劳动关系、社会保险待遇、经济补偿几种，但这并不代表在类似的情况下，审裁机构的裁决或判决结果是一样的。从案例检索情况来看，每个案件的实际情况和细节都千差万别，普通老百姓在检索或者学习时，需要具备极强的法律检索及甄辨能力，这样才能找到准确有效的法律依据或者指导案例。例如同样是主张二倍工资，有的劳动者因为过了仲裁时效而不能得到支持，有的因签订了具备劳动合同必备条款的岗位协议而不能得到支持，有的是因为在仲裁阶段没有提出诉求而不能得到支持。再从诉讼专业能力来看，一部分劳动者在没有咨询或聘请专业律师的情况下，没能理解什么是举证责任，所以其在主张劳动关系、加班费、提成等诉求时，可能会因为证据方面的问题而得到与类似案情所不同的结果。

总之，劳动法律是社会法，它管的主要是日常社会生活中的事。但法律毕竟是法律，是一个极其专业的领域，法条虽然仅有寥寥数语，但是我们一旦对其存在错误的理解或应用，便有可能在一场仲裁或诉讼中取得不理想的结果。因此，笔者着手分析了数万份真实的司法判例，并结合自身实务经验，挑选了一些在实务中企业及劳动者在理解与适用劳动法律时最容易产生理解偏差的代表性案例，进行了改编，将内容以"案例 + 法律分析 + 维权小贴士"的形式呈现在书中，以求让普通读者能够明白自己享有哪些权利，应该向哪个机构主张，如何主张并举证才能让自己的主张得到支持，等等。同时，本书也适合从事人力资源、法律、企业管理等职业的专业人士阅读，他们可以从知晓法律的底线，提高对证据的关注度，掌握沟通的技巧等方面出发，反向提高企业的人力资源合规水平。企业管理人员学习本书可以将"善意"融入意识，推动劳资和谐进程。

吕帅　陈橙

2022 年 10 月于长沙

目录 /contents

第三部分　工资待遇

第四部分 休假

第五部分 社会保险

第一部分　找工作

1. 求职者应聘遭歧视，招聘单位道歉加赔偿

案例 1①

一天，土生土长的 ×× 省人萌萌难得在招聘网站上看到一个心仪的工作岗位，她立即投递了自己的简历。第二天，萌萌收到发布这条招聘信息的公司给她的回复：她被拒绝了。令她不能理解的是，对方之所以拒绝她，竟然仅仅因为她是"×× 省人"。

经历以上遭遇的萌萌认为，对方公司的上述行为属于地域歧视行为，是违反《中华人民共和国就业促进法》（以下简称《就业促进法》）相关规定的，严重侵犯了她的人格权。她向人民法院提起诉讼，请求该公司赔礼道歉、支付精神抚慰金并承担合理维权费用。

律师意见

《就业促进法》第三条第二款规定："劳动者就业，不因民族、种族、性别、宗教信仰等不同而受歧视。"虽然这里没有明确地将"地域、户籍、身份"等内容规定进来，但我们应从该法的立法本意出发，去理解规定中"等"字所蕴含的内容。

我们认为，企业在筛选人才的过程中必然会设置一定的标准，如设置录用门槛，对候选人的工作经历、学历、专业能力等进行考核，而门槛存在的意义应该为考察候选人能否胜任、匹配所招聘的岗位，这样的甄选才对所有候选人都公平。如果企业设置的门槛与该岗位的胜任要求并无关联，甚至"因人而异"，那么企业就有可能存在就业歧视问题，此时，法律将对企业的"用工自主权"进行限制。

从劳动者的角度而言，在找工作时若遇到了就业歧视，无疑是其平等就业权甚至人格尊严受到了侵犯，此时劳动者有权要求用人单位承担民事侵权责任。最高人民法院《关于增加民事案件案由的通知》规定，"平等就业权纠纷"属于"人格权纠纷"中的一类，劳动者可以直接向法院起诉，并不需要经历劳动仲裁的前置程序。

本案中，用人单位损害了萌萌平等获得就业机会和就业待遇的权益，主观上具有过

---

① 改编自最高人民法院2022年7月4日发布的指导案例185号。

错，构成对萌萌平等就业权的侵害，应承担赔礼道歉、支付精神抚慰金及承担合理维权费用的民事责任。

☆ 维权小贴士

受理机构

人民法院。

案件类型

平等就业权纠纷。

民事起诉状诉讼请求表述

请求判令被告赔礼道歉；

请求判令被告赔偿原告精神抚慰金××元；

请求判令被告承担合理维权费用（如律师费、公证费等）××元。

举证指引

证明用人单位存在就业歧视行为的证据，如反映真实应聘情况的聊天记录、录音、录像等。

证明劳动者维权成本的证据，如律师委托代理合同、公证书及相关为维权支付的费用的凭证等。

2. 劳动者在体检时被查出是乙肝病毒携带者，被用人单位辞退，应如何维权

案例 2[①]

自 2015 年 6 月 10 日起，石某一直在某医疗器械公司担任销售部内勤。

2020 年 5 月 21 日，石某参加公司组织的员工体检，体检前公司并未通知石某有乙肝项目检测一项内容，体检报告显示石某为乙肝病毒携带者。

出于公共卫生安全方面的考虑，在得知体检结果的当天下午，公司便派出人力专员找石某谈话，称其不适合现在的工作，希望石某辞职，踏实看病。公司同意支付经济补偿金，但双方未能达成一致意见。2020 年 5 月 29 日，石某收到了公司的解除劳动合同通知书。

石某离职后，经劳动仲裁程序起诉，要求某医疗器械公司支付违法解除劳动合同赔偿金。

律师意见

在案例 1 中我们提到，用人单位不得因民族、种族、性别、宗教信仰等因素损害劳动者平等地获得就业机会和就业待遇的权益，那么对于乙肝病毒携带者，法律是怎么规定的呢？

首先，人力资源和社会保障部、教育部、卫生部（已撤销）的《关于切实贯彻就业体检中乙肝项目检测规定的通知》规定："除卫生部核准并予以公布的特殊职业外，不得要求进行乙肝项目检测……禁止企业在就业体检中采取任何形式要求求职者接受乙肝项目检测""医疗卫生机构要进一步完善乙肝项目检测知情同意制度，有关体检报告应当完全密封，交受检者本人或受检者指定的人员，保护乙肝项目受检者的隐私权。"可见，该通知规定了两个要件：一是"特殊职业"才能要求劳动者进行乙肝项目检测；二是乙肝项目检

---

① 改编自裁判文书网。

测必须在劳动者知情并同意的情况下开展。

这里的"特殊职业"是指原卫生部政务公开办公室《关于已核准的乙肝表面抗原携带者不得从事的职业的说明》中明确的公务员中的特警职位、民航招收的飞行学生，以及血站从事采血、血液成分制备、供血等业务工作的员工。石某所从事的并不属于这些"特殊职业"，且体检前，公司也未通知石某并取得其同意，所以，公司并无权力要求石某进行乙肝项目检测。

其次，人力资源和社会保障部的《关于切实做好维护乙肝表面抗原携带者入学和就业权利工作有关问题的通知》指出，"医学研究证明，乙肝病毒经血液、母婴及性接触三种途径传播，日常工作、学习或生活接触不会导致乙肝病毒传播"，即石某并不会影响公司的公共卫生安全。

最后，人民法院认为，即使医疗器械行业对员工身体健康标准的要求比其他行业高，某医疗器械公司也应该给予石某治疗疾病的机会。劳动者因病治疗是享有法定医疗期的，用人单位在此期间的单方解除权也受到一定限制。因此，某医疗器械公司以石某所从事的为特殊行业、岗位为由单方解除劳动合同的行为，显然是一种对乙肝病毒携带者的不合理对待。最终人民法院判决某医疗器械公司支付违法解除劳动合同的赔偿金。

☆ 维权小贴士

受理机构

劳动人事争议仲裁委员会（以下简称"劳动仲裁委"）。

案件类型

赔偿金争议。

劳动仲裁申请书仲裁请求表述

请求被申请人支付违法解除劳动合同的赔偿金××元。

举证指引

证明劳动关系的证据，如劳动合同、招聘广告、录用通知、社保缴费记录、个人所得税完税证明、离职证明、工作证明、工作证、空白业务合同、授权书、工作记录、考勤记录、银行流水、微信或支付宝转账记录等。

证明工资标准及发放情况，以便计算各项费用的证据，如工资发放记录等。

证明是用人单位单方解除劳动合同的证据，如用人单位向劳动者发出的解除劳动合同通知书等。

3. 用人单位"录而不用"，劳动者应如何维权

案例 3[①]

小金一直在 L 公司做摄影师，薪资稳定，月平均工资约为 10 000 元。

2019 年 10 月，小金在招聘平台上看到 A 公司在招聘摄影师，便投递了自己的简历，A 公司对小金进行了两次面试，后来双方达成初步意向，2019 年 11 月 6 日，A 公司向小金发出录用通知书，其内容为："经过面试甄选，我司决定正式聘用您为本公司设计部摄影师，薪资为 12 000／月，试用期为三个月（试用薪资为转正薪资的 80%），请您于 2019 年 11 月 27 日报到。"

小金欣喜万分，立即向 L 公司提出离职，L 公司于 2019 年 11 月 25 日正式向小金开具离职证明。

2019 年 11 月 22 日，正在等待入职的小金突然收到了 A 公司人力专员的微信消息，称 A 公司的摄影师岗位已经有人顶岗了，公司将撤销对小金的录用。

小金沮丧不已，A 公司不录用他，且他已经向 L 公司提出辞职，小金被迫沦为失业人员。小金向人民法院起诉，要求 A 公司赔偿自己经济损失 35 000 元。

---

① 改编自裁判文书网。

律师意见

本案的核心问题在于，用人单位向劳动者发出录用通知书，在劳动者正式入职前，若用人单位反悔，其应该承担什么样的法律责任？

本案中，由于劳动者与用人单位并未建立劳动关系，因此此案并不属于"劳动争议"类案件，用人单位要承担的并非劳动法上的法律责任，而是缔约过失责任。面对此类案件，劳动者可以不经过劳动仲裁而直接向人民法院提起诉讼，要求用人单位承担"缔约过失责任"，实践中，管辖方一般为被告（用人单位）所在地的人民法院。

那么，什么是缔约过失责任？缔约过失责任是指在订立合同的过程中，一方因违反基于诚实信用原则的先合同义务或附随义务，给另一方造成信赖利益损失，而应依法承担的民事责任。其法律依据为《中华人民共和国民法典》（以下简称《民法典》）的第五百条规定："当事人在订立合同过程中有下列情形之一，造成对方损失的，应当承担赔偿责任……（三）有其他违背诚信原则的行为。"

本案中，A 公司先是于 2019 年 11 月 6 日向小金发出录用通知书，通知其于 2019 年 11 月 27 日报到，又于 2019 年 11 月 22 日向小金发出撤销录用决定。而在接到该录用通知书前，小金已经向原单位递交了离职申请，原单位于 2019 年 11 月 25 日正式向小金开具离职证明，造成小金待业。A 公司的行为明显构成缔约过失，A 公司应当承担相应赔偿责任。最终，人民法院支持了小金的诉讼请求，判决 A 公司向小金支付三个月的工资损失。

对于具体赔偿数额的确定，司法实践中尚无统一的尺度。一般而言，法院会从公平原则角度考虑单位的过错程度及劳动者的直接损失、信赖利益损失。直接损失包括因应聘而产生的通信费、交通费、体检费、住宿费等；信赖利益损失包括劳动者基于对公司的信任而辞去原工作，以及今后因重新找新工作而产生的时间成本和经济成本。

☆ 维权小贴士

受理机构

人民法院。

案件类型

缔约过失责任纠纷。

民事起诉状诉讼请求表述

请求判令被告赔偿经济损失 ×× 元。

举证指引

证明招聘单位违反了以诚实信用为基础的先合同义务的证据，如录用通知书，取消录用的短信、邮件、聊天记录等。

证明应聘者产生实际损失的证据：如上一家单位开具的离职证明，相关的通信费、交通费、体检费、住宿费记录等。

证明应聘者工资标准的证据，如收入凭证、发放工资的银行流水等。

4. 劳动者"录而不去"，需要承担违约责任吗

案例 4[①]

2020 年 6 月，于某到某公司应聘市场经理一职且通过了面试。2020 年 7 月 25 日，某公司在给于某发的录用通知书中明确："于某的岗位是市场经理，月基本工资为 20 000 元整（税前）……入职日期是 2020 年 8 月 26 日，合同期限为三年，其中试用期为六个月，工作地点为某市。若于某在签署录用通知书后未按前述入职日期到岗或者公司在对于某的背景调查结果满意后仍拒绝接受于某入职，则视为对此份协议构成违约，违约方应承担违约责任。双方均理解违约行为将给对方造成不可弥补的损失，并且同意根据下述方式赔偿对方违约金：违约金数额＝前述条款中约定的一个月基本工资的数额……"

当天，于某在录用通知书上签名并将其以扫描件形式发回某公司。

---

① 改编自裁判文书网。

2020 年 8 月 25 日，于某向某公司回函，明确拒绝入职该公司。

2020 年 8 月 27 日，某公司向于某发送《关于拒绝某公司聘用的违约赔偿》，要求于某承担违约责任。

于某拒绝后，某公司向法院起诉，请求于某支付违约金 20 000 元。

律师意见

第一，本案属于劳动争议吗？

《中华人民共和国劳动合同法》（以下称简《劳动合同法》）第七条规定："用人单位自用工之日起即与劳动者建立劳动关系。用人单位应当建立职工名册备查。"本案中，某公司仅向于某发送了录用通知书，于某尚未入职，所以双方并没有成立劳动关系，此时某公司不属于用人单位，于某也不属于劳动者，故本案不适用《劳动合同法》等劳动法律，不属于劳动争议。

第二，于某是否需要支付违约金？

《劳动合同法》第二十五条规定："除本法第二十二条和第二十三条规定的情形外，用人单位不得与劳动者约定由劳动者承担违约金。"因此，劳动者仅在违反竞业限制约定、违反服务期约定这两种情形下需要向用人单位承担违约责任。根据前述分析，本案并不属于劳动争议，双方并没有建立劳动关系，故不适用此条规定，而应适用《民法典》第五百条规定，"当事人在订立合同过程中有下列情形之一，造成对方损失的，应当承担赔偿责任……（三）有其他违背诚信原则的行为"。该规定即指在订立合同的过程中，若一方因违反基于诚实信用原则的先合同义务或附随义务，给另一方造成信赖利益损失，则应依法承担"缔约过失责任"。本案中，某公司向于某发送了录用通知书，于某也签字回复表示同意，此时某公司已对于某按期履约产生了信赖利益，但于某直至约定入职时间的前一天才告知某公司拒绝入职，违反了诚信原则，侵害了某公司的信赖利益，造成了某公司的损失，因此于某应依法承担相应的赔偿责任。

最终，人民法院判决于某支付违约金 20 000 元。

5. 录用信上的工资和用人单位面试时承诺的不一致，劳动者应如何维权

案例 5[①]

2021 年 6 月 8 日，小刘到某教育公司面试，应聘讲师岗位。面试结束后，面试人员和小刘通过微信沟通了工资待遇问题，最终承诺给小刘的待遇是：试用期 9500 元 / 月，转正后 10 500 元 / 月。6 月 15 日，小刘向原单位提出离职申请，准备入职新公司。

2021 年 6 月 17 日，小刘收到了来自某教育公司的入职邀请函。看到入职邀请函上写明的工资待遇是"试用期 7200 元 / 月，转正后 9000 元 / 月"，小刘既纳闷又生气，他马上和某教育公司沟通。双方在工资待遇问题上未能达成一致，小刘最终放弃入职某教育公司。小刘既丢了原工作，又没能入职新公司，他将某教育公司告上了法庭，要求其赔偿自己的经济损失。

律师意见

在案例 3 中，我们分析了若用人单位向劳动者发送录用通知书，而在劳动者正式入职前又反悔，则用人单位应承担缔约过失责任。但本案是劳动者主动放弃入职的，用人单位还有责任吗？

答案是肯定的。

所谓"缔约过失责任"，是一种因违背诚信原则而造成对方信赖利益损失的责任，解决问题的关键点在于判断哪一方存在"违反诚信原则"的行为。本案中，某教育公司在招聘面试及薪资待遇洽谈的过程中，先是承诺了一个较高的薪水，在小刘从原单位离职并准备入职新单位时，该公司才告知小刘真实的工资待遇，且工资与面试沟通时所承诺的存在明显差异，使得小刘对预期获得的工资标准的合理期待落空，导致双方未能缔结劳动合同。所以失信之人不是小刘，而是某教育公司。

小刘因为某教育公司的失信行为失去了工作，过程中其必然产生了利益损失，所以某

---

① 改编自北京市第三中级人民法院微信公众号。

教育公司应当予以赔偿。

⭐ **维权小贴士**

受理机构

人民法院。

案件类型

缔约过失责任纠纷。

民事起诉状诉讼请求表述

请求判令被告赔偿经济损失 ×× 元。

举证指引

证明招聘单位违反了以诚实信用为基础的先合同义务的证据，如录用通知书，洽谈工资待遇的相关短信、邮件、聊天记录、录音、录像等。

证明应聘者产生实际损失的证据：如上一家单位开具的离职证明，相关的通信费、交通费、体检费、住宿费记录等。

证明应聘者工资标准的证据，如收入凭证、发放工资的银行流水等。

6. 入职时用人单位组织岗前培训，其间约定服务期和违约金，有效吗

案例 6[①]

2020 年 10 月 9 日，张某应聘入职某公司并从事锅炉运行工作。在入职时，考虑到张

---

① 改编自裁判文书网。

某此前并未从事过相关工作，公司要求张某参加新员工岗前培训，培训内容包括安全知识、岗位理论知识和实际操作技能。

同时，某公司还与张某签订了《员工培训协议书》，协议约定："乙方参加培训的学习费用由甲方承担，培训结束后，乙方至少应在甲方连续服务三年，自培训结束之日起算。该服务期约定视作劳动合同期限。在服务期内，乙方以任何理由单方面解除劳动合同的，乙方应赔偿甲方全部的培训费用，除此之外，乙方还应赔偿 3000 元整。"

2020 年 12 月，张某培训成绩合格，正式到某公司工作，某公司开始为张某缴纳社会保险。

2021 年 5 月 14 日，因某公司长期不发放加班费且在张某正式上班五个月后才为其缴纳"五险"，张某向某公司提交离职申请书，申请离职。

随后，张某经劳动仲裁程序后起诉，要求某公司支付加班费、经济补偿金等。同时，某公司也提起劳动仲裁，要求张某支付培训费 10 800 元、违约金 3000 元等。

律师意见

本案的关键问题在于岗前培训算不算专项培训。

《中华人民共和国劳动法》（以下简称《劳动法》）第三条规定，劳动者享有接受职业技能培训的权利。第六十八条规定："用人单位应当建立职业培训制度，按照国家规定提取和使用职业培训经费，根据本单位实际，有计划地对劳动者进行职业培训。从事技术工种的劳动者，上岗前必须经过培训。"

《劳动合同法》第二十二条还规定，用人单位为劳动者提供专项培训费用，对其进行专业技术培训的，可以与该劳动者订立协议，约定服务期。劳动者违反服务期约定的，应当按照约定向用人单位支付违约金。

可见，专业技术培训不同于为提高劳动者的日常劳动效率和劳动质量而开展的职业培训。实践中，在判断二者区别时，我们主要考虑三个方面。

（1）专业技术培训一般是针对个体的。如单位为了拓展新业务而选送个别劳动者进行有针对性的学习和训练，以使劳动者掌握从事新业务所必需的技能。

（2）专业技术培训的目的是使劳动者能够胜任更高层次或更加专业的工作。

（3）专业技术培训的形式一般为脱产学习和进修，培训的时间也比较长。

本案中，张某到某公司从事锅炉运行工作，在正式上岗前，某公司考虑张某此前并未从事过相关工作，便安排张某进行了为期两个月的培训，故此项培训应是张某从事锅炉运行工作前的必需培训，而不是提高其锅炉运行技能的专业技术培训，故不属于可以约定服务期及违约金的法定情形。此外，即使本案中的培训属于专业技术培训，根据《劳动合同法》第二十二条的规定，用人单位要求劳动者支付的违约金也不得超过服务期尚未履行部分所应分摊的培训费用。最终，人民法院驳回了某公司关于培训费、违约金的诉求。

☆ 维权小贴士

受理机构

劳动仲裁委。

案件类型

服务期争议。

劳动仲裁申请书仲裁请求（或抗辩）表述

请求确认服务期约定无效。

举证指引

证明双方约定的岗位及工作内容、已工作期限的证据，如劳动合同、岗位职责说明书、工作记录等。

证明培训为从事本岗位前的必需培训的证据，如培训记录、培训内容等。

7. 入职要交押金，劳动者应如何维权

案例 7[①]

2016 年 3 月，小赵入职环卫中心，担任勾臂式垃圾车驾驶员。在小赵第一天入职时，环卫中心要求小赵缴纳 2000 元的保证金，并说明单位收取该费用是为了促使垃圾车驾驶员文明驾驶、遵章守法。2021 年 11 月 30 日，小赵因为违反限行规定而被交通部门查处，受到扣分处罚并被处以罚款。环卫中心决定扣除小赵的保证金，并以小赵无法继续履行工作职责为由解除了劳动合同。

小赵不服，经劳动仲裁程序起诉，要求环卫中心返还保证金并支付工资等各项费用。

律师意见

在现实生活中，劳动者因自身过失为企业带来损失，后来又不辞而别的情况确有发生。很多企业为了预防此类风险，会要求劳动者在入职时缴纳"押金"、提供"担保"；有些企业采取了其他更为隐蔽的方式，比如向劳动者收取服装费、劳动工具费或者扣押劳动者的身份证、职业资格证等。

《劳动合同法》第九条规定，用人单位招用劳动者，不得扣押劳动者的居民身份证和其他证件，不得要求劳动者提供担保或者以其他名义向劳动者收取财物。

本案中，环卫中心向小赵收取保证金的行为明显不符合法律规定，其应当返还保证金。最终，法院支持了小赵关于返还保证金及支付其他各项费用的诉求。

此外，《劳动合同法》第八十四条还规定："用人单位违反本法规定，扣押劳动者居民身份证等证件的，由劳动行政部门责令限期退还劳动者本人，并依照有关法律规定给予处罚。用人单位违反本法规定，以担保或者其他名义向劳动者收取财物的，由劳动行政部门责令限期退还劳动者本人，并以每人五百元以上二千元以下的标准处以罚款；给劳动者造成损害的，应当承担赔偿责任。劳动者依法解除或者终止劳动合同，用人单位扣押劳动者

---

① 改编自裁判文书网。

档案或者其他物品的，依照前款规定处罚。"因此，若用人单位要求劳动者交"押金"、提供担保或扣押物品，则劳动者可以选择向劳动保障行政部门投诉，由劳动保障行政部门责令用人单位限期退还财物；劳动者也可以向劳动仲裁委申请劳动争议仲裁，要求用人单位返还财物。

☆ 维权小贴士

受理机构

劳动仲裁委。

案件类型

押金、扣押证件争议。

劳动仲裁申请书仲裁请求表述

请求被申请人退还押金、证件或返还押金、证件。

举证指引

证明用人单位存在违法行为的证据，如缴纳押金、扣押证件的通知或制度，以及相关工资支付记录、工资条、支付凭证、押金单等。

8. 劳动者因简历作假被辞退，已发的工资要返还用人单位吗

案例 8[①]

某公司发布了一则招聘公告，载明招聘岗位为市场策划，任职要求为"大专及以上学历，两年以上策划经验……"

---

① 改编自裁判文书网。

马某看到招聘信息后，因为学历不符合要求，便带上伪造的毕业证书、学位证书前往公司应聘。

2017年2月24日，马某通过面试入职某公司，入职当天马某填写了员工入职简历表，表中载明其最高学历为某大学中文专业本科毕业，底部载明"本人签名保证以上所填写内容完整、真实，如有欺瞒，某公司将立即无条件解除劳动关系"。

一年后，某公司发现马某简历作假，便向劳动仲裁委申请仲裁，要求确认双方的劳动合同无效，并要求马某返还某公司已经发放的工资、年终奖、产假工资。

律师意见

本案的特殊之处在于，发起劳动仲裁的一方为用人单位，其以劳动者简历作假为由要求确认劳动合同无效，并要求劳动者返还已经发放的工资。

第一，劳动者简历作假会导致劳动合同无效吗？

《劳动合同法》第二十六条规定，以欺诈、胁迫的手段或者乘人之危，使对方在违背真实意思的情况下订立或者变更劳动合同的，劳动合同无效或部分无效。本案中，某公司已经明确了招聘条件中的学历要求，马某为了被录用，提交了伪造的毕业证书、学位证书，并在员工入职简历表中填写了虚假信息。其行为明显违背诚信原则，已然构成欺诈。此时某公司可以据此主张劳动合同无效，且人力资源和社会保障部、最高人民法院的《关于劳动人事争议仲裁与诉讼衔接有关问题的意见（一）》第十九条规定："用人单位因劳动者违反诚信原则，提供虚假学历证书、个人履历等与订立劳动合同直接相关的基本情况构成欺诈解除劳动合同，劳动者主张解除劳动合同经济补偿或者赔偿金的，劳动人事争议仲裁委员会、人民法院不予支持。"因此，某公司不仅有权单方解除劳动合同，而且无须支付经济补偿金或赔偿金。

第二，劳动合同无效后，劳动者需要返还工资、年终奖、产假工资吗？

关于工资和年终奖。《劳动合同法》第二十八条规定："劳动合同被确认无效，劳动者已付出劳动的，用人单位应当向劳动者支付劳动报酬。劳动报酬的数额，参照本单位相同或者相近岗位劳动者的劳动报酬确定。"本案中，马某的确为某公司提供了劳动，故某公司仍需按照同工同酬的原则向马某支付劳动报酬，即马某无须返还工资和年终奖。

关于产假工资。产假工资实质是生育保险待遇，并不属于劳动所得。马某的产假工资是某公司基于双方劳动关系支付的，由于劳动合同无效，因此马某应当返还该部分费用。

最终，人民法院判决双方的劳动合同无效，马某向公司返还产假工资。

9. 劳动者入职登记填写婚姻情况作假被辞退，合法吗

案例 9[①]

林某于 2017 年 4 月 7 日入职公司，岗位为人事行政专员，双方签订了书面劳动合同，合同期限为 2017 年 4 月 7 日至 2020 年 4 月 6 日，试用期满工资为 4000 元 / 月。

2017 年 6 月 14 日，公司解除与林某的劳动关系，并向林某邮寄送达辞退通知书，辞退理由为：林某在应聘时提交的应聘信息登记表及新员工入职申请表中，"婚姻状况"一栏所填写的"未婚"与事实不符，严重违反相关法律法规及两表格中关于资料真实性的约定条款。同日林某签收了该辞退通知书。此外，林某于 2017 年 4 月 23 日在某医院进行检验，确认已怀孕，于 2017 年 6 月 9 日在另一医院进行超声检查，检查提示其宫内妊娠在 13 周以上（胎儿存活）。林某主张其分别于 2017 年 5 月 17 日、5 月 27 日向公司告知了怀孕的情况。林某认为公司违法解除了双方劳动关系，要求公司支付违法解除劳动合同赔偿金。

律师意见

案例 8 提到，最高人民法院、人力资源和社会保障部《关于劳动人事争议仲裁与诉讼衔接有关问题的意见》第十九条规定："用人单位因劳动者违反诚信原则，提供虚假学历证书、个人履历等与订立劳动合同直接相关的基本情况构成欺诈解除劳动合同，劳动者主

---

① 改编自广州市中级人民法院发布的女职工权益保护典型案例。

张解除劳动合同经济补偿或者赔偿金的，劳动人事争议仲裁委员会、人民法院不予支持。"

据此，似乎公司辞退林某的理由是合法合理的，但笔者认为，本案真正的问题不在于劳动者是否提交了虚假信息，而是在于劳动者是否必须要将婚育的个人信息提供给公司。

《劳动合同法》第八条规定，用人单位有权了解劳动者与劳动合同直接相关的基本情况，劳动者应当如实说明，这里的重点在于判断"基本情况"是不是"与劳动合同直接相关"。本案中，双方争议的"基本情况"是林某的婚育情况，而这部分信息首先属于林某的个人隐私，受到《民法典》及《个人信息保护法》的保护，公司也无法提供证据证明该隐私信息与林某履行劳动合同存在直接的关联关系，故林某作为劳动者，并没有向公司交代婚育情况的义务。所以公司以林某入职时于"婚姻状况"一栏所填写的内容与事实不符为由辞退林某的行为，不符合法律规定，属于违法解除劳动合同，公司应向林某支付解除劳动合同赔偿金。

最终，人民法院认定公司行为为违法解除劳动合同，其需向林某支付违法解除劳动合同的赔偿金。

☆ 维权小贴士

受理机构

劳动仲裁委。

案件类型

赔偿金争议。

劳动仲裁申请书仲裁请求表述

请求被申请人支付违法解除劳动合同的赔偿金 ×× 元。

举证指引

证明劳动关系的证据，如劳动合同、招聘广告、录用通知、社保缴费记录、个人所得税完税证明、离职证明、工作证明、工作证、空白业务合同、授权书、工作记录、考勤记录、银行流水、微信或支付宝转账记录等。

证明工资标准及发放情况，以便计算各项费用的证据，如工资发放记录等。

证明是用人单位单方解除劳动合同的证据，如用人单位向劳动者发出的解除劳动合同通知书等。

第二部分　入职

10. 岗前培训期间，劳动者与用人单位间是否存在劳动关系

案例 10[①]

2019 年 1 月 16 日，小郑成功通过了某人力公司招聘高铁乘务员的面试。不久，小郑开始接受某人力公司安排的集体培训。

培训期间，某人力公司与小郑签订了《岗前培训协议书》，协议书约定，"培训时间为 2019 年 2 月 26 日至 2019 年 4 月 1 日。员工在参加培训期间，不属于公司的正式员工，与公司间不构成劳动关系。公司无须为员工支付工资、缴纳社会保险；员工在培训期间发生意外伤害损失，由员工承担相应责任。待培训结束合格后，员工正式上岗并签订劳动合同方可成为正式员工，正式计算工龄""郑某在参加岗前基本知识培训和技能实际操作培训期间，补助生活费为 1500 元／月，如有缺勤，公司将扣除当天生活费"。

培训期间，小郑在实训场所受伤，导致左足跟骨粉碎性骨折。小郑认为自己的情况属于工伤，但某人力公司却说小郑和某人力公司之间不存在劳动关系，也就没有帮小郑申请工伤认定。

小郑为了维护自己的权益，经劳动仲裁程序后起诉，要求确认自己与某人力公司间的劳动关系，并要求某人力公司支付因未签订书面劳动合同而应给予的二倍工资等。

律师意见

实践中，企业为了使新员工尽快上手工作，往往安排员工进行岗前培训，这本是无可厚非的。但有部分企业为了规避用工责任，设置了所谓的"培训期""试工期""试岗期"等。企业之所以这样做，一方面是为了节省工资、社会保险成本，另一方面是为了推卸用工主体责任。一旦员工在约定期间遭受工伤，企业也将以此为由，否认劳动关系。

有关劳动者与用人单位在岗前培训期间是否构成劳动关系的问题，目前国家层面缺少明确规定，但个别省份有相关规定，《天津市贯彻落实〈劳动合同法〉若干问题实施细则》

---

① 改编自裁判文书网。

《江苏省劳动合同条例》《山东省劳动合同条例》规定，用人单位安排劳动者参加岗前培训、学习的，双方的劳动关系将自劳动者参加之日起建立。

那么没有相关规定的省份应该如何处理这个问题呢？

相关省份需要根据实际案情来认定是否存在劳动关系。司法实践中，裁判机构通常参考劳动和社会保障部（已撤销）《关于确立劳动关系有关事项的通知》的规定，也就是从主体资格的合法性、人身及经济的从属性、双方合意等几个方面来认定劳动关系。

如本案中，某人力公司主张双方之间不存在劳动关系，而是一种接受、提供培训服务的关系。

我们认为，某人力公司与小郑均为建立劳动关系的适格主体。小郑通过某人力公司发布的招聘信息应聘工作，此举并非为了接受培训服务，双方存在建立劳动关系的合意；某人力公司的经营范围包括劳务派遣，而小郑应聘的岗位是某人力公司的业务合作单位的乘务员，其工作属于某人力公司的业务组成部分；岗前培训的内容与小郑的工作内容相关，是为了其本职工作做的准备；小郑在培训期间，需要学习并遵守某人力公司的考勤制度，具有人身从属性；某人力公司发放的每月 1500 元的生活费，是根据出勤天数计算的，实际为工资，具有经济从属性。所以，小郑与某人力公司之间的关系符合劳动关系的特征。

此外，依据《劳动法》第三条、第六十八条规定，劳动者有接受职业技能培训的权利，但案件中的某人力公司却把小郑依法接受职业技能培训的权利，以签订《岗前培训协议书》的形式排除在双方劳动关系之外，违反了法律规定。

综上，小郑应当自参加培训之日起就与某人力公司建立了劳动合同关系，双方应当签订书面劳动合同，而且，小郑接受某人力公司的培训应被视为提供了劳动，某人力公司应依法支付劳动报酬。

最终，人民法院判决某人力公司与小郑自 2019 年 2 月 26 日起已建立劳动关系，并判决某人力公司向小郑支付因未签订劳动合同而应给予的二倍工资差额。

★ 维权小贴士

受理机构

劳动仲裁委。

案件类型

确认劳动关系争议。

劳动仲裁申请书仲裁请求表述

请求确认双方存在劳动关系或双方在××年××月××日至××年××月××日之间存在劳动关系。

举证指引

证明双方存在劳动关系的证据，如招聘广告、录用通知、书面劳动合同、社保缴费记录、个人所得税完税证明、离职证明、工作证明、考勤记录、考核记录、工作证、空白业务合同、授权书、银行流水、微信或支付宝转账记录等。

11. 退休人员再就业，其与用人单位之间是劳动关系吗

案例 11[①]

2019 年 5 月 13 日，已年满 52 周岁的何阿姨入职某公司工作，双方未签订劳动合同，某公司也未给何阿姨缴纳社会保险。

2020 年 1 月，何阿姨以某公司拖欠工资、未缴社会保险、未签订书面劳动合同为由辞职，并要求某公司支付经济补偿金、二倍工资等费用。

某公司认为，何阿姨是到了退休年龄的人，已无法享受职工基本养老保险待遇，不可

---

① 改编自裁判文书网。

能再与某公司之间存在劳动关系，也就不存在签订劳动合同、经济补偿方面的问题。

何阿姨经劳动仲裁程序后起诉，要求某公司支付相关费用。

律师意见

本案的争议焦点在于何阿姨与某公司之间是否存在劳动关系。

一般来说，在处理与确认劳动关系有关的争议案件时，审裁机构可按照劳动和社会保障部（已撤销）《关于确立劳动关系有关事项的通知》（劳社部发〔2005〕12 号）中的规定执行，规定称，"（一）用人单位和劳动者符合法律、法规规定的主体资格；（二）用人单位依法制定的各项劳动规章制度适用于劳动者，劳动者受用人单位的劳动管理，从事用人单位安排的有报酬的劳动；（三）劳动者提供的劳动是用人单位业务的组成部分"。

在退休人员确认劳动关系的案件中，争议焦点往往集中在上述第一项规定的要件是否成立上，即退休人员是否可以成为劳动关系的适格主体。这个问题主要涉及以下两条规定。

《劳动合同法》第四十四条规定："有下列情形之一的，劳动合同终止：（一）劳动合同期满的；（二）劳动者开始依法享受基本养老保险待遇的；（三）劳动者死亡，或者被人民法院宣告死亡或者宣告失踪的；（四）用人单位被依法宣告破产的；（五）用人单位被吊销营业执照、责令关闭、撤销或者用人单位决定提前解散的；（六）法律、行政法规规定的其他情形。"

《劳动合同法实施条例》第二十一条规定："劳动者达到法定退休年龄的，劳动合同终止。"

在上述两条规定中，劳动合同终止的节点有区别：《劳动合同法》规定的节点为"开始依法享受基本养老保险待遇的"，《劳动合同法实施条例》规定的则为"达到法定退休年龄的"。这两条规定看似相互冲突，实则互为补充。在实际案件审判中，审裁机构将根据个案的具体情况进行不同处理并选择不同的适用法律，如在本案中，审裁机构需要查清劳动者不能享受基本养老保险待遇的具体原因，如果情况并非用人单位的过错所导致，除非双方之间签订了书面劳动合同，否则一般难以被认定为构成劳动关系。所以，对于退休人员再就业时其与单位之间的法律关系，我们总结了以下结论。

（1）劳动者已经享受基本养老保险待遇的，双方成立劳务关系；

（2）劳动者未享受基本养老保险待遇，单位存在过错的，双方成立劳动关系；

（3）劳动者未享受基本养老保险待遇，单位不存在过错的，双方成立劳务关系；

（4）劳动者未享受基本养老保险待遇，单位不存在过错但双方签订了劳动合同的，双方成立劳动关系。

本案中，何阿姨在入职时已满 52 岁，达到法定退休年龄，她无法享受职工基本养老保险待遇，但这并不能归责于某公司，且双方也未签订劳动合同，故本案可以适用《中华人民共和国劳动合同法实施条例》（以下简称《劳动合同法实施条例》）第二十一条的规定，何阿姨与某公司之间的关系可以被定性为劳务关系。

最终，人民法院判决驳回何阿姨的全部诉讼请求。此外，目前在国家正逐步推进延迟退休制度的背景下，部分未享受养老保险待遇但又达到退休年龄人群的就业问题亟待解决，如何保护这类人的合法权益，如何平衡用人单位的利益等也是司法实践中的难题。笔者认为，《关于维护新就业形态劳动者劳动保障权益的指导意见》（人社部发〔2021〕56 号）的发布标志着我国已引入"第三类劳动形态"。如果这类人可以参考新业态用工相关政策，将自己与用人单位之间的关系定性为"不完全符合确立劳动关系的情形"，那么在法律的框架平衡劳工双方权益一事将更可能成为现实。

12. 用人单位选择业务外包服务，劳动者到底与谁构成劳动关系

案例 12[①]

2016 年，A 酒店因为拖欠欧总的装修工程款，便与欧总签订了《A 酒店客房部承包经营协议》，约定由欧总承包经营 A 酒店客房部全部房间，承包期间以 A 酒店名义开展经营活动，以 A 酒店名义选聘员工。

---

① 改编自裁判文书网。

签完合同后一个星期，欧总因为自身并无经营酒店的经验，便找到 B 公司，与 B 公司签订了《A 酒店客房委托管理协议》，约定由 B 公司以欧总的名义管理与运营酒店，且 B 公司在制定酒店机构设置、人员编制方案、劳动用工计划、员工的工资和福利方案前，应与欧总商议并在获得欧总同意之后才可以执行相关计划。

2016 年年底，小军入职 A 酒店担任客房经理一职，但他一直没有和 A 酒店或其他方签订书面劳动合同。

之后，由于 A 酒店经营不善，长期拖欠小军的工资，小军提起劳动仲裁，要求解除与 A 酒店间的劳动关系，并由各方连带承担支付经济补偿金、因未签订书面劳动合同而应给予的二倍工资以及支付所拖欠的工资的责任。

律师意见

实践中，酒店的经营模式主要有直接经营管理、委托经营管理、业务承包经营三种。在直接经营模式下，劳动关系较为简单。在后两种经营模式下，由于涉及主体众多，主体间关系复杂，劳动者往往难以分辨各个主体，甚至不知道自己是谁的员工，应该找谁维权。所以，我们需要先厘清各方的关系及责任，以免劳动维权过程中出现"告错"或"漏告"的情况。

首先，本案涉及酒店行业，而酒店行业必须要取得特种行业经营许可证，所以无论酒店采取的是业务承包经营还是委托经营管理模式，均只能以取得经营许可证的主体对外开展经营活动。

其次，关于业务承包经营。本案中，A 酒店将经营权承包给了欧总，但欧总没有经营酒店的资质，所以双方又约定欧总需要以 A 酒店的名义经营、选聘员工。《劳动合同法》第二条第一款规定："中华人民共和国境内的企业、个体经济组织、民办非企业单位等组织（以下称用人单位）与劳动者建立劳动关系，订立、履行、变更、解除或者终止劳动合同，适用本法。"所以，作为自然人的欧总也是不能成为劳动关系中的用人单位的，《A 酒店客房部承包协议》的效力仅限于协议双方，对外承担民事责任的主体还是 A 酒店。

最后，关于委托经营管理。本案中，欧总承包 A 酒店后又将其委托给 B 公司经营，根据上述分析，对外承担民事责任的实际上还是 A 酒店。《民法典》第一百六十二条规定：

"代理人在代理权限内，以被代理人名义实施的民事法律行为，对被代理人发生效力。"因此，欧总委托 B 公司经营酒店行为的相应法律后果理应由 A 酒店承担。

最终，人民法院判决 A 酒店支付经济补偿金、因未签订书面劳动合同而应给予的二倍工资差额以及拖欠的工资。

13. 用人单位与劳动者签订承包协议，发生工伤后，劳动关系应如何认定

案例 13[①]

曹某入职公司后，与公司签订了《数字电视及宽带安装维护承包协议》。曹某在公司主要负责有线电视的维护、续费与新装，公司按 2500 元 / 月向曹某支付基本费用，其他需要支付的费用还包括绩效考核奖金、交通补助、人员保险补贴等；公司按照有线电视用户缴费率、维修情况进行考核；当月费用在下个月 15 日进行结算。公司为曹某配置相关劳动工具。

2021 年 9 月，曹某在工作中摔倒并骨折。他与公司沟通工伤认定事宜，公司表示双方是承揽关系，并不存在劳动关系。

此后，曹某经劳动仲裁程序起诉，要求确认双方存在劳动关系。

律师意见

《关于确立劳动关系有关事项的通知》第一条规定："用人单位招用劳动者未订立书面劳动合同，但同时具备下列情形的，劳动关系成立。(一) 用人单位和劳动者符合法律、法规规定的主体资格；(二) 用人单位依法制定的各项劳动规章制度适用于劳动者，劳动者受用人单位的劳动管理，从事用人单位安排的有报酬的劳动；(三) 劳动者提供的劳动

---

① 改编自裁判文书网。

是用人单位业务的组成部分。"下文将围绕这三点分析本案的实际情况。

第一，主体资格。曹某与公司具有法律规定的主体资格，符合第一项规定。

第二，劳动管理。双方所签订的《数字电视及宽带安装维护承包协议》中有关于绩效考核的约定，公司也向曹某支付了报酬，符合第二项规定。

第三，业务组成部分。曹某从事有线电视的维护、续费、新装工作，所从事业务属于公司的业务组成部分，符合第三项规定。

分析到这里，我们似乎已经能够确认双方存在劳动关系了，但我们还需要考虑公司的抗辩意见：双方是承揽关系。

那么，双方是否符合成立承揽关系的要件呢？

答案是：不符合。

实际上，劳动关系、承揽关系间的差别并不十分明显，实践中有关此类案件的争议也较大，我们必须从二者的本质出发分析异同点，才能判断出曹某与公司之间的真实关系是什么。

其一，劳动关系有着人身从属性，即用人单位对劳动者有着控制、支配的权利，劳动者必须服从单位的管理；而在承揽关系中，承揽人提供的是一种独立性劳动，双方之间是一种平等合作的状态。本案中，曹某需要接受公司的考核，听从公司的工作指令，并不能独立开展工作，故双方在身份上并不平等。

其二，在劳动关系中，劳动者的生产工具一般由单位提供；而在承揽关系中，生产工具一般是由承揽人自行准备，并且其将以自身的技术、设备、劳动力完成委托方的工作任务，自行承担风险。本案中，曹某所使用的劳动工具均由公司统一配置。

其三，在劳动关系中，工资需要用人单位根据《工资支付条例》等法律法规的要求定期、按时、足额发放，形式上比较稳定；而在承揽关系中，多为一次性结算工资，支付周期不定。本案中，曹某的工资组成、工资发放情况明显更符合劳动报酬的特征。

据此，双方存在劳动关系。

⭐ **维权小贴士**

受理机构

劳动仲裁委。

案件类型

确认劳动关系争议。

劳动仲裁申请书仲裁请求表述

请求确认双方存在劳动关系或双方自××年××月××日至××年××月××日间存在劳动关系。

举证指引

证明双方存在劳动关系的证据，如招聘广告、录用通知、社保缴费记录、个人所得税完税证明、离职证明、工作证明、考勤记录、考核记录、工作证、空白业务合同、授权书、工作记录、银行流水、微信或支付宝转账记录等。

14. 停薪留职后劳动者入职新公司，双方是劳动关系吗

案例 14[①]

张某是某事业单位的职工，因为经济环境不景气、生产任务重，该单位允许张某等大部分职工自谋生路，其间职工停薪留职，事业单位及张某个人分别按法律规定的数额缴纳社会保险。

2014 年 5 月，张某受聘于某公司，任工程员一职，在职期间双方未签订劳动合同。

2015 年 9 月，张某以某公司未与其签订书面劳动合同及未给其缴纳社会保险为由离

---

① 改编自最高人民法院发布弘扬社会主义核心价值观十大典型案例。

开公司，并要求某公司支付因未签订书面劳动合同而应给予的二倍工资。某公司认为，张某的社会保险由某事业单位缴纳，所以他是某事业单位的在职职工，其与公司之间只能形成劳务关系，不能形成劳动关系，故公司拒绝支付相关费用。

此后，张某经劳动仲裁程序起诉，要求公司支付相关费用。

律师意见

本案的争议焦点在于，停薪留职的劳动者与新单位之间是何种关系？这个问题在司法实践中并不存在争议。

其一，停薪留职、内退人员并不属于不能建立劳动关系的人员。最高人民法院《关于审理劳动争议案件适用法律问题的解释（一）》第三十二条规定："用人单位与其招用的已经依法享受养老保险待遇或者领取退休金的人员发生用工争议而提起诉讼的，人民法院应当按劳务关系处理。企业停薪留职人员、未达到法定退休年龄的内退人员、下岗待岗人员以及企业经营性停产放长假人员，因与新的用人单位发生用工争议而提起诉讼的，人民法院应当按劳动关系处理。"虽然该司法解释是自 2021 年 1 月 1 日起施行的，但本案发生时所适用的最高人民法院《关于审理劳动争议案件适用法律若干问题的解释（三）》（现已废止）第八条亦规定："企业停薪留职人员、未达到法定退休年龄的内退人员、下岗待岗人员以及企业经营性停产放长假人员，因与新的用人单位发生用工争议，依法向人民法院提起诉讼的，人民法院应当按劳动关系处理。"

其二，新单位有依法缴纳社会保险、承担工伤赔偿责任的义务。人力资源和社会保障部《实施〈中华人民共和国社会保险法〉若干规定》第九条规定："职工（包括非全日制从业人员）在两个或者两个以上用人单位同时就业的，各用人单位应当分别为职工缴纳工伤保险费。职工发生工伤，由职工受到伤害时工作的单位依法承担工伤保险责任。"本案中，即使张某的社会保险由某事业单位缴纳，某公司也并不能排除为与其建立劳动关系的职工缴纳社会保险的义务。

其三，在主体适格的前提下，张某提交的证据足以证明其与某公司之间形成了事实上的劳动合同关系，因此双方仍适用《劳动法》和《劳动合同法》的相关规定。某公司自用工之日起超过一个月不满一年未与张某签订书面劳动合同，其应当按照法律规定向张某支付二倍工资。

最终，人民法院判决某公司支付因未签订书面劳动合同而应支付的二倍工资的差额部分。

15. 是外包还是劳务派遣，劳动者应该找谁维权

案例 15[①]

A 公司与 B 公司签订了《劳务外包合同》，双方约定："B 公司根据自身经营需要，将部分招标代理业务交由 A 公司代理。A 公司人员到 B 公司的服务场所，利用 B 公司的服务工具和设备工作。A 公司为 B 公司提供相应劳务，B 公司向 A 公司支付劳务外包服务费用。A 公司委托 B 公司对外包岗位人员进行考核管理。"

2017 年 6 月，张某与 A 公司签订了劳动合同，约定由 A 公司将张某安排至 B 公司从事销售岗工作，张某的工资、社会保险均由 A 公司负责。

2020 年 9 月，B 公司向 A 公司发送调岗函，调岗函中载明："基于公司业务发展需要与组织构架调整需要，现需将贵司派遣至我司的员工张某，由销售岗调整至仓储岗，请贵司协助我司对该员工进行调整。"

张某认为这样的调岗存在侮辱性，工作地点也发生了变更，且薪酬结构的变化也导致他收入下降，故拒绝调岗。B 公司遂将张某退回 A 公司，A 公司以张某拒绝调岗、不服从工作安排为由，于 2020 年 9 月向张某发送解除劳动合同通知书，欲解除与张某的劳动关系。

张某在离职后，经劳动仲裁程序起诉，要求 A、B 公司连带支付违法解除劳动合同的赔偿金。

---

① 改编自裁判文书网。

律师意见

第一，张某被解除劳动合同，是否合法？

本案例中，劳动合同的解除缘于调岗，所以调岗的合法性、合理性是本案的审理重点。关于调岗，审裁机构在裁决时会从调岗目的的正当性，调整后的岗位是否为劳动者所能胜任，工资待遇等劳动条件有无不利变更，调岗是否会增大劳动者的劳动成本几方面进行判断。本案例中，B 公司要求 A 公司将张某的岗位从销售岗调整至仓储岗，张某的工作地点、工作内容均有变化，且张某的收入也受到不利影响，张某也明确表示不同意，这样的调岗降薪不属于合理范畴。因此，A 公司以张某不服从工作安排由解除双方劳动合同，依据不足。

第二，违法解除劳动合同的赔偿金应由谁承担？

B 公司主张，其已将劳务外包给了 A 公司，而张某是 A 公司员工，故 B 公司不应承担责任。张某则认为，两公司实际上是"假外包、真派遣"，B 公司应承担连带责任。所以，本案的关键点是要先分清 A、B 公司之间到底是何种关系。

劳务派遣，是由有资质的劳务派遣单位招聘员工、签订劳动合同，为员工发放工资、缴纳社会保险，其再将员工派遣至实际用工单位，员工接受实际用工单位的管理、监督和考核。

劳务外包是由发包单位将自身的事务发包给具有相应资质的承包单位，由承包单位自行招聘员工、签订劳动合同、发放工资、缴纳社会保险并进行劳动管理，发包单位并不直接与员工发生管理及被管理的关系。

虽然本案例中的 B 公司与 A 公司签订了《劳务外包合同》，但是 B 公司负责对 A 公司安排来上班的张某进行监督管理、岗位调整、绩效考核，案例符合劳务派遣用工形式的特征。《劳务派遣暂行规定》第二十七条规定："用人单位以承揽、外包等名义，按劳务派遣用工形式使用劳动者的，按照本规定处理。"因此，法院对 A、B 公司之间的关系应按劳务派遣关系来处理。

同时，《劳动合同法》第九十二条规定："用工单位给被派遣劳动者造成损害的，劳务派遣单位与用工单位承担连带赔偿责任。"可见，如果用工单位对被派遣的劳动者造成侵害，其应承担连带赔偿责任。本案例中，实际要求张某调岗的是 B 公司，而 A、B 公司之间是劳务派遣关系，在调岗违法的情况下，B 公司亦存在过错，理应对违法解除劳动合同的赔偿金承担连带责任。

最终，人民法院判决 A 公司向张某支付违法解除劳动合同的赔偿金，B 公司承担连带责任。

☆ 维权小贴士

受理机构

劳动仲裁委。

案件类型

赔偿金争议。

劳动仲裁申请书仲裁请求表述

请求被申请人（连带）支付违法解除劳动合同的赔偿金 ×× 元。

举证指引

证明双方存在劳动关系的证据，如劳动合同、录用通知、社保缴费记录、个人所得税完税证明、离职证明、工作证明、工作证、空白业务合同、授权书、工作记录、考勤记录、考核记录、银行流水、微信或支付宝转账记录等。

证明是单位单方变更劳动合同，且双方未就变更劳动合同一事达成一致的证据，如用人单位向劳动者发出的工作调整、变更通知书等。

证明劳动者仍在正常工作的证据，如考勤记录、工作记录等。

证明工资标准及发放情况，以便计算赔偿金的证据：如工资发放记录等。

证明用工单位存在过错，要求其承担连带责任的证据，如用工单位进行直接劳动管理的证据、用工单位未依法提供劳动条件的证据。

16. 用人单位不签订书面劳动合同，劳动者应如何维权

案例 16[①]

2019 年 9 月 6 日，邓某入职某公司，担任采购专员，双方虽未签订书面劳动合同，但约定邓某的工资为 4000 元 / 月。

2021 年 9 月 5 日，邓某辞职，并于当日经劳动仲裁程序，起诉要求某公司支付在 2019 年 9 月 6 日至 2021 年 9 月 5 日间，因未签订书面劳动合同而应支付的二倍工资 96 000 元（4000 元 / 月 × 24 个月）。

律师意见

本案涉及关于二倍工资的四个典型问题。

第一，在何种情况下企业需要支付二倍工资。

《劳动合同法》第八十二条第一款规定，用人单位自用工之日起超过一个月不满一年未与劳动者订立书面劳动合同的，应当向劳动者每月支付二倍的工资。

用人单位如未按照上述法律规定在用工之日起一个月内订立劳动合同，劳动者可以主张由用人单位支付二倍工资，维护自身权益，劳动合同到期后未及时续订的亦同。本案中，某公司未与邓某签订书面劳动合同，邓某可以要求某公司向其支付二倍工资。

第二，二倍工资的计算。

关于二倍工资的计算，很多人误以为其是原工资的二倍。但实际上，此"二倍工资"应为"二倍工资差额"，即再计算一倍，而不是再计算二倍。

第三，二倍工资计算的起止时间。

《劳动合同法实施条例》第七条规定，用人单位自用工之日起满一年未与劳动者订立书面劳动合同的，自用工之日起满一个月的次日至满一年的前一日应当依照劳动合同法第八十二条规定向劳动者每月支付二倍的工资，并视为自用工之日起满一年的当日已经与劳

---

① 改编自裁判文书网。

动者订立无固定期限劳动合同，应当立即与劳动者补订书面劳动合同。

人力资源和社会保障部、最高人民法院《关于劳动人事争议仲裁与诉讼衔接有关问题的意见（一）》第二十条规定："用人单位自用工之日起满一年未与劳动者订立书面劳动合同，视为自用工之日起满一年的当日已经与劳动者订立无固定期限劳动合同。存在前款情形，劳动者以用人单位未订立书面劳动合同为由要求用人单位支付自用工之日起满一年之后的第二倍工资的，劳动人事争议仲裁委员会、人民法院不予支持。"

根据上述规定可知，二倍工资的计算期限应从邓某入职起满一个月的次日开始计算，截止日期为用工之日起满一年的前一日（如中途离职的，计算至离职之日），本案中为2019年10月6日至2020年9月5日。

第四，二倍工资的仲裁时效。

二倍工资本质上并不是真正意义上的"工资"，而是对用人单位怠于签订书面劳动合同的一种惩罚，立法目的是敦促用人单位履行法定义务。所以，二倍工资并非劳动对价所得的报酬，故关于二倍工资的劳动争议，申请仲裁的时效期间为一年。仲裁时效期限自当事人知道或者应当知道其权利被侵害之日起计算，从用人单位不签订书面劳动合同的违法行为结束之次日开始计算一年；如果劳动者在用人单位工作已满一年，申请仲裁的时效从一年届满之次日计算一年。本案中，某公司应支付二倍工资差额的期间为2019年10月6日至2020年9月5日，仲裁时效期间为从2020年9月6日起算的1年之内，邓某于2021年9月5日申请劳动仲裁，尚未超过仲裁时效。

最终，人民法院判决某公司应向邓某支付二倍工资差额44 000元（4000元／月×11个月）。

☆ 维权小贴士

受理机构

劳动仲裁委。

案件类型

二倍工资争议。

劳动仲裁申请书仲裁请求表述

请求被申请人支付 ×× 年 ×× 月 ×× 日至 ×× 年 ×× 月 ×× 日未订立书面劳动合同的二倍工资差额 ×× 元。

举证指引

证明双方存在劳动关系的证据：招聘广告、录用通知、社保缴费记录、个人所得税完税证明、离职证明、工作证明、考勤记录、工作证、空白业务合同、授权书、银行流水、微信或支付宝转账记录等。

证明工资标准及发放情况，以便计算二倍工资差额的证据：工资条、工资发放记录等。

17. 劳动者因认为合同内容违法而拒签劳动合同，是否可以要求二倍工资

案例 17[①]

雷某于 2021 年 1 月入职某公司，2 月，该公司通知雷某签订书面劳动合同，但因为雷某认为劳动合同中存在违法条款，所以没有签。2021 年 11 月，公司通知没有签劳动合同的员工需要签订劳动合同，雷某仍然没有签。

2022 年 3 月，雷某提出辞职，并经劳动仲裁程序起诉，要求某公司支付因未签订书面劳动合同而应给予的二倍工资差额。

律师意见

关于劳动者拒签劳动合同，单位是否应该支付二倍工资的问题，实践中确有不同观点。

---

① 改编自裁判文书网。

一种观点认为，即使是因为劳动者方面原因未签订书面劳动合同，用人单位只要继续用工，劳动者仍可主张二倍工资。这种观点的依据为《劳动合同法实施条例》的第六条第一款，"用人单位自用工之日起超过一个月不满一年未与劳动者订立书面劳动合同的，应当依照劳动合同法第八十二条的规定向劳动者每月支付两倍的工资，并与劳动者补订书面劳动合同；劳动者不与用人单位订立书面劳动合同的，用人单位应当书面通知劳动者终止劳动关系，并依照劳动合同法第四十七条的规定支付经济补偿"。签订劳动合同是用人单位的法定义务，如果劳动者拒签，用人单位应及时、主动终止劳动关系。

另一种观点认为，如因劳动者方面原因而未签订书面劳动合同，即使单位继续用工，也无须支付二倍工资赔偿，笔者认同此种观点。"二倍工资"本质上并不是真正意义上的"工资"，而是对用人单位怠于签订书面劳动合同的一种惩罚，其目的是敦促用人单位履行法定义务。但未签订书面劳动合同不可完全归责于用人单位，如用人单位在尽到诚实磋商义务后，劳动者仍拒签合同，或因受疫情影响而客观上无法签订劳动合同等情形，就不属于《劳动合同法实施条例》第六条规定的"用人单位未与劳动者订立书面劳动合同"情形，此时用人单位无须支付二倍工资差额。

本案例中，法院同意第二种观点。某公司提交的催告签订劳动合同通知及电话录音、证人证言均证实某公司已要求员工签订书面劳动合同，某公司提交的劳动合同材料亦能证实其他职工已经签订了书面劳动合同，故不存在某公司故意不与员工签订书面劳动合同以逃避其应尽法定义务的情形。因此，未签订书面劳动合同不能归责于某公司。

本案最终判决认为，雷某要求某公司支付因未签订书面劳动合同而应支付的二倍工资差额的主张于法无据，法院不予支持。

律师提示，如果劳动者认为用人单位的劳动合同存在违法之处，要谨慎拒签合同，劳动者可以先与用人单位协商更改，并保留能体现用人单位拒绝更改的协商记录，劳动者也可以拒绝遵守违法的合同条款，保留相关证据，以便权利受损之时进行维权。

18. 因劳动者拒绝续签劳动合同，用人单位终止了劳动合同，合法吗

案例 18[①]

2018 年 4 月，小徐入职 A 公司担任工程师，双方在劳动合同中约定："合同期限至 2021 年 4 月，试用期为一个月，工作地为 A 市，每月基本工资为 11 000 元（税前）。"

2021 年 3 月，A 公司向小徐发送了续签劳动合同的模板，合同内容为："甲方为 B 公司，合同期限一年，试用期为一个月，工作地为 C 市，每月基本工资为 11 550 元（税前）。"

小徐在收到劳动合同模板后，向 A 公司提出异议，不同意用工主体变更为 B 公司，也不同意再约定试用期。

2021 年 10 月，A 公司又向小徐发送了一份劳动合同模板，合同内容为："甲方为 A 公司，合同期限一年，工作地为 C 市或 D 市，月基本工资为 11 000 元（税前）。"

小徐在收到该合同模板后，再次就工作地点问题向 A 公司提出异议。

2021 年 11 月，A 公司向小徐发出解除劳动关系通知，载明："2021 年 4 月你与我公司的劳动合同到期，我公司多次要求与你续签劳动合同，你以各种理由推脱、拒签。鉴于你不与我公司续签劳动合同的事实，我公司即日起与你解除事实劳动关系，请你于本周五来我公司办理交接手续。"

小徐离职后，经劳动仲裁程序起诉，要求 A 公司支付解除劳动关系经济补偿金和未签订书面劳动合同的二倍工资差额。

律师意见

本案虽涉及经济补偿金及二倍工资差额两个诉求，但核心问题只有一个，即"未能续签劳动合同，责任在哪一方"。

---

① 改编自裁判文书网。

案例 17 中称，实践中有观点认为，如果未签订书面劳动合同的原因不可归责于单位，则单位无须支付二倍工资差额。本案从事实上来看，的确是小徐拒绝签订劳动合同，但前案涉及的是首签，而本案涉及的是续签，法律对两种情形有着不同的规定。

《劳动合同法》第四十六条规定："有下列情形之一的，用人单位应当向劳动者支付经济补偿……（五）除用人单位维持或者提高劳动合同约定条件续订劳动合同，劳动者不同意续订的情形外，依照本法第四十四条第一项规定终止固定期限劳动合同的……"这里有一个非常重要的概念，即何谓"维持或者提高劳动合同约定条件"。

从相关案例来看，用人单位提供的新劳动合同条款中，如存在明显的薪资降低、工时延长、岗位级别降低、工作地点产生变更等情形，则一般会被审裁机构认定为降低了原劳动合同约定的条件。实践中，还有一些较为隐蔽的情形，如用人单位将原固定工资在新合同中进行了拆分，或增加了一些风险条款，在新合同中增加了单位有权调整工作岗位、薪随岗变等内容，这些也可能被认定为降低了原劳动合同约定的条件。但总体来说，司法实践对于"维持或者提高原劳动合同约定的条件"的判断并未能形成统一意见，读者应参考当地裁判的观点。

就本案例的情况来说，小徐与 A 公司的劳动合同到期后，A 公司先是单方变更了合同主体、违法约定试用期，导致双方未能续签；此后 A 公司又提出变更工作地点、用工主体，降低薪酬等条件，导致劳动合同仍未被续签。A 公司两次提供的合同版本均对原合同进行了重大调整，属于没有"维持或者提高原劳动合同约定的条件"的情形，双方未能续签劳动合同的责任在于 A 公司，故 A 公司应向小徐支付未续签劳动合同而继续用工期间的二倍工资差额。此外，A 公司以未能续签劳动合同为由解除双方的劳动关系，属于《劳动合同法》第四十六条规定的情形，其应当向小徐支付经济补偿金。

最终，人民法院判决 A 公司向小徐支付 2021 年 5 月至 2021 年 11 月未签订劳动合同而继续用工期间的二倍工资差额和解除劳动关系的经济补偿金。

☆ 维权小贴士

受理机构

劳动仲裁委。

案件类型

二倍工资争议\经济补偿争议。

劳动仲裁申请书仲裁请求表述

请求被申请人支付××年××月××日至××年××月××日未订立书面劳动合同而继续用工期间的二倍工资差额××元。

请求被申请人支付经济补偿金××元。

举证指引

证明双方存在劳动关系及工龄的证据，如招聘广告、劳动合同、录用通知、社保缴费记录、个人所得税完税证明、离职证明、工作证明、考勤记录、考核记录、工作证、业务合同、授权书、银行流水、微信或支付宝转账记录等。

证明工资标准及发放情况的证据，如工资条、工资发放记录等。

证明解除原因满足经济补偿要件的证据，如解除/终止劳动合同通知及其送达记录等。

19. 全职员工被要求签订非全日制劳动合同，应如何维权

案例 19[①]

2017 年 1 月 1 日，肖某进入某网络公司从事销售工作。2017 年至 2019 年期间，肖某与某网络公司分别签订了 3 份《非全日制用工合同》，合同约定薪酬为 16 元 / 小时。肖某

---

① 改编自成都市中级人民法院微信公众号中的《成都法院发布2021年劳动争议十大典型案例》一文。

的工作时间平均每日超过 4 小时，平均每周均超过 24 小时。该网络公司通过银行转账的方式向肖某支付工资，每月支付 2 次，前半月支付的为固定金额，后半月为提成、绩效和奖励工资，两次支付的薪酬均高于约定小时薪酬计算的金额。

由于某网络公司一直未给肖某缴纳社会保险，肖某以此为由提出解除劳动合同，并要求某网络公司向其支付解除劳动合同的经济补偿金。

律师意见

非全日制用工，也就是我们日常说的"兼职"，是"灵活就业"的一种形式。

《劳动合同法》第七十一条规定："非全日制用工双方当事人任何一方都可以随时通知对方终止用工。终止用工，用人单位不向劳动者支付经济补偿。"可见，这种用工方式与全日制用工差别很大。非全日制用工的出现本是为了满足用人单位灵活用工和劳动者自主择业的现实需要，但在实践中，一些别有用心的企业为了规避劳动关系中的某些用工责任，故意与劳动者签订《非全日制用工合同》。

《劳动合同法》第六十八条规定，非全日制用工，是指以小时计酬为主，劳动者在同一用人单位一般平均每日工作时间不超过 4 小时，每周工作时间累计不超过 24 小时的用工形式。第七十二条规定，非全日制用工小时计酬标准不得低于用人单位所在地人民政府规定的最低小时工资标准。非全日制用工劳动报酬结算支付周期最长不得超过 15 日。对于非全日制用工，法律上有三个限制：一是时间限制，也就是劳动者平均每日的工作时间不超过 4 小时，每周工作时间累计不超过 24 小时；二是用人单位禁止设置试用期；三是对小时计酬及最低工资、工资支付周期有限制，即非全日制用工小时工资不得低于当地人民政府规定的最低小时工资标准，且工资支付周期最长不得超过 15 日。

实践中，审裁机构多以用工超过时间限制为由，将用工关系认定为全日制劳动关系。首先，本案中，肖某平均每日工作时间超过 4 小时，平均每周工作时间亦远超 24 小时，明显超出法定标准。其次，肖某的工资组成并非为小时计酬，而是由固定工资、提成、绩效和奖励工资组成，不符合非全日制用工的特征，故法院可以认定肖某与某网络公司之间为全日制劳动关系。在此种情况下，肖某有权以某网络公司未依法为其缴纳社会保险为由解除劳动合同，并要求公司支付经济补偿金。

最终，人民法院判决某网络公司应向肖某支付经济补偿金。

此外，即使双方为非全日制的劳动关系，它也属于劳动关系的一种。劳动和社会保障部（已撤销）《关于非全日制用工若干问题的意见》规定："用人单位应当按照国家有关规定为建立劳动关系的非全日制劳动者缴纳工伤保险费。从事非全日制工作的劳动者发生工伤，依法享受工伤保险待遇；被鉴定为伤残 5 ～ 10 级的，经劳动者与用人单位协商一致，可以一次性结算伤残待遇及有关费用。"换言之，如非全日制劳动者发生工伤，其仍可按照《工伤保险条例》的规定申报和认定工伤，并享受相应的工伤保险待遇。

☆ 维权小贴士

受理机构
劳动仲裁委。

案件类型
赔偿金争议。

劳动仲裁申请书仲裁请求表述
请求被申请人支付经济补偿金 ×× 元。

举证指引
证明双方存在劳动关系及证明工龄的证据，如劳动合同、录用通知、社保缴费记录、个人所得税完税证明、离职证明、工作证明、工作证、空白业务合同、授权书、工作记录、考勤记录、考核记录、银行流水、微信或支付宝转账记录等。

证明劳动者的工作时间超出非全日制用工标准的证据，如考勤记录、工作记录等。

证明工资标准及工资发放时间不符合非全日制用工要求的证据，如工资条、工资发放记录等。

20. 用人单位补签劳动合同后，劳动者还能否索要二倍工资

案例 20[①]

2018 年 11 月 1 日，刘某入职某公司从事行政及采购工作，双方并未签订书面劳动合同。

2019 年 11 月 15 日，刘某与某公司补签了劳动合同，合同期限为 2018 年 11 月 1 日至 2020 年 10 月 31 日。

此后，双方因调岗事宜产生争议，某公司于 2020 年 3 月 5 日向刘某发出《关于解除劳动合同关系通告函》，通知刘某公司解除了与他的劳动合同。

刘某对解除决定不服，经劳动仲裁程序起诉，要求公司支付赔偿金、未签订书面劳动合同的二倍工资等。

律师意见

对于补签劳动合同的法律效力问题，实践中存在两种不同观点。

多数观点认为，刘某既然已与某公司补签了劳动合同书，也未能举证证明其在补签劳动合同时有受到欺诈、恐吓等情形，且合同约定的期限涵盖未签订劳动合同期间，故可认为该补签行为表明刘某主动放弃了未签订书面劳动合同期间的二倍工资的权利。

我们认为，本案还需要结合实际情况考虑。人力资源和社会保障部、最高人民法院 2022 年 2 月 21 日颁布的《关于劳动人事争议仲裁与诉讼衔接有关问题的意见（一）》的第二十条规定："用人单位自用工之日起满一年未与劳动者订立书面劳动合同，视为自用工之日起满一年的当日已经与劳动者订立无固定期限劳动合同。存在前款情形，劳动者以用人单位未订立书面劳动合同为由要求用人单位支付自用工之日起满一年之后的第二倍工资的，劳动人事争议仲裁委员会、人民法院不予支持。"

根据上述规定，至 2019 年 10 月 31 日，刘某已工作满一年，此后不再被支持索要二

---

① 改编自裁判文书网。

倍工资，而本案中双方补签劳动合同的行为发生在 2019 年 11 月 15 日，此时已经属于被"视为订立无固定期限劳动合同"期间，即法律给予某公司的一年"宽限期"已过，如果再次宽限，有违敦促用人单位履行订立书面劳动合同的法定义务的立法本意，故劳动者仍可以要求某公司支付未签订劳动合同期间的二倍工资差额。

最终，人民法院判决某公司应向刘某支付 2018 年 12 月 1 日至 2019 年 10 月 31 日间的二倍工资差额。

☆ 维权小贴士

受理机构

劳动仲裁委。

案件类型

二倍工资争议。

劳动仲裁申请书仲裁请求表述

请求被申请人支付××年××月××日至××年××月××日未签订书面劳动合同的二倍工资差额××元。

举证指引

证明双方存在劳动关系的证据，如招聘广告、录用通知、社保缴费记录、个人所得税完税证明、离职证明、工作证明、考勤记录、考核记录、工作证、空白业务合同、授权书、银行流水、微信或支付宝转账记录等。

证明工资标准及发放情况，以便计算二倍工资差额的证据，如工资发放记录等。

21. 用人单位将工作地点约定为"全国"，就可以随意调岗吗

案例 21[①]

刘某于 2018 年 1 月 15 日入职某公司，岗位是区域督导，双方的劳动合同约定：根据某公司的岗位（工作）作业特点，刘某的工作区域或工作地点为全国。

刘某入职后，主要负责北京区域门店的巡店工作。2020 年 6 月 29 日，某公司通知刘某自 2020 年 7 月 1 日起，接管内蒙古呼和浩特区域的 6 家店，薪酬架构参照原薪酬核算标准执行。

刘某收到通知后，询问某公司是否会另行提供交通、住宿、餐饮等补贴，某公司回复不提供。此后，刘某未按通知到岗，仍在原工作地点工作、打卡，并拍有上下班打卡的照片。

2020 年 7 月 3 日，因刘某未按通知要求前往内蒙古报到，某公司向刘某发出解除劳动合同通知函，并以旷工为由解除了双方的劳动合同。

刘某离职后，经劳动仲裁程序起诉，要求某公司支付违法解除劳动合同的赔偿金。

律师意见

《劳动合同法》第十七条规定："劳动合同应当具备以下条款……（四）工作内容和工作地点……。"工作地点，即劳动合同的履行地，它与劳动者的生活质量、工作环境相关，更关系到劳动者是否会选择某一工作机会。可以说，工作地点也是一段劳动关系中劳动者最为关心的内容之一，这就是法律将工作地点规定为劳动合同的必备条款之一的原因。

首先，本案中，双方签订的劳动合同将工作地点约定为"全国"，使得法定必备条款的作用失效，故此种约定应属于对工作地点约定不明的情形，但对于刘某来说，他实际上是在北京工作，故双方应被视为确定北京为具体的工作地点。

其次，即使双方提前约定了单位可以调整刘某的工作地点，该调整行为本身也需要具

---

① 改编自裁判文书网。

备正当性、合理性。本案中，某公司将刘某的工作地点从北京调至内蒙古，根据生活经验，这显然会改变刘某的劳动条件，客观上增加了劳动者的工作成本，影响了刘某的经济收入，而且某公司也明确表示不会提供额外的补助，故该调整不具有合理性。

最后，《劳动合同法》第三条第一款规定："订立劳动合同，应当遵循合法、公平、平等自愿、协商一致、诚实信用的原则。"可见，公平原则是订立劳动合同的原则之一。本案中，某公司在未与刘某协商一致的情况下，单方面将刘某的工作地点从北京跨省调至内蒙古，并在刘某仍在正常上班的情况下，以刘某旷工、违反规章制度为由，解除了双方的劳动合同，行为依据不足。

最终，人民法院判决某公司应向刘某支付违法解除劳动合同的赔偿金。

☆ 维权小贴士

受理机构
劳动仲裁委。

案件类型
赔偿金争议。

劳动仲裁申请书仲裁请求表述
请求被申请人支付违法解除劳动合同的赔偿金 ×× 元。

举证指引
证明劳动合同实际履行地的证据，如工作记录、考勤记录、岗位职责、公司营业地证明等。

证明是单位单方变更劳动合同的证据，如用人单位向劳动者发出的调整、变更通知书等。

证明双方并未就变更劳动合同一事达成一致的证据，如劳动者与用人单位间的沟通记录等。

证明劳动者仍在正常工作的证据，如考勤记录、工作记录等。

证明工资标准及发放情况，以便计算赔偿金的证据，如工资发放记录等。

22. 用人单位要求签订试用期协议，到期不予转正，劳动者能获得赔偿吗

案例 22[①]

2019 年 12 月 6 日，小清入职了某公司，还和某公司签订了一份《试用期员工入职协议》，协议约定，小清的试用期是 2019 年 12 月 6 日至 2020 年 3 月 6 日，共 3 个月。

协议到期后，小清继续在某公司工作，双方也没有再签订书面劳动合同。2020 年 9 月 22 日，某公司以小清在试用期不具备营销岗位能力为由，向小清发出不予录用的通知。

小清离职后，经劳动仲裁程序起诉，要求某公司支付未签订书面劳动合同的二倍工资差额、违法解除劳动合同的赔偿金。

律师意见

本案例中，某公司和小清只签订了《试用期员工入职协议》，约定试用期是 3 个月。根据《劳动合同法》第十九条规定："……劳动合同仅约定试用期的，试用期不成立，该期限为劳动合同期限。"因此，某公司与小清约定的试用期不成立，该期限为劳动合同期限。

关于二倍工资差额。本案例中，双方在《试用期员工入职协议》期限届满后，既没有续签也没有解除劳动合同，小清继续为某公司提供劳动。根据《劳动合同法》第八十二条第一款的规定，用人单位自用工之日起超过一个月不满一年未与劳动者订立书面劳动合同的，应当每月向劳动者支付二倍工资，因此，某公司应向小清支付 2020 年 4 月 6 日起至 2020 年 9 月 22 日止的二倍工资差额。

---

① 改编自裁判文书网。

关于经济赔偿，因为双方约定的试用期不成立，所以某公司以小清"在试用期内不具备岗位能力"为由不予录用的行为，没有法律依据，某公司应向小清支付违法解除劳动合同的赔偿金。

最终，人民法院判决某公司向小清支付二倍工资差额、违法解除劳动合同的赔偿金。

☆ 维权小贴士

受理机构

劳动仲裁委。

案件类型

赔偿金争议。

劳动仲裁申请书仲裁请求表述

请求被申请人支付自年××月××日至××年××月××日的二倍工资差额××元，支付违法解除劳动合同的赔偿金××元。

举证指引

证明试用期不成立，协议期限为劳动合同期限的证据，如试用期协议。

证明工资标准及发放情况的证据，以便计算各项赔偿金的证据，如工资发放记录等。

证明实际工作时间及工作表现的证据，如考勤记录、工作记录等。

证明是单位单方解除劳动合同的证据，如用人单位向劳动者发出的解除劳动合同通知书。

23. 用人单位试用期不缴纳社会保险，劳动者的医疗费能报销吗

案例 23[①]

2020 年 10 月，小陈入职了湖南长沙的某公司，并和公司签订了为期 3 年的劳动合同，约定试用期为 6 个月。公司发给小陈的《员工手册》里还规定，公司不给试用期期间的员工缴纳社会保险，需要等员工转正后才正式缴纳，并补缴试用期的社会保险。

工作两个月后，小陈得了突发性脑出血，住院进行手术，医疗费用共计 20 万余元。

双方也因为医疗费报销的问题产生了争议，小陈以某公司未缴纳社会保险为由提出解除劳动合同，并申请仲裁，要求某公司支付医疗保险损失、经济补偿金等。

律师意见

现实中，有部分企业误以为劳动者在"转正"后才算企业的正式员工，企业才需要缴纳"五险一金"。但事实上，《社会保险法》第五十八条规定，用人单位应当自"用工之日起" 30 日内为其职工向社会保险经办机构申请办理社会保险登记，《住房公积金管理条例》第十五条也规定，单位录用职工的，应当自"录用之日起" 30 日内，向住房公积金管理中心办理缴存登记。所以，劳动者是否"转正"，不影响用人单位"五险一金"的办理与登记进程。

关于医疗保险损失。根据最高人民法院《关于审理劳动争议案件适用法律问题的解释（一）》第一条第五款规定，劳动者以用人单位未为其办理社会保险手续，且社会保险经办机构不能补办导致其无法享受社会保险待遇为由，要求用人单位赔偿损失发生的纠纷，人民法院应予受理。因本案例发生在湖南省长沙市，根据《长沙市职工基本医疗保险管理办法》规定，用人单位和职工未按时足额缴纳基本医疗保险费的，无法享受基本医疗保险待遇；因用人单位原因中断缴费的，参保人员在中断缴费期间发生的医疗费除应由个人承担的部分外，其余医疗费用由用人单位承担。由于某公司在试用期未给小陈缴纳医疗保险，

---

① 改编自裁判文书网。

导致小陈在患病后无法享受基本医疗保险待遇，某公司应承担小陈相应的医疗保险损失。

最终，劳动仲裁委裁决某公司应向小陈支付医疗保险损失与经济补偿金。

☆ 维权小贴士

受理机构

劳动仲裁委。

案件类型

医疗保险损失争议、经济补偿争议。

劳动仲裁申请书仲裁请求表述

请求被申请人赔偿医疗保险待遇损失 ×× 元。

请求被申请人支付经济补偿金 ×× 元。

举证指引

证明双方的劳动关系及薪酬标准的证据，如劳动合同、工资发放记录等。

证明就医事实及医疗费用的证据，如病历资料、费用清单、其他医疗保险（如新农合等）报销清单等。

证明用人单位未依法缴纳社会保险的证据，如社会保险缴费明细等。

证明劳动者是因单位未依法缴纳社会保险而解除劳动合同的证据，如解除劳动合同通知书等。

24. 用人单位规定新员工的试用期均为 6 个月，合法吗

案例 24[①]

小云从 2018 年 3 月 26 日进入某公司工作，担任总经理助理，她和某公司签订劳动合同约定：合同期限为 1 年，试用期为 6 个月，试用期薪酬为 8000 元 / 月，转正后薪酬为 9000 元 / 月。2019 年 1 月 9 日，某公司与小云解除了劳动合同。

小云离职后，经劳动仲裁程序起诉，要求某公司支付违法解除劳动合同的赔偿金、试用期工资差额及试用期超出规定标准 4 个月的赔偿金。

律师意见

《劳动合同法》第十九条规定："劳动合同期限三个月以上不满一年的，试用期不得超过一个月；劳动合同期限一年以上不满三年的，试用期不得超过二个月；三年以上固定期限和无固定期限的劳动合同，试用期不得超过六个月……以完成一定工作任务为期限的劳动合同或者劳动合同期限不满三个月的，不得约定试用期……"试用期与劳动合同期限的关系如表 Ⅱ-1 所示。

表 Ⅱ-1 试用期与劳动合同期限的关系

试用期	劳动合同期限
不得约定试用期	（1）劳动合同期限＜ 3 个月 （2）以完成一定工作任务为期限的劳动合同 （3）非全日制用工
1 个月	3 个月≤劳动合同期限＜ 1 年
2 个月	1 年≤劳动合同期限＜ 3 年
6 个月	（1）3 年≤劳动合同期限 （2）无固定期限的劳动合同

本案例中，某公司与小云的劳动合同期限为一年，根据上述规定，其试用期不能超过

---

① 改编自裁判文书网。

两个月，即关于另外 4 个月的试用期约定违反了法律法规，因此某公司应以转正后的工资为标准，向小云支付这 4 个月的工资差额，共计 4000 元。

《劳动合同法》第八十三条规定："用人单位违反本法规定与劳动者约定试用期的，由劳动行政部门责令改正；违法约定的试用期已经履行的，由用人单位以劳动者试用期满月工资为标准，按已经履行的超过法定试用期的期间向劳动者支付赔偿金。"根据此条规定，某公司应对超期约定的 4 个月的试用期承担赔偿金，赔偿金的计算以小云转正后的工资为标准，即公司还应支付 9000 元／月 ×4 个月 =36 000 元。

最终，人民法院判决某公司应向小云支付 4 个月的工资差额及违法约定试用期的赔偿金。

☆ 维权小贴士

受理机构

劳动仲裁委。

案件类型

违法约定试用期争议、赔偿金争议。

劳动仲裁申请书仲裁请求表述

请求被申请人支付违法约定试用期的赔偿金 ×× 元。

请求被申请人支付工资差额 ×× 元。

举证指引

证明劳动合同期限及单位违法约定试用期的证据，如劳动合同、试用期告知书等。

证明试用期及转正后工资标准的证据，如工资发放记录、工资条等。

25. 用人单位在试用期随意解除劳动合同，劳动者应如何维权

案例 25[①]

2020 年 11 月，小李入职某公司，双方签订了劳动合同，合同约定试用期为 3 个月，试用期工资是 3600 元 / 月。

可就在试用期的最后一个月，某公司以小李与其岗位不匹配、试用期表现不合格为由，告知小李某公司决定单方解除劳动合同，公司提供了《新员工评价表》《试用期工作量及工作质量评估》等材料，并向小李出示了解除劳动合同通知书。

小李不认可某公司的解除理由，经劳动仲裁程序起诉，要求某公司支付违法解除劳动合同的赔偿金 3600 元。

律师意见

《关于贯彻执行〈中华人民共和国劳动法〉若干问题的意见》规定，"试用期是用人单位和劳动者为相互了解、选择而约定的不超过 6 个月的考察期"。现实中，有不少企业认为试用期既然是个考察期，那么只要劳动者的表现不符合要求，企业就可以开除劳动者，并且不需要支付任何补偿金、赔偿金，这实际上是个错误的认知。

《劳动合同法》第二十一条规定："在试用期中，除劳动者有本法第三十九条和第四十条第一项、第二项规定的情形外，用人单位不得解除劳动合同。用人单位在试用期解除劳动合同的，应当向劳动者说明理由。"

根据以上规定，只有在劳动者于试用期存在以下情形时，用人单位才能行使其单方解除权。

（1）在试用期间被证明不符合录用条件的；

（2）严重违反用人单位的规章制度的；

（3）严重失职，营私舞弊，给用人单位造成重大损害的；

---

① 改编自裁判文书网。

（4）劳动者同时与其他用人单位建立劳动关系，对完成本单位的工作任务造成严重影响，或者经用人单位提出，拒不改正的；

（5）因《劳动合同法》第二十六条第一款规定的情形（劳动者以欺诈、胁迫的手段或者乘人之危，使对方在违背真实意思的情况下订立或者变更劳动合同的）致使劳动合同无效的；

（6）被依法追究刑事责任的；

（7）劳动者患病或者非因工负伤，在规定的医疗期满后不能从事原工作，也不能从事由用人单位另行安排的工作的；

（8）劳动者不能胜任工作，经过培训或者调整工作岗位，仍不能胜任工作的。

本案例中，某公司是以小李试用期不符合录用条件为由解除劳动合同，的确属于合法的解除事由，但最高人民法院《关于审理劳动争议案件适用法律问题的解释（一）》第四十四条规定："因用人单位作出的开除、除名、辞退、解除劳动合同、减少劳动报酬、计算劳动者工作年限等决定而发生的劳动争议，用人单位负举证责任。"那么，某公司需要证明小李试用期的表现的确不符合录用条件。一般来说，单位需要提供双方明确约定过的试用期考核标准或录用条件，还要提供小李考核不通过的事实证据，以及通知工会的程序文件。本案例中，某公司虽然提供了《新员工评价表》《试用期工作量及工作质量评估》等材料，但这些材料均没有经过小李本人确认，某公司也不能提供评定表、评估打分结果的具体依据，相关评定基本上属于主观评定，某公司解除劳动合同的事实依据不足。

最终，人民法院判决某公司应向小李支付违法解除劳动合同的赔偿金 3600 元。

☆ 维权小贴士

受理机构

劳动仲裁委。

案件类型

赔偿金争议。

劳动仲裁申请书仲裁请求表述

请求被申请人支付违法解除劳动合同的赔偿金 ×× 元。

举证指引

证明双方约定的试用期期限、岗位及薪酬的证据，如劳动合同等。

证明劳动者履行了本职工作职责的证据，如考勤记录、岗位职责、工作记录等。

劳动合同被用人单位单方解除的证据，如单位发出的解除劳动合同通知书等。

证明工资标准及发放情况，以便计算赔偿金、补偿金的证据，如工资发放记录等。

26. 劳动者在培训服务期内跳槽，是否需要赔偿

案例 26①

2005 年 7 月，小谢硕士毕业，被作为人才引进到西部 A 省某大学担任讲师。

2011 年 5 月，小谢享受国家对口支援政策，被 A 省某大学推荐至 B 省某大学攻读博士学位。A 省某大学、B 省某大学、小谢共同签订了《对口支援高等学校定向培养攻读博士学位研究生协议书》，约定小谢毕业后的服务期为 8 年。

2011 年 8 月，小谢与 A 省某大学签订《A 省某大学在职人员攻读博士学位研究生协议书》，约定学习期限为 4 年（2011 年 6 月至 2015 年 7 月），毕业后工作不少于 8 年；如违约则需支付违约金。小谢读博期间，A 省某大学仍向其发放基本工资。

4 年后，小谢顺利取得 B 省某大学博士毕业证、学位证。2017 年 3 月，小谢向 A 省某大学提出辞职，并于 5 月到另一所高校任教。2019 年 11 月 20 日，A 省某大学起诉小谢，要求其承担提前离职的违约金 29 万余元。

---

① 改编自最高人民法院第二批人民法院大力弘扬社会主义核心价值观典型民事案例。

律师意见

《劳动合同法》第二十二条的第一、二款规定："用人单位为劳动者提供专项培训费用，对其进行专业技术培训的，可以与该劳动者订立协议，约定服务期。劳动者违反服务期约定的，应当按照约定向用人单位支付违约金。违约金的数额不得超过用人单位提供的培训费用。用人单位要求劳动者支付的违约金不得超过服务期尚未履行部分所应分摊的培训费用。"

由此可见，培训服务期是发生在劳动者接受了单位出资的专项培训后的，一种为保障单位的合法权利，防止劳动者在获得专业知识后随意离职的措施。本案例中，法院认为小谢系利用国家对西部的倾斜照顾政策由 A 省某大学推荐录取，其应受读博前签订的两份协议书所约束。其提前离职行为不仅违反了培养协议的约定，也明显有悖于诚实信用原则，因此判令小谢支付 A 省某大学的违约金 29 万余元。

我们借此案例还需要说明以下两个问题。

第一，劳动者签订服务期协议后，是否在任何情况下均不得于服务期内离职？

答：不是。

首先，如果服务期协议所约定的培训并非"专项培训"，劳动者自然无须受服务期的约束（见案例 6）。

其次，《劳动合同法实施条例》第二十六条第一款规定："用人单位与劳动者约定了服务期，劳动者依照劳动合同法第三十八条的规定解除劳动合同的，不属于违反服务期的约定，用人单位不得要求劳动者支付违约金。"换言之，如果用人单位存在以下情形，则劳动者仍有权解除劳动合同，且无须支付违反服务期协议的违约金：（1）未按照劳动合同约定提供劳动保护或者劳动条件的；（2）未及时足额支付劳动报酬的；（3）未依法为劳动者缴纳社会保险的；（4）用人单位的规章制度违反法律、法规的规定，损害劳动者权益的；（5）用人单位以欺诈、胁迫的手段或者乘人之危，使劳动者在违背真实意思的情况下订立或变更劳动合同的；（6）用人单位免除自己的法定责任、排除劳动者权利的；（7）有违反法律、行政法规等强制性规定的行为的；（8）用人单位以暴力、威胁或者非法限制人身自由的手段强迫劳动者劳动的；（9）用人单位违章指挥、强令冒险作业危及劳动者人身安全的；（10）存在法律、行政法规规定劳动者可以解除劳动合同的其他情形。

第二，劳动者签订服务期协议后，用人单位解除了劳动合同，劳动者还需要承担违约金吗？

答：在部分情况下需要。

《劳动合同法实施条例》第二十六条第二款规定："有下列情形之一，用人单位与劳动者解除约定服务期的劳动合同的，劳动者应当按照劳动合同的约定向用人单位支付违约金：（一）劳动者严重违反用人单位的规章制度的；（二）劳动者严重失职，营私舞弊，给用人单位造成重大损害的；（三）劳动者同时与其他用人单位建立劳动关系，对完成本单位的工作任务造成严重影响，或者经用人单位提出，拒不改正的；（四）劳动者以欺诈、胁迫的手段或者乘人之危，使用人单位在违背真实意思的情况下订立或者变更劳动合同的；（五）劳动者被依法追究刑事责任的。"也就是说，如果劳动者存在上述情形，被用人单位解除了劳动合同，则其仍需要承担违反服务期协议的违约金。当然，这里的前提是用人单位解除劳动合同的行为合法。劳动者如果只想通过单位辞退自己来解除服务期，也是不可行的，双方均应秉持诚信原则，履行相关约定。

第三部分 工资待遇

27. 用人单位压一个月发放工资，合法吗

案例 27[①]

朱某是某矿业公司的员工。该公司发放工资采取压 1 个月发放的方式，即 3 月工资在 5 月才被发放。

朱某以某矿业公司拖欠工资为由，主动解除了劳动关系，并经劳动仲裁程序起诉，要求某矿业公司支付经济补偿金。

律师意见

《劳动法》《劳动合同法》《工资支付暂行规定》等法律法规均有规定，公司在向员工支付工资时，除非出现法定减发、延发的情形，否则务必要满足"足额""按时"两个关键要求。

以湖南省为例，《湖南省工资支付监督管理办法》第十三条规定："用人单位应当至少每月向劳动者支付一次工资。实行月工资制的，用人单位应当按照本单位工资支付制度规定或者劳动合同约定的日期支付工资。如遇法定休假日或者公休日，应当提前支付。实行年薪制或者按考核周期支付工资的，用人单位应当按照约定或者每月按不低于当地最低工资标准预付工资，年终或者考核周期期满时结清。实行周、日、小时工资制的，可按周、日、小时支付工资。连续工作时间不超过一个月的一次性临时劳动，用人单位应当按照双方约定在劳动者完成劳动任务后即支付工资。"本案例中，某矿业公司在无正当理由的情况下，于 5 月发放朱某 3 月的工资，超过了规定的发工资时间，属于无故拖欠劳动者工资的情况，劳动者可以解除劳动合同，用人单位应当向劳动者支付经济补偿金。

最终，人民法院判决某矿业公司向朱某支付经济补偿金。

---

① 改编自裁判文书网。

⭐ **维权小贴士**

受理机构

劳动仲裁委。

案件类型

经济补偿争议。

劳动仲裁申请书仲裁请求表述

请求被申请人支付经济补偿金 × × 元。

举证指引

证明劳动关系及工龄的证据，如劳动合同、工作记录等。

证明公司拖欠工资的事实及证明工资标准的证据，如工资发放记录等。

证明劳动者因单位未依法足额支付劳动报酬而解除劳动关系的证据，如劳动者向用人单位发出的解除劳动合同通知书及其送达记录等。

28. 固定工资被拆分为奖金、绩效，劳动者应如何维权

案例 28[①]

2021 年 3 月，白小小入职后与公司签订的劳动合同中约定其劳动报酬为 5000 元／月。

2021 年 10 月，白小小发现，公司给她发的工资明显变少了，便去找公司沟通，公司回复称，自 2021 年 9 月起，公司的薪酬结构已经发生变化，白小小的薪酬被变更为"基本工资 1940 元＋奖金＋绩效＋其他"，总额不变。白小小表示不同意变更，但公司并没有理会。

---

① 改编自裁判文书网。

随后，白小小以公司无故降薪为由解除了劳动合同，并经劳动仲裁程序起诉，要求公司支付工资差额及经济补偿金。

律师意见

首先，一般来说，工资分配制度属于用人单位的用工自主权范畴，但如果用人单位需要进行调整，也必须在不对劳动者收入总和产生消极影响的前提之下进行调整。本案例中，双方劳动合同约定的工资原本是固定收入，仅与出勤挂钩，属于典型的"时间换金钱"的薪酬模式，对于劳动者来说，这种薪酬模式具有确定性。在公司调整薪酬结构后，原本的固定收入部分从 5000 元降低至 1940 元，其余部分变成"奖金＋绩效＋其他"的浮动工资，这就意味着白小小的工资总额会根据绩效考核、奖励项目的变化而变化，具有不确定性。在工资标准总额不变的前提下，公司此举明显抬高了劳动者获取原工资标准的条件，说通俗些，就是相比原来的情况，白小小的工资只可能减少，不可能增加。根据《劳动合同法》第三十五条规定，用人单位与劳动者协商一致，可以变更劳动合同约定的内容。劳动报酬作为劳动合同的必备条款，如将产生变更，用人单位应与劳动者协商、达成一致，特别是这种变更会对劳动者造成不利影响的，其更应取得劳动者的同意，但本案例中，公司并未与白小小就工资结构变更一事达成一致意见。

其次，公司主张是薪酬制度变化导致的薪酬结构变化，这实际就是关于用人单位能否通过制度的制定变更工资的分配方式的问题。根据上述分析，薪酬的变更属于劳动合同内容的变更。如变更将对劳动者造成不利影响，双方应当协商并达成一致，否则变更无效。但在某些特定情况下（如企业受疫情影响经营困难），用人单位可以通过民主程序与员工进行协商，对公司整体的薪酬分配制度进行变更。本案例不属于这样的情形，公司也未能举证证明其薪酬制度的制定过程符合法律规定。

最后，最高人民法院《关于审理劳动争议案件适用法律问题的解释（一）》第五十条的第二款规定："用人单位制定的内部规章制度与集体合同或者劳动合同约定的内容不一致，劳动者请求优先适用合同约定的，人民法院应予支持。"可见，在劳动合同与公司制度不一致时，法律优先保障劳动合同的法律效力。

最终，人民法院认为，因公司单方调整工资结构的行为未征得白小小的同意，所以该变更不具有法律效力，白小小的基本工资仍应为 5000 元 / 月，公司应支付白小小工资差额及经济补偿金。

☆ 维权小贴士

受理机构
劳动仲裁委。

案件类型
劳动报酬争议、经济补偿争议。

劳动仲裁申请书仲裁请求表述
请求被申请人支付拖欠的工资 × × 元。

请求被申请人支付经济补偿金 × × 元。

举证指引
证明劳动关系及工龄的证据，如劳动合同、录用通知、社保缴费记录、个人所得税完税证明、离职证明、工作证明、工作证、空白业务合同、授权书、工作记录、考勤记录、银行流水、微信或支付宝转账记录等。

证明工资标准、发放情况及用人单位克扣、拖欠工资情况的证据，如考勤记录、请假记录、加班记录、工资条、工资发放记录等。

证明劳动者因单位未依法足额支付劳动报酬而解除劳动合同的证据，如劳动者向用人单位发出的解除劳动合同通知书及其送达记录等。

29. 用人单位单方调低提成比例，劳动者应如何维权

案例 29[①]

谢某自 2019 年 5 月 26 日入职某房地产公司担任置业顾问，双方一直未签订劳动合同，仅口头约定劳动报酬为按照底薪加销售提成的方式发放。

某房地产公司的《销售部佣金计提方案》规定："调整销售人员的绩效考核标准，即销售人员每人每月必须完成一个销售定额，项目提成以一个月销售 10 套房为基准，超出标准一套，提成相应增加 0.5‰，少卖一套，则提成同比减少 0.5‰。"

2021 年 7 月 6 日，某房地产公司向谢某出示《销售部佣金调整通知》，该通知载明："根据集团及公司要求，销售佣金点数不得超过 2%，从总量平衡角度考虑，现公司将 2020 年销售部的佣金上限按 2% 进行调整，于 2020 年剩余佣金及 2021 年佣金中补扣。"谢某认为调整后的佣金明显变少，便拒绝签字。

2021 年 12 月，谢某经劳动仲裁程序起诉，要求某房地产公司支付 2020 年、2021 年的销售佣金。

律师意见

实践中，部分企业认为，提成不属于工资，而属于一种奖励，所以企业可以随意调整甚至取消提成。那么提成究竟有着什么性质呢？

《关于工资总额组成的规定》第六条规定："计件工资是指对已做工作按计件单价支付的劳动报酬……（三）按营业额提成或利润提成办法支付给个人的工资。"可见，提成工资就是工资的一部分，它同样受到法律的保护。

本案例中，谢某与某房地产公司虽未签订书面劳动合同对工资进行约定，但在用工过程中，固定的工资支付模式已经形成了，为底薪加销售提成。一直以来，谢某提成的计算方式都参考了公司的《销售部佣金计提方案》。2021 年 7 月 6 日，某房地产公司单方制定

---

① 改编自裁判文书网。

了《销售部佣金调整通知》，规定"销售佣金上限为 2%"，这明显是对之前的提成计算方式做出的重大变更，对谢某造成了不利影响。而且，该通知还规定，将"2020 年销售部的佣金上限按 2% 进行调整，于 2020 年剩余佣金及 2021 年佣金中补扣"，这属于"用今天的规定要求昨天的我"，明显不符合"法不溯及既往"原则。

《劳动合同法》第四条第二款规定："用人单位在制定、修改或者决定有关劳动报酬、工作时间、休息休假、劳动安全卫生、保险福利、职工培训、劳动纪律以及劳动定额管理等直接涉及劳动者切身利益的规章制度或者重大事项时，应当经职工代表大会或者全体职工讨论，提出方案和意见，与工会或者职工代表平等协商确定。"提成作为劳动报酬的一种，其调整必然涉及劳动者的切身利益，用人单位应当遵循民主程序，与劳动者平等协商，并将作出的决定以合理的方式在合理的期间内告知劳动者。本案例中，某房地产公司并未与谢某协商，且在 2021 年 7 月 6 日才向谢某发出通知，违反了法律规定，故某房地产公司要求按照"上限 2%"计提销售佣金，并对此前的佣金进行补扣的行为，是没有事实和法律依据的。

最终，人民法院判决某房地产公司支付谢某 2020 年、2021 年的销售佣金。

☆ 维权小贴士

受理机构
劳动仲裁委。

案件类型
劳动报酬争议。

劳动仲裁申请书仲裁请求表述
请求被申请人支付 ×× 年 ×× 月 ×× 日至 ×× 年 ×× 月 ×× 日的提成工资 ×× 元。

举证指引
证明劳动关系的证据，如劳动合同、招聘广告、录用通知、社保缴费记录、个人所得税完税证明、离职证明、工作证明、工作证、空白业务合同、授权书、工作记录、考勤记录、银行流水、微信或支付宝转账记录等。

证明工资标准、业绩完成情况、提成标准、工资发放情况及拖欠工资情况的证据，如用人单位的提成制度、业绩考核表，以及工资条、工资发放记录等。

30. 20.83 天与 21.75 天之争：你的事假工资被多扣了吗

案例 30[①]

2011 年 11 月 21 日，薛某入职 A 公司，担任电子工程师，工资构成为"底薪 3000 元 + 职务加级 + 加班费 + 全勤奖 + 餐费 + 租房补助"。自入职后，薛某每月工作 26 天，每天工作时间长达 10 小时。

2017 年 10 月，薛某请了 3 天事假；2018 年 2 月请了 8 天事假，同年 4 月请了 6 天事假，5 月请了 11.5 天事假，6 月请了 15.5 天事假，7 月请了 8 天事假。公司《员工手册》规定月工作天数为 20.83 天，若员工请事假 1 天，则公司将按"月薪 ÷20.83 天"计算扣薪。

2018 年 8 月，薛某以 A 公司无故克扣工资等理由和 A 公司解除了劳动关系，并经劳动仲裁程序起诉，要求 A 公司支付解除劳动关系的经济补偿金。

律师意见

根据劳动和社会保障部（已撤销）《关于职工全年月平均工作时间和工资折算问题的通知》规定，月工作日为 20.83 天，月计薪天数为 21.75 天。实践中，这两个数据常被混淆，引发了大量争议。为便于大家理解，下文将采用数学公式进行说明。

第一，月工作日：（365天 –104天双休日 –11天带薪法定假日）÷12个月=20.83天/月。

---

① 改编自裁判文书网。

因此，一年中正常出勤的工作日为 251 天，平均到月就是 20.83 天，但这个数字只代表应出勤天数，并不代表计薪天数，所以它对于实行标准工时月薪制的企业计算薪酬而言没有意义，其主要用途为核算综合计算工时小时数。

第二，月计薪日：（365 天 −104 天双休日）÷12 个月 =21.75 天 / 月。

用 251 天的正常出勤日，加上 11 天的带薪法定假日，得出的 261 天才是真正的计薪天数，平均到月就是 21.75 天。这个数字的主要用途为核算事假扣款金额，以及核算加班、年休假、病假的工资等。

本案例中，公司在扣除薛某的事假工资时，应先根据月计薪日 21.75 天来计算日薪，日薪 = 月工资收入 ÷21.75 天；而 A 公司按日薪 = 月工资收入 ÷20.83 天计算，很明显多算了日薪，如此计算事假扣款金额，自然构成无故克扣工资的情况。

最终，人民法院判决 A 公司应向薛某支付经济补偿金。

☆ 维权小贴士

受理机构

劳动仲裁委。

案件类型

经济补偿争议。

劳动仲裁申请书仲裁请求表述

请求被申请人支付经济补偿金 ×× 元。

举证指引

证明劳动关系及工龄的证据，如劳动合同、录用通知、社保缴费记录、个人所得税完税证明、离职证明、工作证明、工作证、空白业务合同、授权书、工作记录、考勤记录、银行流水、微信或支付宝转账记录等。

证明工资标准、发放情况及用人单位克扣工资情况的证据，如考勤记录、请假记录、加班记录、工资条、工资发放记录等。

证明劳动者因单位未依法足额支付劳动报酬而解除劳动合同的证据，如劳动者向用人单位发出的解除劳动合同通知书及其送达记录等。

31. 底薪加提成，你的工资达到最低工资标准了吗

案例 31[①]

2018 年 12 月，米某到某装饰公司处从事销售工作，双方于 2019 年 3 月 18 日签订了《2019 年度业务员销售政策及注意事项》，约定业务员实习期为 3 个月，底薪为 2000 元。实习期满，对每月回款达 30 000 元以上者，公司按其销售额的 3% 计算提成并发放底薪；如未完成，则不发放底薪。

后米某因某装饰公司未支付 2019 年 4 月、5 月、6 月的工资、业务提成以及介绍新人奖的资金，向当地劳动仲裁委申请劳动仲裁，要求某装饰公司支付最低工资、拖欠的提成款和奖金等。

律师意见

最低工资标准，即劳动者在法定工作时间或依法签订的劳动合同约定的工作时间内提供了正常劳动的前提下，用人单位依法应支付的最低劳动报酬。

《最低工资规定》第十二条第二款规定："实行计件工资或提成工资等工资形式的用人单位，在科学合理的劳动定额基础上，其支付劳动者的工资不得低于相应的最低工资标准。"《劳动合同法》第二十条规定："劳动者在试用期的工资不得低于本单位相同岗位最低档工资或者劳动合同约定工资的百分之八十，并不得低于用人单位所在地的最低工资标准。"可见，最低工资的发放只关系到劳动者有没有正常出勤工作，与其工作成果不直接

---

① 改编自河南省高级人民法院与河南省人社厅联合发布十件劳动争议典型案例之《劳动者提供正常劳动的情形下，未完成约定的工作任务，用人单位仍应发放不低于最低工资标准的劳动报酬》。

相关。企业虽然可以制定内部工资的核算及发放办法，但仍不得违反有关最低工资标准的规定。除此之外，劳动者的医疗期待遇、加班费、经济补偿金、工伤致残后的伤残津贴、疫情期间工资等费用也不得低于最低工资标准。

本案例中，某装饰公司的《2019 年度业务员销售政策及注意事项》规定，如果试用期的劳动者未能完成销售任务，则某装饰公司不发放底薪，该规定很明显违反了《最低工资规定》，属于违法克扣工资。

最终，人民法院判决该装饰公司向米某支付最低工资。

☆ 维权小贴士

受理机构

劳动仲裁委。

案件类型

劳动报酬争议。

劳动仲裁申请书仲裁请求表述

请求被申请人支付 ×× 年 ×× 月 ×× 日至 ×× 年 ×× 月 ×× 日期间的工资。

举证指引

证明双方存在劳动关系的证据，如劳动合同、录用通知、社保缴费记录、个人所得税完税证明、离职证明、工作证明、工作证、空白业务合同、授权书、工作记录、考勤记录、银行流水、微信或支付宝转账记录等。

证明劳动者正常出勤及证明单位拖欠、克扣工资的证据，如考勤记录、工作记录、工资支付记录等。

32. 疫情期间，用人单位安排劳动者居家办公且只发基本工资，合法吗

案例 32[①]

刘某在某公司从事网络销售工作，双方在劳动合同中约定，刘某的月工资由基本工资 5200 元加业绩提成构成（按销售金额计提）。其中，业绩提成每月为 2000 至 5000 元不等。

受新冠肺炎疫情影响，某公司通知刘某自 2020 年 2 月 3 日起居家办公。2020 年 2 月 24 日，某公司又发出通知，称受市场影响，公司业务不饱和，加上居家办公无法记录考勤，公司决定自当月起将网络销售部门居家办公员工的月基本工资调整为北京市最低工资，即 2200 元，业绩提成比例不变。

刘某不认可某公司的降薪行为，认为自己居家办公期间变得更忙了，甚至休息日都需要在家忙工作。刘某虽多次向某公司人力资源部提出异议，但问题未能得到解决。

2020 年 5 月 6 日，刘某向劳动仲裁委提出仲裁申请，要求某公司支付其 2020 年 2 月至 4 月的工资差额 9000 元。

律师意见

本案中，刘某的工资组成为基本工资加业绩提成，基本工资与正常出勤挂钩，提成工资属于"多劳多得"的浮动工资。疫情期间，刘某的工作业绩可能不如从前，其提成工资受到影响也是无可厚非的，但某公司单方降低刘某的基本工资的行为是否有依据呢？

人力资源和社会保障部等的《关于做好新型冠状病毒感染肺炎疫情防控期间稳定劳动关系支持企业复工复产的意见》要求："对因受疫情影响职工不能按期到岗或企业不能开工生产的，要指导企业主动与职工沟通，有条件的企业可安排职工通过电话、网络等灵活的工作方式在家上班完成工作任务。"可见，某公司在安排刘某居家办公时，应视其为正常出勤上班，故居家办公不能被作为降薪的理由。

---

① 改编自北京市涉新冠肺炎疫情劳动争议仲裁十大典型案例之《居家办公，劳动者的劳动报酬不得无正当理由降低》。

《劳动合同法》第三十五条第一款规定，"用人单位与劳动者协商一致，可以变更劳动合同约定的内容。变更劳动合同，应当采用书面形式"。劳动报酬权作为劳动者最为核心的权利之一，本就是劳动合同的必备条款，本案例中，某公司在未经协商一致的情况下，单方将刘某的基本工资降低为北京市最低工资的行为缺乏依据，某公司应补发工资。

最终，劳动仲裁委支持了刘某的请求。

☆ 维权小贴士

受理机构

劳动仲裁委。

案件类型

劳动报酬争议。

劳动仲裁申请书仲裁请求表述

请求被申请人支付××年××月××日至××年××月××日期间的工资××元。

举证指引

证明双方存在劳动关系的证据，如劳动合同、录用通知、社保缴费记录、个人所得税完税证明、离职证明、工作证明、工作证、空白业务合同、授权书、工作记录、考勤记录、银行流水、微信或支付宝转账记录等。

证明工资标准、组成结构及单位拖欠工资的证据，如工资发放明细等。

证明劳动者实际工作且其工作符合发放各项工资的要求的证据，如居家办公通知、工作记录、考核记录、业绩记录等。

33. 用人单位因疫情停工，不发工资合法吗

案例 33[①]

田某在某物流公司从事货品运输工作，月工资为 5000 元，某物流公司每月月底为员工发放当月工资。

受疫情影响，某物流公司决定参考所在地区人民政府施行的防疫措施，自 2020 年 2 月 3 日起停工[②]。2 月底，田某发现某物流公司未发工资，便联系了公司的人力资源部，人力资源部答复："因疫情属于不可抗力，公司与你的劳动合同中止，2 月停工之后你无须上班，公司也没有支付工资的义务。"

田某对此不服，于 3 月初通过互联网向劳动仲裁委申请仲裁，要求某物流公司支付其 2 月工资 5000 元。

律师意见

第一，疫情期间，劳动者若未上班，有工资吗？

答：有。

人力资源和社会保障部、最高人民法院等七部门《关于妥善处置涉疫情劳动关系有关问题的意见》（人社部发〔2020〕17 号）的第一条第一项规定，受疫情影响导致原劳动合同确实无法履行的，不得采取暂时停止履行劳动合同的做法，企业和劳动者协商一致，可依法变更劳动合同。故本案例中的某物流公司无权以中止履行劳动合同为由拒发工资。

第二，疫情停工期间，劳动者的工资有多少？

人力资源和社会保障部办公厅《关于妥善处理新型冠状病毒感染的肺炎疫情防控期间劳动关系问题的通知》（人社厅明电〔2020〕5 号）的第二条规定，"企业停工停产在一个工资支付周期内的，企业应按劳动合同规定的标准支付职工工资"。所谓"一个工资支付

---

① 改编自人力资源社会保障部 最高人民法院劳动人事争议典型案例（第一批）：《用人单位能否以新冠肺炎疫情属不可抗力为由中止劳动合同》《如何理解"一个工资支付周期"，正确发放未及时返岗劳动者工资待遇》。

② 有关疫情期间的各地政策，本节仅列举与案情发生之时有关的政策，以便更好地解读关于劳动纠纷的处理方式。

周期"，指的是实际停工的期间，如本案中田某从 2020 年 2 月 3 日开始停工，那么到 2020 年 3 月 2 日，已到第一个工资支付周期，某物流公司应向田某正常支付 2020 年 2 月工资。最终，劳动仲裁委裁决某物流公司向田某支付 2020 年 2 月工资 5000 元。

第三，因疫情停工超过一个工资支付周期的，劳动者的工资有多少？

《工资支付暂行规定》及人力资源和社会保障部的《关于妥善处理新型冠状病毒感染的肺炎疫情防控期间劳动关系问题的通知》规定，超过一个工资支付周期的，若职工提供了正常劳动，企业支付给职工的工资不得低于当地最低工资标准。职工没有提供正常劳动的，企业应当发放生活费，生活费标准按各省、自治区、直辖市规定的办法执行。

对于生活费的标准，这里以湖南省为例。《湖南省工资支付监督管理办法》第二十三条规定："非因劳动者原因造成用人单位停工、停产、歇业，未超过一个月的，用人单位应当按照国家规定或者劳动合同约定的工资标准支付工资；超过一个月，未安排劳动者工作的，用人单位应按不低于当地失业保险标准支付停工津贴。"也就是说，在超过一个工资支付周期的情况下，该用人单位的劳动者即使未提供劳动，也可以享受不低于当地失业保险标准的停工津贴。本案例中的田某，自 2020 年 3 月 3 日起，便属于超过一个工资支付周期的情况了，此时其工资计算方式应参考当地失业保险标准（注：湖南省失业保险标准为当地最低工资标准的 90%）。

☆ 维权小贴士

受理机构

劳动仲裁委。

案件类型

劳动报酬争议。

劳动仲裁申请书仲裁请求表述

请求被申请人支付××年××月××日至××年××月××日期间的工资××元。

举证指引

证明双方存在劳动关系的证据，如劳动合同、录用通知、社保缴费记录、个人所得税完税证明、离职证明、工作证明、工作证、空白业务合同、授权书、工作记录、考勤记录、银行流水、微信或支付宝转账记录等。

证明劳动者出勤情况及证明单位拖欠、克扣工资的证据，如停工通知、考勤记录、工资支付记录等。

34. 用人单位规定"996"，劳动者拒绝加班，属于违纪吗

案例 34[①]

张某到某快递公司工作，双方订立的劳动合同约定试用期为 3 个月，试用期月工资为 8000 元，工作时间执行某快递公司规章制度相关规定。某快递公司规章制度规定，工作时间为早 9 时至晚 9 时，每周工作 6 天。工作两个月后，张某以工作时间严重超过法律规定上限为由拒绝超时加班安排，某快递公司便以张某在试用期间不符合公司的录用条件为由与其解除了劳动合同。

张某向劳动仲裁委申请仲裁，请求裁决某快递公司支付违法解除劳动合同的赔偿金。

律师意见

现实中某些企业一味地宣传加班文化，甚至强行要求员工滞留公司，以实现令员工加班的目的，这样不仅不能提高企业的经营效益，还会大大降低员工的工作效率及积极性，甚至危害员工的生命健康。

国务院《关于职工工作时间的规定》的第三条称："职工每日工作 8 小时、每周工作

---

① 改编自人力资源社会保障部、最高人民法院联合发布第二批劳动人事争议典型案例之《劳动者拒绝违法超时加班安排，用人单位能否解除劳动合同》。

40 小时。"《劳动法》第四十一条规定："用人单位由于生产经营需要，经与工会和劳动者协商后可以延长工作时间，一般每日不得超过一小时；因特殊原因需要延长工作时间的，在保障劳动者身体健康的条件下延长工作时间每日不得超过 3 小时，但是每月不得超过 36 小时。"也就是说，如果超出上述加班时间的限制，无论企业是否征得了劳动者的同意，均属于违法加班情形。本案例中，某快递公司规定了"996"工作制，使劳动者的工作时间明显超出法定加班时间限制，这类制度因内容违法而不能被作为管理的依据，故某快递公司以张某拒绝超时加班的安排而认定其不符合录用条件的行为是没有依据的。

　　最终，劳动仲裁委裁决某快递公司支付张某违法解除劳动合同的赔偿金。同时，劳动仲裁委还将案件情况通报至劳动保障监察机构，劳动保障监察机构对某快递公司规章制度违反法律、法规规定的情形给予警告并责令公司进行改正。

☆ 维权小贴士

受理机构
劳动仲裁委。

案件类型
赔偿金争议。

劳动仲裁申请书仲裁请求表述
请求裁决被申请人支付违法解除劳动合同的赔偿金 × × 元。

举证指引
证明劳动关系及工龄的证据，如劳动合同、录用通知、社保缴费记录、个人所得税完税证明、离职证明、工作证明、工作证、空白业务合同、授权书、工作记录、考勤记录、银行流水、微信或支付宝转账记录等。

证明是用人单位单方解除劳动合同的证据，如单位发出的解除劳动合同通知书、工资停发记录、社保停缴证明等。

证明用人单位存在超时加班情形的证据，如用人单位关于工时的规章制度、加班通知，劳动者的考勤记录、加班记录等。

证明工资标准的证据，如工资条、工资发放记录等。

35. 用人单位拒付加班费，劳动者该如何举证

案例 35[①]

2020 年 1 月小林入职某公司，月工资为 6000 元。半年后，小林因个人原因提出解除劳动合同，并向劳动仲裁委申请仲裁，要求某公司支付加班费。

仲裁庭审过程中，小林主张其在工作期间每周工作 6 天，并提交了部分打卡 App 的打卡记录（离职后已被删除权限）、部分工资支付记录打印件（未显示加班费支付情况）。

某公司不认可上述证据的真实性，主张小林每周工作 5 天，但未提交完整的考勤记录、工资支付记录。

律师意见

《劳动争议调解仲裁法》第六条规定，"发生劳动争议，当事人对自己提出的主张，有责任提供证据"。可见，在劳动争议中，一般遵循"谁主张，谁举证"的原则。比如在加班费争议中，劳动者若主张用人单位未及时足额发放加班费，其首先需要证明存在加班的事实。现实中，劳动者往往因为难以取得考勤记录、加班记录而无法完成举证责任。

最高人民法院《关于审理劳动争议案件适用法律问题的解释（一）》的第四十二条规定："劳动者主张加班费的，应当就加班事实的存在承担举证责任。但劳动者有证据证明用人单位掌握加班事实存在的证据，用人单位不提供的，由用人单位承担不利后果。"从上述规定可知，在加班费争议中，劳动者如果无法完全提供关于加班的证据，其只要能够

---

① 改编自人力资源社会保障部、最高人民法院联合发布第二批劳动人事争议典型案例之《处理加班费争议，如何分配举证责任》。

证明加班的相关证据由用人单位所掌握、管理，并且用人单位没有提供相关证据的，法院就可以推定劳动者加班事实的存在。

本案例中，虽然小林的各项证据不够充分，但他已经能够证明某公司有加班时间考勤的记录，应被视为已经完成初步举证。此时就应该由某公司来提交完整的考勤记录；某公司若不提供，则应承担不利后果。

最终，劳动仲裁委裁决某公司应向小林支付加班费。

☆ 维权小贴士

受理机构
劳动仲裁委。

案件类型
劳动报酬争议。

劳动仲裁申请书仲裁请求表述
请求裁决被申请人支付 ×× 年 ×× 月 ×× 日至 ×× 年 ×× 月 ×× 日期间的加班费 ×× 元。

举证指引
证明劳动关系的证据，如劳动合同、录用通知、社保缴费记录、个人所得税完税证明、离职证明、工作证明、工作证、空白业务合同、授权书、工作记录、考勤记录、银行流水、微信或支付宝转账记录等。

证明加班事实的证据，如考勤制度、考勤记录、加班通知、加班审批单、工资条、交接班记录、微信聊天记录等。

证明工资标准、存在未发放加班费的事实的证据，如工资条、工资发放记录等。

36. 用人单位安排劳动者周末值班，有加班费吗

案例 36①

王某在某公司担任会务。某公司执行每周工作 5 天，每天工作 8 小时的标准工时制。王某工作期间，某公司如安排其在周末值班，也会发放值班费。

王某认为，某公司安排其在周末的工作，常常是召开紧急会议，会议的时长、参会人数、召集难度、会场布置难度等都远超日常会议，而且他在工作期间不能休息，这种"值班"的性质应该是加班，某公司应向其支付加班费。某公司认为他们是在安排王某周末值班，并非加班，且已经支付了值班费，无须再支付加班费。

双方产生了争议，王某经劳动仲裁程序起诉，要求某公司支付加班费。

律师意见

《劳动法》第四十四条规定，有下列情形之一的，用人单位应当按照下列标准支付高于劳动者正常工作时间工资的工资报酬：（一）安排劳动者延长工作时间的，支付不低于工资的百分之一百五十的工资报酬；（二）休息日安排劳动者工作又不能安排补休的，支付不低于工资的百分之二百的工资报酬；（三）法定休假日安排劳动者工作的，支付不低于工资的百分之三百的工资报酬。可见，虽然值班与加班都是用人单位所安排的，但法律仅对加班有着明确的规定，而值班并不是《劳动法》中的概念，这就造成某些用人单位借值班之名行加班之实，侵害了劳动者的休息权与劳动报酬权。那么，本案例中的关键问题实际是，王某的"值班"是否属于法律意义上的"加班"。

一般来说，值班是在安全、消防、节假日等需要的情形下，单位安排员工从事与其本职工作无关的值守任务，如站岗、接听电话等。通常情况下，员工在值班时是可以自行休息的，值班的形式与正常上班、加班有着明显的区别。本案例中，某公司安排了王某周末值班，王某基于某公司的管理制度无法自主决定是否值班，且其值班的工作内容与正常工

---

① 改编自北京海淀法院微信公众号中的《加班、值班分不清？听听法官怎么说》一文。

作期间一致，都是进行会务安排，其间他也无法自行安排休息，工作强度与正常上班无异。这明显是单位基于生产经营目的而进行的加班安排，不属于值班。

此外，司法实践中也有一种观点认为，即使用人单位是出于假期安全、消防等目的安排员工值班，员工也始终是为了单位的利益提供劳动，并且牺牲了自己的休息时间，而且目前法律中没有关于值班的概念，将其按加班处理也是符合立法本意的。

最终，人民法院判决某公司支付王某值班期间的加班费差额。

☆ 维权小贴士

受理机构

劳动仲裁委。

案件类型

劳动报酬争议。

劳动仲裁申请书仲裁请求表述

请求裁决被申请人支付××年××月××日至××年××月××日期间的加班费××元。

举证指引

证明劳动关系的证据，如劳动合同、录用通知、社保缴费记录、个人所得税完税证明、离职证明、工作证明、工作证、空白业务合同、授权书、工作记录、考勤记录、银行流水、微信或支付宝转账记录等。

证明存在加班事实的证据，如考勤记录、值班通知、工作记录、工资条、交接班记录、微信聊天记录等。

证明工资标准以及用人单位未发放加班费的证据，如工资条、工资发放记录等。

37. 用人单位安排劳动者周末开会、培训，算加班吗

案例 37[①]

涂某是某汽车租赁公司的员工，和该公司签有两年期的劳动合同。上班后，他被安排随车为客户单位提供驾驶服务。某汽车租赁公司实行标准工时制。劳动合同履行期间，某汽车租赁公司要求涂某每个月的第一周周六必须到该公司参加安全驾驶培训，而且没有安排补休。

今年 7 月 31 日，双方劳动合同期满终止，涂某向某汽车租赁公司提出要休息日安排培训的加班费。某汽车租赁公司表示涂某没有在工作岗位上提供劳动，周末开会培训不算加班。

双方协商未果后，涂某申请劳动争议仲裁，要求某汽车租赁公司支付休息日的加班工资。

律师意见

案例 36 已经分析了加班的本质，加班是用人单位基于生产经营目的而安排劳动者在法定工作时间之外从事本职工作的行为。针对企业安排劳动者在周末开会、培训是否属于加班的问题，我们还需要从以下三个方面展开具体分析。

其一，开会、培训是不是属于劳动者自愿参加。企业拥有对劳动者的用工管理权，所以，要判断开会、培训是否为企业的管理行为，关键在于看这些安排是否存在强制性。比如企业规定，员工必须参加公司组织的会议、培训等，否则将给予处罚，这种一般会被认定为属于强制性的加班安排；若企业规定，员工可以自主选择是否参加公司组织的培训、户外拓展等，这种则一般不属于加班。本案例中，某汽车租赁公司组织了安全驾驶培训，并要求涂某必须参加，可见具有强制性。

其二，开会、培训等活动是不是基于生产经营的目的而开展的。本案例中，涂某的工

---

① 改编自人力资源和社会保障部微信公众号中的《用人单位组织劳动者周末开会，是否应当支付加班费》一文。

作职责是随车为客户单位提供驾驶服务，而某汽车租赁公司安排涂某培训的内容为安全驾驶，很明显属于生产经营目的。

其三，开会、培训是否在法定工作时间之外。《关于职工全年月平均工作时间和工资折算问题的通知》规定，劳动者一年中正常出勤的工作日为 250 天，除此之外的周末及法定节假日属于休息日。本案例中，某汽车租赁公司安排涂某在周六培训，侵害了涂某的休息权。

最终，劳动仲裁委裁决某汽车租赁公司应当向涂某支付工资的 200% 的休息日加班费。

☆ **维权小贴士**

受理机构

劳动仲裁委。

案件类型

劳动报酬争议。

劳动仲裁申请书仲裁请求表述

请求裁决被申请人支付 × × 年 × × 月 × × 日至 × × 年 × × 月 × × 日期间的加班费 × × 元。

举证指引

证明劳动关系的证据，如劳动合同、录用通知、社保缴费记录、个人所得税完税证明、离职证明、工作证明、工作证、空白业务合同、授权书、工作记录、考勤记录、银行流水、微信或支付宝转账记录等。

证明存在加班事实的证据，如考勤记录、加班通知、会议培训通知、工作记录、工资条、交接班记录、微信聊天记录等。

证明工资标准以及用人单位未发放加班费的证据，如工资条、工资发放记录等。

38. 用人单位实行特殊工时制，加班有加班费吗

案例 38[①]

某物流公司经当地人社部门许可，执行不定时工作制和综合计算工时工作制，其中许可执行不定时工作制的岗位中包含配送员，执行综合计算工时工作制的岗位包含运营支持。

2018 年 9 月 1 日，张某到该物流公司上班，双方签订了劳动合同，合同期限为 2018 年 9 月 1 日至 2020 年 6 月 30 日，合同约定张某的岗位是配送员，公司实行不定时工作制。

2020 年 7 月 1 日，双方续签了劳动合同，合同期限为 2020 年 7 月 1 日至 2023 年 6 月 30 日，约定张某的岗位变更为运营支持，实行综合计算工时工作制。

2022 年 3 月 21 日，张某以上班时间过长为由辞职，并申请劳动仲裁，要求某物流公司向其支付 2018 年 9 月 1 日至 2022 年 3 月 21 日的加班工资。

律师意见

特殊工时制是相较于每日工作 8 小时、每周工作 40 小时的标准工时制而言的。

所谓综合计算工时制，是指用人单位因工作情况特殊或受季节和自然条件限制，而需要安排员工连续作业，无法实行标准工时制度，用人单位常采用以周、月、季、半年、年等为周期综合计算工作时间的工时制度。所谓不定时工作制，是指用人单位因生产特点、工作特殊需要或职责范围的关系，无法实行标准工时制，需机动作业而采取的不确定工作时间的工时制度。

《工资支付暂行规定》的第十三条第三、四款规定："经劳动行政部门批准实行综合计算工时工作制的，其综合计算工作时间超过法定标准工作时间的部分，应视为延长工作时间，并应按本规定支付劳动者延长工作时间的工资。实行不定时工时制度的劳动者，不执行上述规定。"可见，实行特殊工时制有一个前提条件，即"经劳动行政部门批准实行"。

---

① 改编自中国劳动保障报微信公众号中的《执行特殊工时工作制，不等于没有加班工资》一文。

本案例中，某物流公司实行特殊工时制是经当地人社部门许可的，因此该公司适用的工时制度是合法的。

对于特殊工时制的加班费问题。根据上述法律规定，用人单位如适用不定时工时制，一般无须计算加班费，但部分地区也有规定，即使实行不定时工时制的，如在法定休假日安排劳动者工作，用人单位仍需支付加班费；适用综合计算工时制的，只有在一定周期内的工作时间超过标准工时总额时才存在加班费。例如，按月为周期，每月工作时间超过 166.64 小时的；按季度为周期，每季度工作时间超过 500 小时的；按年度为周期，一年工作时间超过 2000 小时的。

本案例中，张某于 2018 年 9 月 1 日至 2020 年 6 月 30 日期间适用的是不定时工作制，这期间的加班费不能得到支持。张某于 2020 年 7 月 1 日开始适用综合计算工时制，该期间他的实际工作时间如超过标准工时总额，则公司应当支持其关于加班费的诉求。

最终，劳动仲裁委裁决某物流公司向张某支付 2020 年 7 月 1 日至 2022 年 3 月 21 日期间，张某工作时间超过周期内法定工作时长部分的加班工资和法定休假日期间的工作报酬。

⭐ 维权小贴士

受理机构

劳动仲裁委。

案件类型

劳动报酬争议。

劳动仲裁申请书仲裁请求表述

请求裁决被申请人支付 ×× 年 ×× 月 ×× 日至 ×× 年 ×× 月 ×× 日期间的加班工资 ×× 元。

举证指引

证明劳动关系及工时制度的证据，如劳动合同、录用通知、社保缴费记录、个人所得税完税证明、离职证明、工作证明、工作证、空白业务合同、授权书、工作记录、考勤记录、银行流水、微信或支付宝转账记录等。

证明存在加班事实的证据，如考勤记录、加班通知、工作记录、工资条、交接班记录、微信聊天记录等。

证明工资标准以及用人单位未发放加班费的证据，如工资条、工资发放记录等。

39. "工资包含加班费"的约定合法吗

案例 39[①]

2020 年 7 月，钟某入职某公司，双方订立的劳动合同约定月工资为 4000 元（含加班费）。

2021 年 2 月，钟某因个人原因提出解除劳动合同，并认为即使按照当地最低工资标准认定其法定标准工作时间工资，某公司也未足额支付工资报酬，因此钟某要求公司支付工资差额。

某公司认可了钟某加班的事实，但公司以劳动合同约定的月工资中已含加班费为由拒绝再支付加班费。

钟某不服，向劳动仲裁委提起仲裁申请，请求裁决某公司支付加班费等。

律师意见

工资包含加班费也就是民间常说的"包薪制"，这种工资模式在一些劳动密集型企业中较为常见，即劳动者加班较多且加班的时间相对固定，常见的如每天固定加班 2 小时，每周"做六休一"等。

---

① 改编自人力资源社会保障部、最高人民法院劳动人事争议典型案例（第二批）：《用人单位与劳动者约定实行包薪制，是否需要依法支付加班费》。

《劳动法》第四十七条规定"用人单位根据本单位的生产经营特点和经济效益，依法自主确定本单位的工资分配方式和工资水平"，即用人单位可以制定此类"包薪制"的工资模式，但其需要与劳动者协商并达成一致。本案中，双方订立的劳动合同已经明确约定月工资中包含了加班费，故某公司的行为在形式上并不违法。

但《最低工资规定》第三条第一款规定，"本规定所称最低工资标准，是指劳动者在法定工作时间或依法签订的劳动合同约定的工作时间内提供了正常劳动的前提下，用人单位依法应支付的最低劳动报酬"，即用人单位即使与劳动者进行了工资的约定，但该约定仍不得违反法律关于最低工资保障、加班费支付标准的规定。

本案例中，审裁机构认可了双方"包薪制"的工资分配方式，但其通过具体计算发现，即使按当地最低工资标准核算，钟某的月工资也不止 4000 元 / 月，所以某公司仍属于未依法足额支付工资报酬的情形，应当补发加班费差额。

最终，劳动仲裁委裁决某公司支付钟某加班费差额 17 000 元（裁决为终局裁决），并就有关问题向某公司发出仲裁建议书。

☆ 维权小贴士

受理机构

劳动仲裁委。

案件类型

劳动报酬争议。

劳动仲裁申请书仲裁请求表述

请求被申请人支付 ×× 年 ×× 月 ×× 日至 ×× 年 ×× 月 ×× 日期间的延时 / 周末 / 法定节假日加班费。

举证指引

证明劳动关系的证据，如劳动合同、录用通知、社保缴费记录、个人所得税完税证明、离职证明、工作证明、工作证、空白业务合同、授权书、工作记录、考勤记录、银行流水、微信或支付宝转账记录等。

证明存在加班事实的证据，如考勤记录、加班通知、工作记录、工资条、交接班记录、微信聊天记录等。

证明工资标准以及用人单位未发放加班费的证据，如工资条、工资发放记录等。

40. 用人单位依法解除劳动合同，不发年终奖，合法吗

案例 40[①]

2011 年 1 月，房某入职某保险公司。该公司员工手册规定：年终奖根据公司政策，按公司业绩、员工表现计发，前提是该员工在当年度 10 月 1 日前已入职，若员工在年终奖发放当月或之前离职，则不能享有年度资金。

2017 年 12 月，某保险公司以客观情况发生重大变化，双方未能就变更劳动合同协商达成一致为由，向房某发出解除劳动合同通知书。

房某对解除决定不服，经劳动仲裁程序起诉，要求恢复与某保险公司之间的劳动关系，并要求某公司向其支付 2017 年度的奖金等。

律师意见

劳动者在年终奖发放前离职，单位是否可以不发年终奖。由于现行法律法规并没有对"年终奖发不发""年终奖如何发、发多少"进行强制规定，导致这类问题在司法实践中一直存在争议：一种观点认为，如果单位的员工手册经民主程序制定后已经送至劳动者，且其中的内容并不违反国家法律、行政法规及政策规定，那么离职不发年终奖的规定就应当有效；另一种观点认为，即使员工手册的制定及送达程序合法，审裁机构也不能据此认为

① 改编自最高人民法院发布的第183号指导案例。

员工手册的内容是合理有效的。

实践中，单位一般都会依据企业当年的经营情况及员工的工作表现等因素自行制定年终奖的发放制度，但该制度依然要遵循公平合理原则。具体来说，就是要结合劳动者离职的原因、时间、工作表现和对单位的贡献程度等多方面因素综合考量，"一刀切"地规定"提前离职不发年终奖"的做法缺乏合理性，不受到认可。

本案例取材自最高人民法院发布的指导案例，上述第二种观点即指导案例的观点，本书亦采用此观点。

本案例中，首先，双方解除劳动合同的原因是某保险公司决定对内部的组织架构进行调整，双方未能就劳动合同的变更达成一致，劳动合同被解除。其次，房某 2017 年度已在某保险公司工作满一年，某保险公司虽主张不予发放年终奖，但没有举证证明房某在 2017 年度的工作业绩、表现等方面不符合规定。故人民法院可以认定房某在该年度为某保险公司付出了一整年的劳动且正常履行了职责，为某保险公司作出了应有的贡献，保险公司应当依规支付相应奖金。最终，人民法院支持了房某关于索要 2017 年度的奖金的诉求。

⭐ **维权小贴士**

受理机构

劳动仲裁委。

案件类型

劳动报酬争议。

劳动仲裁申请书仲裁请求表述

请求被申请人支付 ×× 年度的奖金 ×× 元。

举证指引

证明用人单位存在年终奖等奖金及相关标准的证据，如员工手册、劳动合同、各类与年终奖相关的通知等。

证明劳动者已在当年内工作满一年，符合年终奖的时限要求的证据，如考勤记录、工作记录等。

证明劳动者在当年内的业绩、工作表现等符合年终奖要求的证据，如考核记录、奖励记录等。

证明历年年终奖的发放情况及标准的证据，如工资发放记录等。

41. 劳动者因违纪被解雇，用人单位拒发年终奖，合法吗

案例 41①

2018 年 6 月 13 日，谭某入职 A 公司，任采购一职。A 公司员工手册中关于年终奖励的规定如下：（1）年终考核奖励额＝①奖励基数 × ②经营业绩系数 × ③个人工作考核系数；（2）奖励基数为全年税前工资与考核奖励标准之和；（3）对全年工作期间发生重大安全事故或重大责任事故的人员，取消年终奖；（4）对违反公司相关管理制度比较严重的或有明显损害公司利益行为的人员，取消年终奖；（5）公司可以根据相关制度对人员的年终奖励额度予以扣减或者全部扣除；（6）对各年度 12 月 31 日前离职的人员，取消年终奖。

2020 年 1 月 16 日，A 公司将《关于与谭某先生解除劳动关系告知书》通过顺丰速运邮寄给谭某。该告知书内容为："谭某先生，因您在工作期间，存在严重失职行为、频繁违反公司的多项规章制度、工作业绩排名末位等情况，现根据《中华人民共和国劳动合同法》、双方劳动合同以及公司相关规章制度的相关规定，公司将于 2020 年 1 月 19 日与您解除劳动合同。"

谭某不服，经劳动仲裁程序起诉，要求 A 公司支付违法解除劳动合同的赔偿金、年终奖等费用。

---

① 改编自裁判文书网。

律师意见

奖金虽然属于工资的一部分，但不同于"以实际工时对价"的固定工资，奖金一般都带有激励的性质，属于"多劳多得"的额外劳动报酬，用人单位可以根据自身经营特点自主安排支付给劳动者奖励的条件，比如设置绩效考核、业绩考核等规章制度，在不违反法律法规禁止性规定的情况下，该事项属于用人单位自主经营的范围。本书在案例 40 中提到，在目前的司法实践中，审裁机构一般会从解除劳动合同的合法性、员工的在职时间、离职时间以及对单位的贡献程度等多方面综合考虑单位是否应该发放年终奖，但这实际上仍属于人民法院自由裁量权的范畴。最高人民法院的《关于深入推进社会主义核心价值观融入裁判文书释法说理的指导意见》要求，法官在法律框架内运用社会主义核心价值观释法说理，根据这个原则，我们来看本案例中的 A 公司是否还要发放年终奖。

本案例中，劳动者虽举证证明了用人单位存在年终奖励，但用人单位亦提供了劳动者违反劳动纪律，特别是在晋级考试中作弊、业绩排名位于末位的证据，此种情况下，如果法院还支持劳动者索要年终奖，则不符合社会主义核心价值观，也不符合公序良俗的民法原则。

最终，人民法院判决 A 公司无须支付年终奖。

42. 用人单位能否对违纪的劳动者罚款

案例 42[①]

王某是某客运公司驾驶员。

2017 年 9 月 7 日，王某在驾驶长途客运车时，车内 13 人无票，其被单位稽查人员稽查。王某的行为违反某客运公司规定，某客运公司作出《关于对驾驶员王某的处理决定》，并依据《某客运公司客票款管理及违纪处罚规定》的规定，对王某处以 5000 元罚款。

---

① 改编自裁判文书网。

2018年3月6日，王某驾驶车辆到加油站加油时，与其他车辆相撞，王某负全部责任，事故造成经济损失 31 969 元，某客运公司依据《某客运公司安全生产处罚条例》，决定对王某处以 3000 元的罚款。

因王某未主动缴纳上述两项罚款，客运公司决定每月从王某的工资中扣除 500 元，罚款已执行完毕。

王某对罚款决定不服，其经劳动仲裁程序起诉，要求某客运公司返还罚款 8000 元。

律师意见

最高人民法院《关于审理劳动争议案件适用法律问题的解释（一）》中的第五十条第一款规定："用人单位根据劳动合同法第四条规定，通过民主程序制定的规章制度，不违反国家法律、行政法规及政策规定，并已向劳动者公示的，可以作为确定双方权利义务的依据。"可见，企业制定的规章制度要对劳动者生效，必须要满足"民主程序制定""内容不违法""公示"三个要件。本案例中，某客运公司对王某进行罚款的依据是《某客运公司客票款管理及违纪处罚规定》和《某客运公司安全生产处罚条例》，我们暂且先不讨论这两个制度有没有经过相应的民主程序，以及有没有向劳动者公示等问题，仅就"内容不违法"展开讨论，我们需要弄清楚用人单位是否享有对劳动者罚款的权利。

《行政处罚法》第九条规定："行政处罚的种类……（二）罚款、没收违法所得、没收非法财物……"该法的第十条第一款规定，法律可以设定各种行政处罚。因此，罚款作为行政处罚的一种，只能由法律作出规定，而目前法律并未赋予企业罚款权，故某客运公司对王某进行罚款的行为是没有法律依据的。

最终，人民法院支持了王某返还罚款的诉求。

☆ 维权小贴士

受理机构

劳动仲裁委。

案件类型

劳动报酬争议。

劳动仲裁申请书仲裁请求表述

请求被申请人支付被克扣的工资 ×× 元。

举证指引

证明劳动关系的证据，如劳动合同、录用通知、社保缴费记录、个人所得税完税证明、离职证明、工作证明、工作证、空白业务合同、授权书、工作记录、考勤记录、银行流水、微信或支付宝转账记录等。

证明工资标准以及用人单位在克扣工资事实的证据，如工资发放记录、工资条、处罚通知等。

43. 劳动者因自身过错给顾客造成了损失，需要赔偿吗

案例 43[①]

刘某是汽修公司的一名汽车维修工人。2019 年 8 月，客户张先生将自己的一辆汽车交由汽修公司进行保养。刘某在保养过程中，误将分动箱油加入变速箱内，且在排空分动箱残油后，未再对分动箱进行加油保养。保养结束后，刘某及汽修公司其他工作人员都未发现该问题。张先生接收车辆后，因分动箱内无油，其车辆在行驶途中发生了故障。

事故发生后，在汽修公司法定代表人的参与下，刘某作为公司代理人与张先生签订了赔偿协议，约定赔偿张先生车辆维修费用及其他经济损失共 3 万元，并由汽修公司法定代表人向张先生足额转付了该赔偿款。

后刘某从汽修公司离职，汽修公司将刘某诉至法院，以该笔赔偿是刘某的过错导致，

---

① 改编自山东高法微信公众号，《员工在工作期间给顾客造成财产损失，赔偿由谁承担》一文。

且协议为刘某与张先生签订为由，要求刘某返还汽修公司垫付的赔偿款 3 万元。

律师意见

人非圣贤，劳动者在工作中难免会出现工作失误，劳动者的一个工作失误可能直接或者间接造成公司的损失，那么此时劳动者是否需要赔偿？如果要赔偿，其应如何确定赔偿金额？

《民法典》的第一千一百九十一条第一款规定："用人单位的工作人员因执行工作任务造成他人损害的，由用人单位承担侵权责任。用人单位承担侵权责任后，可以向有故意或者重大过失的工作人员追偿。"因此，劳动者若因自身工作失误为公司带来损失，公司的确有权向劳动者追偿，但这也是有条件的，即劳动者的失误要达到"故意或者重大过失"的程度。如果劳动者本就是依照公司的指示行事，则其违规操作难以被认定为存在"故意或者重大过失"。本案例中，汽修公司虽无证据证明刘某的错误加油行为是出于故意，但结合车辆的维修难度和刘某的技术水平来看，更换油品属于汽车保养的基础项目，不需要高难度维修技术，因此刘某油品更换错误应当属于疏忽大意，而非技术不足所导致。所以，刘某的行为应当被认定为工作中的重大过失，他应当向汽修公司承担一定的赔偿责任。

此外，对于损失的责任承担，很多企业规定，由劳动者承担全部赔偿责任，而司法实践中对此将考虑更多因素，如考虑劳动者的实际收入、单位是否对劳动者进行了必要的培训、劳动者是否劳动过度、单位自身的管理缺失等。本案例中，汽修公司将车辆交由刘某一人进行多项保养维修，并由刘某试车，此举不利于发现维修工作中的失误。汽修公司在向刘某提供了分动箱油、变速箱油两种油品后，也未注意到刘某在保养期间并未使用变速箱油这一问题。因此，汽修公司在车辆维修保养工作的监督管理上存在缺陷，同样应对该项损失负有一定责任。

最终，人民法院在结合刘某在汽修公司每月 3500 元的工资收入，并综合考虑赔偿协议的约定内容后，判决刘某应向汽修公司赔偿 5000 元。

44. 用人单位规定旷工一天扣三天工资，合法吗

案例 44[①]

于某就职公司的《员工手册》规定：员工若迟到或者早退超过 60 分钟，将被视为旷工；旷工以半天为计算单位，不足半天的按半天计，每旷工一天，公司将扣发当事人 3 倍的日工资。

后来，于某因为旷工被扣工资的事情和公司产生了纠纷。于某向公司发出《被迫解除劳动关系通知书》，以公司违法调岗降薪、克扣工资为由提出解除劳动关系，并经劳动仲裁程序起诉，要求公司支付工资差额和被迫解除劳动关系的经济补偿金。

律师意见

在劳动者旷工等情形下，企业是否有权扣减工资？有权扣减多少工资？

劳动部（已撤销）《对〈工资支付暂行规定〉有关问题的补充规定》中的第三条规定，"'克扣'系指用人单位无正当理由扣减劳动者应得工资（即在劳动者已提供正常劳动的前提下用人单位按劳动合同规定的标准应当支付给劳动者的全部劳动报酬）。不包括以下减发工资的情况……（5）因劳动者请事假等相应减发工资等"。由此，如劳动者确实存在请事假、旷工等未出勤的情况，则用人单位扣减其实际缺勤期间报酬的行为是合法的，此举属于企业的用工自主权范畴。

现实中，有些企业还对旷工的劳动者采取额外的罚款，或者采用类似罚款手段的"乐捐"等形式扣罚工资，这就超出了"合法的用工自主权"范畴，目前法律并未赋予企业罚款权，所以企业额外扣罚两天工资的行为是没有法律依据的，属于未依法支付工资报酬的情形，劳动者据此解除劳动合同的，用人单位应当向其支付经济补偿。

最终，人民法院判决公司向于某支付克扣的工资及经济补偿金。

---

① 改编自裁判文书网。

☆ 维权小贴士

受理机构

劳动仲裁委。

案件类型

劳动报酬争议、经济补偿争议。

劳动仲裁申请书仲裁请求表述

请求被申请人支付克扣的工资××元。

请求被申请人支付经济补偿金××元。

举证指引

证明劳动关系及工龄的证据，如劳动合同、录用通知、社保缴费记录、个人所得税完税证明、离职证明、工作证明、工作证、空白业务合同、授权书、工作记录、考勤记录、银行流水、微信或支付宝转账记录等。

证明工资标准、出勤天数及用人单位克扣工资的证据，如工资发放记录、考勤记录、工资条、处罚通知等。

第四部分　休假

45. 用人单位规定病假期间不计薪资，合法吗

案例 45[①]

2007 年 3 月，曾某入职某公司，该公司的《员工守则》载明："病假期间不计薪资。"

2020 年 11 月，曾某因患病申请休病假，并向某公司提交了病假证明，到了发薪日，公司并未给曾某发放病假工资，曾某便向某公司邮寄了《被迫解除劳动关系通知书》。

随后，曾某经劳动仲裁程序起诉，要求某公司向其支付所拖欠的工资、经济补偿金等。

律师意见

《劳动合同法》第三十八条规定："用人单位有下列情形之一的，劳动者可以解除劳动合同……（二）未及时足额支付劳动报酬的……"第四十六条规定："有下列情形之一的，用人单位应当向劳动者支付经济补偿。（一）劳动者依照本法第三十八条规定解除劳动合同的……"本案中，某公司主张《员工守则》已经规定了公司无须发放病假期间的工资，故不存在拖欠工资的情形，那么这样的规定是否是有效的？

对于病假工资，国家层面的规定，如《关于贯彻执行〈中华人民共和国劳动法〉若干问题的意见》的第五十九条称，"职工患病或非因工负伤治疗期间，在规定的医疗期间内由企业按有关规定支付其病假工资或疾病救济费，病假工资或疾病救济费可以低于当地最低工资标准支付，但不能低于最低工资标准的 80%"。此外，各地的工资条例也对病假工资作出了专门规定，条例间虽有差异，但"不低于最低工资标准的 80%"的红线是一致的。本案例发生在湖南省，《湖南省工资支付监督管理办法》第二十二条规定："劳动者因病或者非因工负伤停止工作进行治疗，在规定的医疗期内，用人单位应当按照国家和本省有关规定支付其病伤假工资或者疾病救济费。病伤假工资或者疾病救济费不得低于当地最低工资标准的 80%。"可见，医疗期除了是劳动者因患病或非因工负伤期间停止工作治病

---

① 改编自裁判文书网。

休息的时限，是用人单位不能因此与员工解除劳动合同的时限，也是劳动者能够享受医疗期工资、疾病救济费的时限。本案例中某公司《员工守则》的规定明显违反了法律规定，因此不能被作为公司管理的依据，曾某有权因此解除劳动合同并要求公司支付经济补偿金。

最终，人民法院判决某公司支付病假工资、经济补偿金等。

☆ 维权小贴士

受理机构

劳动仲裁委。

案件类型

劳动报酬争议、经济补偿争议。

劳动仲裁申请书仲裁请求表述

请求被申请人支付××年××月××日至××年××月××日期间的工资××元。

请求被申请人支付经济补偿金××元。

举证指引

证明劳动关系及工龄的证据，如劳动合同、录用通知、社保缴费记录、个人所得税完税证明、离职证明、工作证明、工作证、空白业务合同、授权书、工作记录、考勤记录、银行流水、微信或支付宝转账记录等。

证明劳动者因用人单位未依法足额支付劳动报酬而解除劳动合同的证据，如劳动者向用人单位发出的解除劳动合同通知书及其送达记录等。

证明职工因患病或非因工负伤而停止工作、治病休息的证据，如病历资料、病休证明、请假记录等。

证明工资标准及用人单位拖欠工资的情况的证据，如工资条、工资发放记录等。

46. 重病员工的医疗期有多长

案例 46[①]

芳芳自 2013 年 9 月 16 日至 2017 年 10 月 10 日在某托育园担任保育员。2016 年，芳芳不幸被确诊患有甲状腺癌，后入院接受手术治疗，入院治疗时间为 2016 年 12 月 28 日至 2017 年 1 月 7 日，出院医嘱写明，"带药回家促进治疗恢复、定期门诊复查明确恢复情况"。术后恢复治疗期间，某托育园和芳芳就其上岗一事多次进行沟通，直到 2017 年 1 月 15 日病假结束，芳芳也未办理相应请假手续。

2017 年 9 月 26 日，某托育园向芳芳邮寄《关于要求芳芳同志来园上班的通知函》，通知函载明："因芳芳自 1 月 15 日病假结束后未到岗上班，也未办理相关请假手续，某托育园按照 A 市最低工资标准 1580 元向芳芳发放 2017 年 1 月至 6 月的工资，并为芳芳购买五险至 2017 年 9 月。芳芳应在收到通知之日起 7 个工作日内到岗，否则将按托育园规定，被视为连续旷工，公司将作辞退处理。"

同年 10 月 10 日，某托育园出具《关于解除芳芳劳动关系的通知函》，通知函载明："芳芳因个人生病，自 2017 年 1 月 16 日起未办理任何请假手续并且未来园上班，严重违反了托育园教职工请假的规章制度，托育园将从 2017 年 10 月 10 日起解除芳芳与某托育园间的劳动关系。"

随后，芳芳经劳动仲裁程序起诉，要求某托育园支付违法解除劳动关系的赔偿金等。

律师意见

《关于贯彻〈企业职工患病或非因工负伤医疗期规定〉的通知》规定，"根据目前的实际情况，对某些患特殊疾病（如癌症、精神病、瘫痪等）的职工，在 24 个月内尚不能痊愈的，经企业和劳动主管部门批准，可以适当延长医疗期"。

实践中，对于涉及劳动者罹患特殊疾病的劳动争议案件，争议焦点往往集中在何为特

---

① 改编自裁判文书网。

殊疾病，特殊疾病职工的医疗期是否应为 24 个月，24 个月后仍不能痊愈的，病假是否需要经过单位审批等方面。

对于"何为特殊疾病"，上述规定仅列举了"癌症、精神病、瘫痪"三种，并用"等"字表示规定并未涵盖所有疾病。这是因为劳动者身体情况不一，病症本身可能也存在医学上的争议，所以审裁机构也极难分辨劳动者是否患有特殊疾病。实践中，特殊疾病的认定往往属于审裁机构自由裁量的范畴。通常情况下，如劳动者被鉴定为完全丧失劳动能力，则被认定为患有特殊疾病的可能性较大。本案例中，芳芳在职期间被确诊患有癌症，该疾病属于特殊疾病，这是没有异议的。

对于"患病职工的医疗期"，一种观点认为，劳动者只要罹患特殊疾病，便可以直接享受 24 个月的医疗期；另一种观点认为，无论劳动者罹患何种疾病，均应遵循普通医疗期的规定。本案例发生在湖南地区，第一种观点为主流观点，即认定芳芳在职期间被确诊为癌症，她可以直接享受 24 个月的医疗期。

综上，芳芳的医疗期为 2016 年 12 月 28 日至 2018 年 12 月 27 日，该期间为芳芳的法定休假期，单位无须批准，但某托育园以芳芳旷工为由与其解除劳动合同的行为不符合法律规定，属于违法解除劳动合同。

最终，人民法院判决某托育园应向芳芳支付违法解除劳动合同的赔偿金。

☆ 维权小贴士

受理机构

劳动仲裁委。

案件类型

赔偿金争议。

劳动仲裁申请书仲裁请求表述

请求被申请人支付违法解除劳动合同的赔偿金 × × 元。

举证指引

证明劳动关系及工龄的证据,如劳动合同、录用通知、社保缴费记录、个人所得税完税证明、离职证明、工作证明、工作证、空白业务合同、授权书、工作记录、考勤记录、银行流水、微信或支付宝转账记录等。

证明是用人单位单方解除了劳动合同的证据,如用人单位发出的解除劳动合同通知书、工资停发记录、社保停缴证明等。

证明职工因患病或非因工负伤而停止工作、治病休息的证据,如病历资料、病休证明、请假记录等。

证明工资发放情况及工资标准的证据,如工资条、工资发放记录等。

47. 劳动者入职前已经领了结婚证,入职后还能享受婚假吗

案例 47[①]

2019年3月1日,孙某去某公司应聘,在填写公司的应聘登记表时,孙某因在上月22日刚好登记结婚了,所以在登记表上的婚姻状况一栏填写了"已婚",3月5日,孙某正式入职该公司。

2019年5月16日,孙某因为要回老家举办婚礼,便向某公司提交员工请假单,请假事由为回老家结婚,请假时间为自2019年5月27日至6月10日,共15天。但是,某公司却回复"因孙某在加入公司前填写信息为已婚,所以公司不予批准该假。"

孙某在某公司未批准的情况下,于同年5月29日回老家举办了婚礼。

2019年5月30日,某公司向孙某邮寄了返岗通知书,要求孙某于5月31日返回某公司履行工作职责,但孙某直至6月11日才返回公司。

当月12日,某公司向孙某出具解除劳动合同通知书,以孙某于2019年5月29日起

---

① 改编自裁判文书网。

无故不上班，未经公司同意无故旷工长达 12 天，且未告知公司为由，决定于 2019 年 6 月 12 日正式与孙某解除劳动关系。

孙某不服，经劳动仲裁程序起诉，要求某公司支付违法解除劳动合同的赔偿金、婚假期间的工资等。

律师意见

对于婚假，国家层面的规定较少，人力资源和社会保障部发布的《我国法定年节假日等休假相关标准》的第五点规定，"在我国，国有企业职工可以享受婚丧假。按照《国家劳动总局、财政部关于国营企业职工请婚丧假和路程假问题的通知》的规定，职工本人结婚或职工的直系亲属（父母、配偶和子女）死亡时，可以根据具体情况，由单位酌情给予 1~3 天的婚丧假。另外可根据路程远近，给予路程假"。

除了国家层面的规定，各个地区也在当地的人口与计划生育条例中单独规定了与婚假有关的相关要求及标准。本案发生在江苏南京，《南京市人口与计划生育规定》的第十七条规定，"对依法办理结婚登记的夫妻，可享受婚假 15 天（含法定婚假 3 天）；符合〈江苏省人口与计划生育条例〉规定生育子女的夫妻，女方在享受国家规定产假的基础上，将产假延长 30 天，男方享受护理假 15 天。上述假期视作出勤，在规定假期内照发工资，不影响福利待遇。国家法定休假日不计入上述假期"。可见，在江苏南京并未将可享受婚假的对象限制为"国营企业员工"，因此孙某可享受的婚假天数是 15 天，且这 15 天不包括国家法定休假日，假期内可以照领工资和福利待遇。此外，法律也并未规定休婚假的具体时间，孙某自领取结婚证到入职之间的时间也不足婚假的期限，故某公司以孙某入职前已经结婚为由拒绝批准婚假侵犯了孙某的法定权利，此后某公司据此认定孙某旷工而解除劳动合同也就没有了依据，属于违法解除劳动合同。

最终，人民法院判决某公司向孙某支付违法解除劳动合同的赔偿金和婚假期间的工资。

还需要注意的是，如当地没有相应的婚假规定，那么劳动者擅自休假仍可能属于旷工行为。

☆ 维权小贴士

受理机构

劳动仲裁委。

案件类型

劳动报酬争议、赔偿金争议。

劳动仲裁申请书仲裁请求表述

请求被申请人支付××年××月××日至××年××月××日期间的婚假工资××元。

请求被申请人支付违法解除劳动合同的赔偿金××元。

举证指引

证明劳动关系的证据，如劳动合同、录用通知、社保缴费记录、个人所得税完税证明、离职证明、工作证明、工作证、空白业务合同、授权书、工作记录、考勤记录、银行流水、微信或支付宝转账记录等。

证明是用人单位单方解除劳动合同的证据，如用人单位发出的解除劳动合同通知书、工资停发记录、社保停缴证明等。

证明履行请假手续及婚假事实的证据，如请假记录、结婚证、婚礼记录等。

证明工资标准及用人单位拖欠工资的证据，如工资发放记录、工资明细等。

48. 用人单位不批准延长产假，劳动者应如何维权

案例 48[①]

2020 年 2 月 13 日，在某器械公司工作的缪某因即将生育而向某器械公司申请 98 天的产假，公司经审批后予以同意。

2020 年 6 月 1 日，缪某根据该省有关延长产假的规定又向某机械公司申请了 30 天的延长产假，但此次某器械公司不予同意。

2020 年 6 月 5 日，某器械公司通知缪某于 2020 年 6 月 8 日返岗。因缪某未能返岗，2020 年 6 月 15 日，某器械公司以缪某旷工违纪为由与其解除了劳动关系。

缪某不服，经劳动仲裁程序起诉，要求某器械公司支付违法解除劳动合同的赔偿金。

律师意见

《女职工劳动保护特别规定》《人口与计划生育法》《妇女权益保障法》等法律法规均规定女职工可享受产假，但各地对于延长产假的规定仍存在差异。《湖南省女职工劳动保护特别规定》第八条第一款规定，"女职工生育享受 98 天产假，其中产前可以休假 15 天；难产的，增加产假 15 天；生育多胞胎的，每多生育一个婴儿，增加产假 15 天。符合法定生育条件的，依法享受奖励产假 60 天"。本案例发生在江苏，《江苏省人口与计划生育条例》第二十四条规定，符合本条例规定生育子女的夫妻，女方在享受国家规定产假的基础上，延长产假不少于 30 天，男方享受护理假不少于 15 天。因此，本案例中的缪某实际可享受的产假为 128 天，即 2020 年 2 月 13 日至 2020 年 6 月 19 日。某器械公司通知缪某应于 2020 年 6 月 8 日返岗，且在 2020 年 6 月 15 日以缪某旷工违纪为由与被告解除劳动关系的行为明显不当，属于违法解除劳动合同。

最终，人民法院判决某器械公司向缪某支付违法解除劳动合同的赔偿金。

---

① 改编自江苏法院2021年度劳动人事争议十大典型案例之《女职工的延长产假权益依法受到保护》。

☆ 维权小贴士

受理机构

劳动仲裁委。

案件类型

赔偿金争议。

劳动仲裁申请书仲裁请求表述

请求被申请人支付违法解除劳动合同的赔偿金 ×× 元。

举证指引

证明劳动关系及工龄的证据，如劳动合同、录用通知、社保缴费记录、个人所得税完税证明、离职证明、工作证明、工作证、空白业务合同、授权书、工作记录、考勤记录、银行流水、微信或支付宝转账记录等。

证明是用人单位单方解除劳动合同的证据，如用人单位发出的解除劳动合同通知书、工资停发记录、社保停缴证明等。

证明产假事实及产假期限的证据，如产假相关的病历资料、请假记录等。

证明工资标准的证据，如工资条、工资发放记录等。

49. 女职工产检未获批，被用人单位以旷工为由解雇，应如何维权

案例 49[①]

2019 年 9 月，在某公司从事财务工作的廖某怀孕，她为高龄产妇，曾多次向某公司

---

① 改编自裁判文书网。

请假进行孕期检查，但公司认为廖某未按规定请假，又未提供特殊医嘱证明材料，且休假结束后未按规定履行请假手续及提交相关的证明材料，此举不符合公司的管理流程，便未批准廖某的请假申请，并将其按旷工处理，计旷工 7 天。

2020 年 1 月 3 日，某公司以廖某无视公司制度，多次违反公司规章制度为由，根据《劳动法》第二十五条第二项及《员工手册》第六章第一条第三项的规定，作出《关于解除廖某劳动合同的通知》。

廖某不服，经劳动仲裁程序起诉，要求某公司继续履行劳动合同、支付工资。

律师意见

本案的争议焦点在于廖某是否存在旷工违纪的行为。

首先，从公司解除劳动合同的依据来看。最高人民法院《关于审理劳动争议案件适用法律问题的解释（一）》的第五十条第一款规定："用人单位根据劳动合同法第四条规定，通过民主程序制定的规章制度，不违反国家法律、行政法规及政策规定，并已向劳动者公示的，可以作为确定双方权利义务的依据。"本案例中，某公司经民主程序制定的《员工手册》的确对产假、病假、事假作出了相应的规定，廖某也知晓，故《员工手册》有效。

其次，从旷工的事实来看。本案例中，廖某在休假结束后已经向某公司提供了病假证明书、产前复查记录等材料，可以证明廖某确因怀孕需要到医院进行了相关检查。而且《女职工劳动保护特别规定》第六条第三款规定"怀孕女职工在劳动时间内进行产前检查，所需时间计入劳动时间"，故廖某休产假属于其法定休假权，某公司仅以廖某未能按照公司规定请假及提供相应病历等为理由不接收廖某的请假材料，并认定廖某旷工 7 天，这明显不合理。

最后，《女职工劳动保护特别规定》第五条规定："用人单位不得因女职工怀孕、生育、哺乳降低其工资、予以辞退、与其解除劳动或者聘用合同。"本案例中，某公司虽然依法制定了《员工手册》，但因为制度内容不具合理性，其后续的解除行为自然也缺乏法律依据。另外，《劳动合同法》第四十八条规定："用人单位违反本法规定解除或者终止劳动合同，劳动者要求继续履行劳动合同的，用人单位应当继续履行；劳动者不要求继续履行劳动合同或者劳动合同已经不能继续履行的，用人单位应当依照本法第八十七条规定支付赔偿金。"可见，在单位的解除行为被认定为违法的前提下，劳动者可以选择是继续履行劳动合同还是要求赔偿金。此外，基于法律对"三期"女职工权益的特别保护，除非某公司能够充分举证证明双方确实无法继续劳动合同，否则其理应支持廖某继续履行劳动合同的请求。

最终，人民法院判决双方继续履行劳动合同，并判决某公司应向廖某支付自解除之日至判决生效之日间廖某的工资损失。

☆ 维权小贴士

受理机构

劳动仲裁委。

案件类型

继续履行劳动合同争议。

劳动仲裁申请书仲裁请求表述

请求被申请人继续履行劳动合同。

请求被申请人支付解除劳动合同至恢复劳动合同期间的工资。

举证指引

证明劳动关系的证据，如劳动合同、录用通知、社保缴费记录、个人所得税完税证明、离职证明、工作证明、工作证、空白业务合同、授权书、工作记录、考勤记录、银行流水、微信或支付宝转账记录等。

证明是用人单位单方解除了劳动合同的证据，如用人单位发出的解除劳动合同通知书、工资停发记录、社保停缴证明等。

证明职工确需就医休假的事实的证据，如病历资料、病休证明、请假记录等。

证明工资标准的证据，如工资条、工资发放记录等。

50. 用人单位拒批"奶爸"陪产假，陪产假工资可以折现吗

案例 50[①]

杨某是某互联网公司员工，在职期间，其妻子生育了孩子，杨某申请休陪产假 15 天，但某互联网公司仅给予其 5 天的陪产假，休假期间公司对杨某按正常出勤计算并向其发放工资。

此后，杨某离职，经劳动仲裁程序起诉，要求某互联网公司支付剩余 10 天的陪产假工资。

律师意见

本案例发生在广东省，《广东省人口与计划生育条例》的第三十条第一款规定，"符合法律、法规规定生育子女的夫妻，女方享受 80 日的奖励假，男方享受 15 日的陪产假。在规定假期内照发工资，不影响福利待遇和全勤评奖"，故杨某依法可以享受 15 天的陪产假，其尚有 10 天假期未休。

本案例争议问题在于未休的陪产假是否可以折现？

陪产假的折现问题并不像年休假折现那样，有《职工带薪年休假条例》这类明确的规定。关于陪产假，法律法规中既没有可以折现的明确规定，也没有对不落实的企业进行惩罚的规定，所以，陪产假一度被大家称为"纸面上的福利"，类似的假期还有作为国家三孩政策配套支持措施的育儿假。

我们认为，《广东省人口与计划生育条例》是地方性法规，企业必须遵守执行，而非可选择性执行。虽然《广东省人口与计划生育条例》尚未设置具体的行政处罚措施，但这并不代表企业拒绝批准陪产假的行为是合法的。陪产假作为男性劳动者在妻子生育期间看护、照料妻子的法定休息权，同样受法律保护，企业若侵犯其权利，也不会被法院认可。本案例中，杨某根据《广东省人口与计划生育条例》，本应享有 15 天带薪陪产假，但某互

---

① 改编自顺德区人民法院微信公众号中的《陪产假"被缩水"，公司要补偿奶爸工资吗》一文。

联网公司仅批准了 5 天假期，剩余 10 天杨某均正常上班，某互联网公司也拒绝将假期折现，其行为很明显违反了《广东省人口与计划生育条例》规定，如果此时审裁机构对用人单位明显的违法行为不作回应，就等于宣告《广东省人口与计划生育条例》是"纸面福利"，这将严重影响法律规定的公信力，不利于保护劳动者的合法权益，也不利于促进社会关系和谐。

最终，人民法院参照年休假工资的计算方法，判决某互联网公司向杨某支付未休陪产假的工资报酬。

☆ 维权小贴士

受理机构

劳动仲裁委。

案件类型

劳动报酬争议。

劳动仲裁申请书仲裁请求表述

请求被申请人支付×× 年×× 月×× 日至×× 年×× 月×× 日期间的未休陪产假工资差额×× 元。

举证指引

证明双方存在劳动关系的证据，如劳动合同、录用通知、社保缴费记录、个人所得税完税证明、离职证明、工作证明、工作证、空白业务合同、授权书、工作记录、考勤记录、银行流水、微信或支付宝转账记录等。

证明工资标准及未休陪产假的事实的证据，如考勤记录、工资条、工资发放记录等。

证明劳动者符合休陪产假的条件的相关证据，如请假记录、结婚证，出生证明、病历等。

51. 用人单位未批准病假，员工还能享受医疗期待遇吗

案例 51[①]

2015 年的劳动节当天，已经到了"知天命"之年的老周，在熟人介绍下，来到某公司当起了保安，工资待遇是当地的最低工资水平。该公司没有为其缴纳社保。该公司员工手册还规定，员工每年请的病假不得超过 30 天。

不知不觉间，老周就干了 3 年，2018 年 6 月 3 日，老周在工作中突发脑溢血，同事将他紧急送往市中心医院进行抢救，所幸并无大碍，老周在医院治疗了大半个月后就出院回家休养了，但其并未向该公司提出休病假申请。

2018 年 7 月 6 日，在家休养的老周突然收到该公司寄出的《解除劳动合同通知书》，通知书上写着，老周医疗期满后不能从事原工作，也不能从事另行安排的工作，所以该公司解除了双方的劳动合同，该公司为老周结算工资至 2018 年 6 月 30 日，并补偿老周一个月工资的经济补偿金。

老周不服，经劳动仲裁程序起诉，要求某公司支付违法解除劳动合同的赔偿金。

律师意见

《企业职工患病或非因工负伤医疗期规定》第二条规定："医疗期是指企业职工因患病或非因工负伤停止工作治病休息不得解除劳动合同的时限。"第三条规定："企业职工因患病或非因工负伤，需要停止工作医疗时，根据本人实际参加工作年限和在本单位工作年限，给予 3 个月到 24 个月的医疗期。（一）实际工作年限 10 年以下的，在本单位工作年限 5 年以下的为 3 个月；5 年以上的为 6 个月……"医疗期计算表如表Ⅳ-1 所示。可见，医疗期实质是实现劳动者休息休假权及健康权的一种法定解雇保护期，其期限长短是法定的，用人单位无权自行设置，其休假条件也是法定的，即劳动者因病或因工负伤确需休息，所以在医院已经为劳动者出具诊断证明及休息建议的情况下，企业只有审查请假手续

---

① 改编自裁判文书网。

是否真实、齐全的权限，并没有批准与否的权限。本案例中，老周于2015年5月1日入职公司，于2018年6月3日患病，此时其在某公司工作的时间不满五年，老周也未举证证明其实际工作年限，故根据上述规定，老周的医疗期应为3个月，即自2018年6月3日至2018年9月2日。

表Ⅳ-1　医疗期计算表

实际参加工作年限	本单位工作年限	享受医疗期限	累计周期
10年以下	5年以下	3个月	6个月
	5年以上	6个月	12个月
	5年以下	6个月	12个月
	5年以上10年以下	9个月	15个月
10年以上	10年以上15年以下	12个月	18个月
	15年以上20年以下	18个月	24个月
	20年以上	24个月	30个月

某公司认为，老周的医疗期只有30天，此后不享受医疗期，这是错误的。根据前述分析，医疗期作为法定休假期，无须经单位批准，故老周尚处在医疗期内。某公司于2018年7月6日以老周"医疗期满后不能从事原工作，也不能从事另行安排的工作"为由解除了劳动合同，这个解除事由参考了《劳动合同法》的第四十条规定，但该法第四十二条还规定："劳动者有下列情形之一的，用人单位不得依照本法第四十条、第四十一条的规定解除劳动合同……（三）患病或者非因工负伤，在规定的医疗期内的……"故某公司行为不符合法律规定，属于违法解除劳动合同的情形。

最终，人民法院判决某公司应向老周支付违法解除劳动合同的赔偿金。

☆ 维权小贴士

受理机构

劳动仲裁委。

案件类型

赔偿金争议。

劳动仲裁申请书仲裁请求表述

请求被申请人支付违法解除劳动合同的赔偿金 ×× 元。

举证指引

证明劳动关系及工龄的证据，如劳动合同、录用通知、社保缴费记录、个人所得税完税证明、离职证明、工作证明、工作证、空白业务合同、授权书、工作记录、考勤记录、银行流水、微信或支付宝转账记录等。

证明是用人单位单方解除劳动合同的证据，如用人单位发出的解除劳动合同通知书、工资停发记录、社保停缴证明等。

证明职工因患病或非因工负伤而停止工作、治病休息的证据，如病历资料、病休证明、请假记录等。

证明工资标准的证据，如工资条、工资发放记录等。

$52.$ 劳动者患病一定可以享受医疗期吗

案例 52[①]

2000 年 1 月，王某入职某公司，主要从事商场促销工作，双方签订了书面劳动合同，合同中约定："员工请病假有下列情形之一的属合理怀疑，公司有令员工去指定医院复查的权利。病假单或病历上注明本人要求休息的……或其他相当情形的；公司可解除劳动合同，且不支付经济补偿金的情形包括，员工的病假属于合理怀疑情形之一，经二次告知，员工无正当理由且拒不服从复诊安排的。"

---

① 改编自裁判文书网。

自2020年7月起至2021年11月，王某连续以腰痛、颈椎病、肩颈痛等多种疾病为由，请了400余天的病假，王某提交的病历显示，其在长期病休期间，共计存在6次未遵医嘱，拒绝进行CT（电子计算机断层扫描）和MRI（磁共振成像）检查的情况，并存在14次主动向医生要求病休的情况。

其间，某公司曾多次通知王某对未遵医嘱进行检查的情况进行解释，并要求王某接受公司派员陪同复诊，但王某未予配合。

2021年11月，某公司在取得工会书面同意后，向王某发出了解除劳动合同通知书。

此后，王某申请劳动仲裁，要求某公司支付违法解除劳动合同的赔偿金。与此同时，某公司也申请劳动仲裁，要求王某返还其自2020年7月起至2021年11月的病假工资。

律师意见

本案是较为典型的"泡病假"类案件。《企业职工患病或非因工负伤医疗期规定》的第二条规定："医疗期是指企业职工因患病或非因工负伤停止工作治病休息不得解除劳动合同的时限。"那么，是不是只要劳动者患了病，就一定可以享受医疗期？

首先，这里的"患病"不包括职业病，"受伤"不包括工伤。职业病和工伤的问题由《工伤保险条例》等法律法规调整，此处不再赘述。

其次，这里的"患病"并不是指普通的伤风感冒，所患之病需要达到"停止工作治病休息"的程度。一般需要正规医院根据劳动者的病情明确作出"停工全休 × 月／周／日"的医嘱，如医院只是提示了劳动者应"注意休息"，则难以被认定为达到病休的程度。

从本案例的情况来看，王某的病历显示，其有6次未遵医嘱，拒绝进行CT和MRI检查的情况，并有14次主动向医生要求病休的情况，涉及病休152天，这样的病历资料有违常理，某公司因此产生怀疑是合理的。此后，某公司依据双方的劳动合同约定，多次要求王某至指定医院复诊，王某均置若罔闻，已然严重违反了劳动纪律及规章制度。此外，本案例在审理过程中，审理机构也向医院进行了核实，王某的部分病假确为其主动要求休的，病假条也并非医院基于王某的病情需要所开具的。综上，某公司在通知工会后解除与王某的劳动合同的行为，于法有据，王某也应返还相应的病假工资。

最终，人民法院判决王某向公司返还 152 天的病假工资，并驳回了王某全部的诉讼请求。

53. 用人单位规定已经休了产假的员工不再享受年休假，合法吗

案例 53[①]

孔某是某公司的员工，和某公司签了为期 3 年的劳动合同，月工资标准为 6000 元。2019 年 1 月，孔某生育一子，并享受了产假、哺乳假，但其当年未休带薪年休假。

2020 年 1 月，某公司与孔某终止劳动合同，未支付其 2019 年度的未休年休假工资报酬。某公司不同意支付 2019 年度未休年休假工资的理由是，孔某已经享受了产假及哺乳假，不符合享受带薪年休假的条件，双方因此产生了争议。

孔某向劳动仲裁委申请仲裁，要求某公司向其支付 2019 年未休年休假的工资报酬。

律师意见

《职工带薪年休假条例》第四条规定："职工有下列情形之一的，不享受当年的年休假：（一）职工依法享受寒暑假，其休假天数多于年休假天数的；（二）职工请事假累计 20 天以上且单位按照规定不扣工资的；（三）累计工作满 1 年不满 10 年的职工，请病假累计 2 个月以上的；（四）累计工作满 10 年不满 20 年的职工，请病假累计 3 个月以上的；（五）累计工作满 20 年以上的职工，请病假累计 4 个月以上的。"

《企业职工带薪年休假实施办法》的第十条第二款规定："用人单位安排职工休年休假，但是职工因本人原因且书面提出不休年休假的，用人单位可以只支付其正常工作期间

---

① 改编自2021年北京市劳动人事争议仲裁十大典型案例中的《女职工休产假仍应享有当年度带薪年休假》一文。

的工资收入。"

除上述情形外，企业自行规定的其他情形是无效的。本案例中，孔某虽于2019年依法享受了产假、哺乳假期，但上述假期依法不应被计入年休假假期。某公司在与孔某终止劳动合同时，并未按照上述规定向孔某支付未休年休假的工资报酬，于法相悖。

最终，经调解，某公司同意向孔某支付上述未休年休假的工资。

☆ 维权小贴士

受理机构

劳动仲裁委。

案件类型

年休假工资争议。

劳动仲裁申请书仲裁请求表述

请求被申请人支付××年××月××日至××年××月××日期间的年休假工资差额××元。

举证指引

证明劳动关系及工龄的证据，如劳动合同、录用通知、社保缴费记录、个人所得税完税证明、离职证明、工作证明、工作证、空白业务合同、授权书、工作记录、考勤记录、银行流水、微信或支付宝转账记录等。

证明社会工龄年限的证据，如入职前的社保缴费记录、工资发放记录、劳动合同等。

证明工资标准及未休年休假的事实的证据，如考勤记录、工资条、工资发放记录等。

54. 用人单位未安排休年休假，未休年休假如何折现

案例 54[①]

吴某为某厂的一线工人，每月固定工资为 8000 元，另有加班费。

吴某在某厂已经工作了 10 年，2021 年，某厂因接到大批订单，工期较紧，工厂与吴某协商一致，不安排吴某休当年的年休假。

此后，某厂以吴某每月工资 8000 元为基数，算出吴某未休年休假的工资报酬为 3678.16 元（8000÷21.75×5×200%）。吴某认为某厂的计算方式不合理，其应当享受 10 天的年休假，且应当将加班费计入计算基数，计算倍数也应是 300% 而不是 200%。

因双方无法达成一致，吴某向劳动仲裁委申请仲裁，要求某厂支付未休年休假工资。

律师意见

首先，关于年休假天数的问题。

《职工带薪年休假条例》第三条第一款规定："职工累计工作已满 1 年不满 10 年的，年休假 5 天；已满 10 年不满 20 年的，年休假 10 天；已满 20 年的，年休假 15 天。"本案中，吴某在某厂已经工作了 10 年，属于"已满 10 年不满 20 年"的情形，故其年休假应为 10 天。

其次，关于未休年休假工资是 200% 还是 300% 的问题。

《企业职工带薪年休假实施办法》第十条第一款规定："用人单位经职工同意不安排年休假或者安排职工年休假天数少于应休年休假天数，应当在本年度内对职工应休未休年休假天数，按照其日工资收入的 300% 支付未休年休假工资报酬，其中包含用人单位支付职工正常工作期间的工资收入。"上述规定已经明确，"日工资收入的 300%"中已经包含了职工正常工作期间的工资收入，即用人单位另付 200% 的工资差额即可。

最后，计算未休年休假工资时，是否要将加班费计入的问题。

---

① 改编自中国劳动人事争议调解仲裁微信公众号中的《未休年休假工资，按几倍支付》一文。

《企业职工带薪年休假实施办法》第十一条的第一、二款规定："计算未休年休假工资报酬的日工资收入按照职工本人的月工资除以月计薪天数（21.75 天）进行折算。前款所称月工资是指职工在用人单位支付其未休年休假工资报酬前 12 个月剔除加班工资后的月平均工资。在本用人单位工作时间不满 12 个月的，按实际月份计算月平均工资。"根据此规定，未休年休假补偿的计算基数应剔除加班费，不应剔除提成、奖金等其他收入。

所以，本案例中，某厂应向吴某支付未休年休假的工资差额为 7356.32（8000÷21.75×10×200%）元。

☆ 维权小贴士

受理机构

劳动仲裁委。

案件类型

年休假工资争议。

劳动仲裁申请书仲裁请求表述

请求被申请人支付××年××月××日至××年××月××日期间的年休假工资差额××元。

举证指引

证明劳动关系及工龄的证据，如劳动合同、录用通知、社保缴费记录、个人所得税完税证明、工作证明、工作证、空白业务合同、授权书、工作记录、考勤记录、银行流水、微信或支付宝转账记录等。

证明工资标准及未休年休假的事实的证据，如考勤记录、工资条、工资发放记录等。

55. 社会工龄已有 1 年，刚入职能享受年休假吗

案例 55[①]

2016 年 9 月 18 日，严某入职 A 公司，2017 年 12 月 31 日从 A 公司离职。

2018 年 1 月 1 日，严某入职 B 公司，从事人事行政岗位，月基本工资为 10 000 元。

2018 年 12 月 3 日，严某以 B 公司未及时足额支付工资、未依法缴纳社保为由向 B 公司提交解除劳动合同通知书，同时要求公司支付经济补偿金、未休年休假工资等。

B 公司认为严某在本公司尚未连续工作满 12 个月以上，不能享受带薪年休假，拒绝支付相应补偿。

随后，严某向劳动仲裁委申请仲裁，要求 B 公司支付未休年休假工资。

律师意见

《企业职工带薪年休假实施办法》第三条规定，"职工连续工作满 12 个月以上的，享受带薪年休假"。实践中，常有人认为"满 12 个月"仅指在本单位的工作时间，本案例中的争议焦点也在于此。

《人力资源和社会保障部办公厅关于〈企业职工带薪年休假实施办法〉有关问题的复函》规定："'……职工连续工作满 12 个月以上'，既包括职工在同一用人单位连续工作满 12 个月以上的情形，也包括职工在不同用人单位连续工作满 12 个月以上的情形。"本案例中的严某已在不同用人单位连续工作满 12 个月以上，所以其在 B 公司可以享受带薪年休假待遇。

最终，人民法院判决 B 公司应向严某支付未休年休假的工资差额。

---

① 改编自裁判文书网。

☆ **维权小贴士**

受理机构

劳动仲裁委。

案件类型

年休假工资争议。

劳动仲裁申请书仲裁请求表述

请求被申请人支付××年××月××日至××年××月××日期间的年休假工资差额××元。

举证指引

证明劳动关系的证据，如劳动合同、录用通知、社保缴费记录、个人所得税完税证明、离职证明、工作证明、工作证、空白业务合同、授权书、工作记录、考勤记录、银行流水、微信或支付宝转账记录等。

证明工资标准及未休年休假的事实的证据，如考勤记录、工资条、工资发放记录等。

证明社会工龄年限的证据，如入职前的社保缴费记录、工资发放记录、劳动合同等。

56. 用人单位规定若劳动者未申请休年休假，则年休假被视为作废，合法吗

案例 56[①]

肖某在某公司做生产操作工 7 年。该公司的员工手册规定，职工必须在当年度休完年休假，逾期将被视为作废或放弃休年休假，公司不予支付未休年休假工资报酬。

---

① 改编自裁判文书网。

2020 年 4 月 8 日，肖某因某公司未依法足额缴纳社会保险费、欠付工资而向某公司提交了解除劳动合同通知书。后肖某申请劳动仲裁，请求某公司支付经济补偿金、未休年休假的工资等。

律师意见

首先，《职工带薪年休假条例》第五条规定："单位根据生产、工作的具体情况，并考虑职工本人意愿，统筹安排职工年休假。年休假在一个年度内可以集中安排，也可以分段安排，一般不跨年度安排。单位因生产、工作特点确有必要跨年度安排职工年休假的，可以跨一个年度安排。单位确因工作需要不能安排职工休年休假的，经职工本人同意，可以不安排职工休年休假……"可见，年休假的统筹安排权属于用人单位，所以，员工未申请休年休假，不代表员工就放弃了自身的权利。

其次，《职工带薪年休假条例》第四条规定："职工有下列情形之一的，不享受当年的年休假：（一）职工依法享受寒暑假，其休假天数多于年休假天数的；（二）职工请事假累计 20 天以上且单位按照规定不扣工资的；（三）累计工作满一年不满 10 年的职工，请病假累计 2 个月以上的；（四）累计工作满 10 年不满 20 年的职工，请病假累计 3 个月以上的；（五）累计工作满 20 年以上的职工，请病假累计 4 个月以上的。"可见，只有当劳动者符合这些法定情形时才无法享受当年度年休假，除此之外，企业自行规定的其他情形是无效的。

最后，《企业职工带薪年休假实施办法》第十条第二款规定，"用人单位安排职工休年休假，但是职工因本人原因且书面提出不休年休假的，用人单位可以只支付其正常工作期间的工资收入。"可见，除非是劳动者因"本人原因"且"书面"提出不休年休假时，才能被认定为放弃休假，且用人单位仍需按正常工资标准向劳动者支付报酬。本案例中，某公司对此并未能举示证据，故应当依法支付未休年休假的工资报酬。

最终，人民法院判决某公司支付经济补偿金、未休年休假工资的差额。

维权小贴士

受理机构

劳动仲裁委。

案件类型

年休假工资争议。

劳动仲裁申请书仲裁请求表述

请求被申请人支付××年××月××日至××年××月××日期间的年休假工资差额××元。

举证指引

证明劳动关系及工龄的证据，如劳动合同、录用通知、社保缴费记录、个人所得税完税证明、离职证明、工作证明、工作证、空白业务合同、授权书、工作记录、考勤记录、银行流水、微信或支付宝转账记录等。

证明工资标准及未休年休假的证据，如考勤记录、工资条、工资发放记录等。

57. "妇女节"用人单位不放假，劳动者擅自休假被辞退，合法吗

案例 57①

龙某是A公司的员工，从事销售工作。A公司员工手册规定：一个日历年度内累计旷工在3天或3天以上的，被视为严重违纪，A公司可立即与员工解除劳动合同。

2021年2月，A公司通知龙某参加2021年3月8日至2021年3月10日在外地召开的会议，龙某未参会亦未履行请假手续，A公司便依据其员工手册于2021年4月5日解

---

① 改编自裁判文书网。

除了与龙某的劳动关系。

龙某认为 3 月 8 日属于女员工的法定休息日，其即便存在旷工，亦不满 3 天。后龙某经劳动仲裁程序起诉，要求 A 公司继续履行劳动合同，并补发了自违法解除劳动关系至安排工作之日起的工资。

律师意见

《全国年节及纪念日放假办法》规定了两种法定节假日：一种是全体公民放假的节日，另一种是部分公民放假的节日及纪念日，妇女节即属于部分公民放假的节日。具体节日及放假办法如表Ⅳ-2 所示。

表Ⅳ-2　具体节日及放假办法

类型	假期	放假天数
全体公民放假的节日	新年	1 天（1 月 1 日）
	春节	3 天（农历正月初一、初二、初三）
	清明节	1 天（农历清明当日）
	劳动节	1 天（5 月 1 日）
	端午节	1 天（农历端午当日）
	中秋节	1 天（农历中秋当日）
	国庆节	3 天（10 月 1 日、2 日、3 日）
部分公民放假的节日及纪念日	妇女节	妇女放假半天（3 月 8 日）
	青年节	14 周岁以上的青年放假半天（5 月 4 日）
	儿童节	不满 14 周岁的少年儿童放假 1 天（6 月 1 日）
	中国人民解放军建军纪念日	现役军人放假半天（8 月 1 日）

根据《劳动法》第四十四条、第五十一条的规定，用人单位应安排劳动者在法定节假日休息，工资正常计发，而本案的焦点就在于部分公民放假的节日是否必须放假？

根据《关于部分公民放假有关工资问题的函》（劳社厅函〔2000〕18 号）的答复："关于部分公民放假的节日期间，用人单位安排职工工作，如何计发职工工资报酬问题。按照国务院《全国年节及纪念日放假办法》（国务院令第 270 号）中关于妇女节、青年节等部分公民放假的规定，在部分公民放假的节日期间，对参加社会或单位组织庆祝活动和照常工作的职工，单位应支付工资报酬，但不支付加班工资。如果该节日恰逢星期六、星期日，单位安排职工加班工作，则应当依法支付休息日的加班工资。"这就意味着，部分公民放假的节日本就属于正常的工作日、休息日，并没有法定节假日的待遇，并非必须放假的日子。本案例中，A 公司通知龙某 2021 年 3 月 8 日到外地开会，而当天是星期一，故龙某仍需正常上班，龙某无故缺勤的行为属于旷工，A 公司有权依据其规章制度解除与龙某之间的劳动合同。

最终，人民法院判决驳回了龙某的诉讼请求。

第五部分 社会保险

58. 用人单位未缴纳社会保险，劳动者离职后为何不被支持索要经济补偿

案例 58[①]

自曹某入职某公司以来，某公司一直未给其缴纳社会保险费。2020 年 10 月，曹某向某公司提出辞职，并按某公司要求办理了离职手续，其在员工离职审批表中注明："由个人原因提出辞职，请公司领导同意。"

此后，曹某以用人单位未为其缴纳社会保险费为由，经劳动仲裁程序起诉，要求某公司向其支付经济补偿金。

律师意见

《劳动合同法》第三十八条规定，用人单位未依法为劳动者缴纳社会保险费的，劳动者可以解除劳动合同。第四十六条规定，劳动者依照本法第三十八条规定解除劳动合同的，用人单位应当向劳动者支付经济补偿。据此可知，如果劳动者以用人单位未缴纳社会保险为由解除劳动合同，可要求用人单位支付经济补偿。但本案例中，2020 年 10 月曹某向某公司提出辞职时注明的离职原因为"个人原因"，并不属于上述应当支付经济补偿的情形。

此外，员工离职审批表还注明"请公司领导同意"，这属于《劳动合同法》第三十六条规定的协商解除的情形，且《劳动合同法》第四十六条规定，用人单位依照本法第三十六条规定向劳动者提出解除劳动合同并与劳动者协商一致解除劳动合同的，应当向劳动者支付经济补偿。本案例属于由曹某所提出的协商解除劳动合同的情形，因此用人单位无须支付经济补偿。

综上，人民法院判决驳回了曹某的诉讼请求。

律师提示，劳动者在用人单位存在违法情形而提出离职时，离职理由应明确为《劳动

---

① 改编自裁判文书网。

合同法》第三十八条规定的情形。

59. 劳动者承诺不缴纳社会保险，退休后还可以申请享受养老保险待遇吗

案例 59[①]

钱某从 2003 年 1 月 25 日进入某公司工作，但某公司一直没给钱某缴纳过社会保险。

上班期间，某公司还要求钱某签了协议书，协议书上载明："因本人自愿不缴纳社会保险，不办理入保手续，公司将每月向本人支付社保补助，责任与后果由本人全部承担。"

钱某工作到 2019 年 10 月时，某公司以钱某达到了退休年龄为由解除了和他的劳动关系。

钱某达到了退休年龄，根据国家现有的社会保险政策，无法再补缴相关社会保险了，也就导致钱某无法领取企业退休职工养老金。

随后，钱某认为自己的权益受到了损害，便经劳动仲裁程序起诉，要求某公司支付基本养老保险待遇损失。

律师意见

现实中，类似"放弃社保声明"的做法并不鲜见，有些是因为劳动者为了拿到手的工资能多一些，向单位承诺"自愿放弃社保"；也有某些单位为节省用工成本，将原本就属于员工的薪酬分拆出一部分，作为社会保险补贴，并要求员工"自愿放弃社保"，这样的做法会产生什么样的法律后果呢？

首先，《社会保险法》第十条第一款规定："职工应当参加基本养老保险，由用人单位和职工共同缴纳基本养老保险费。"《劳动法》第七十二条规定："……用人单位和劳动者

---

① 改编自裁判文书网。

必须依法参加社会保险，缴纳社会保险费。"由此可知，用人单位及员工依法缴纳社会保险费是法定义务，"发布放弃社保声明""发放社保补贴"等做法都是违反法律强制性规定的，应属无效。

其次，最高人民法院《关于审理劳动争议案件适用法律问题的解释（一）》第一条规定，劳动者以用人单位未为其办理社会保险手续，且社会保险经办机构不能补办导致其无法享受社会保险待遇为由，要求用人单位赔偿损失发生的纠纷，属于劳动争议。本案例中，因某公司未给钱某办理社会保险手续，导致其无法补办且无法享受养老保险待遇，钱某要求某公司赔偿其养老保险待遇损失的做法符合法律规定。

最终，人民法院判决某公司赔偿钱某养老保险待遇损失。

☆ 维权小贴士

受理机构

劳动仲裁委。

案件类型

养老保险损失争议。

劳动仲裁申请书仲裁请求表述

请求被申请人赔偿养老保险损失 ×× 元。

举证指引

证明劳动关系、工龄的，以及由于用人单位未缴纳社会保险，导致劳动者产生实际损失的证据，如劳动合同、工资发放记录、社会保险缴纳记录／未参保证明、社会保险经办机构出具的社会保险不能补缴证明等。

60. 劳动者自愿放弃缴纳住房公积金，还能要求补缴吗

案例 60[①]

顾某本是甲公司的一名销售。2016 年 1 月 14 日，顾某向甲公司出具承诺书载明："经济上与甲公司两清。"一个星期后，甲公司向顾某出具终止、解除劳动合同证明并办理了退工登记。

2016 年 4 月，顾某向公积金中心提出"住房公积金追偿申请书"，请求公积金中心为顾某向甲公司追偿其"自 2011 年 9 月至 2016 年 1 月（共计 53 个月）劳动关系存在期间"应得的住房公积金及滞纳金。公积金中心查明在与顾某劳动关系存续期间甲公司确未替顾某缴纳住房公积金，遂作出行政处理决定书，责令甲公司为顾某补缴自 2011 年 9 月至 2016 年 1 月劳动关系存续期间应缴未缴的住房公积金 6913 元和顾某补缴的 6913 元。

甲公司不服，向人民法院提起行政诉讼，请求撤销公积金中心作出的行政处理决定书。

律师意见

《住房公积金管理条例》第三十七条规定："违反本条例的规定，单位不办理住房公积金缴存登记或者不为本单位职工办理住房公积金账户设立手续的，由住房公积金管理中心责令限期办理；逾期不办理的，处 1 万元以上 5 万元以下的罚款。"第三十八条规定："违反本条例的规定，单位逾期不缴或者少缴住房公积金的，由住房公积金管理中心责令限期缴存；逾期仍不缴存的，可以申请人民法院强制执行。"

由此可见，住房公积金是强制单位缴纳的，并非可以通过协商而改变缴存方式或者被减免缴存的义务。本案例中，无论顾某出具的"经济上与甲公司两清"的承诺中是否包含对公积金的约定，其都是违反法律强制性规定的，故无效。

---

① 改编来自最高人民法院公报案例之《镇江市鸿兴磁选设备有限公司诉镇江市住房公积金管理中心、顾章泽撤销行政处理案》。

最终，人民法院判决认定，公积金中心作出的行政处理决定书认定事实清楚，程序合法，适用法律正确，因此驳回了甲公司的诉讼请求。

☆ 维权小贴士

受理机构

住房公积金管理中心。

材料指引

（1）主体信息：本人身份证、单位的工商登记信息。

（2）证明劳动者与单位之间有劳动关系的证据，及说明应缴存公积金时间的材料：劳动合同，生效的劳动仲裁书，生效的法院裁决等文书，劳动者在职期间的工资收入证明或发放凭据。

（3）投诉书，说明具体案情。

附：投诉书（模板）

××市住房公积金管理中心：

本人××（身份证号：×××）是××公司职工，于＿＿年＿＿月＿＿日至＿＿年＿＿月＿＿日与××公司建立劳动关系。在职期间＿＿年＿＿月＿＿日至＿＿年＿＿月＿＿日××公司未为本人缴存住房公积金（或足额缴存住房公积金）。

本人已就住房公积金补缴事宜与××公司协商无果，至今××公司仍未为本人补缴所欠住房公积金。为此，本人向××市住房公积金管理中心提出申告，要求××公司按照国务院《住房公积金管理条例》的规定，为本人补缴所欠的住房公积金。

××公司联系人：＿＿＿＿＿＿＿＿

联系电话：＿＿＿＿＿＿＿＿

投诉人：＿＿＿＿＿＿＿＿

日期：＿＿＿＿＿＿＿

联系电话：＿＿＿＿＿＿＿

通信地址：＿＿＿＿＿＿＿

$61.$ 用人单位未足额缴纳社会保险，劳动者能要求其补足生育津贴中的差额部分吗

案例 61[①]

2019 年 2 月 27 日，孙某入职某公司，双方签订了劳动合同。孙某的工资组成为底薪＋交通补助＋餐补＋绩效＋商业保险，某公司为孙某缴纳了社会保险，缴费基数为当地最低档次。

2020 年 7 月 14 日，孙某开始休产假，其休产假前 12 个月的平均工资为 12 851.7 元。

2020 年 8 月 19 日，孙某难产，后经医疗保障事务中心核定，孙某的产假为 173 天，她可以享受的生育津贴为：上年度单位月平均缴费基数 3093÷30×135+下（本）年度单位月平均缴费基数 3093÷30×38≈17 837（元）。

2021 年 3 月 2 日，某公司向孙某发放生育津贴 17 837 元。孙某认为，某公司的社会保险缴费基数 3093 元远低于其月均工资 12 851.7 元，要求某公司补足生育津贴差额部分56 274.47 元。某公司认为，首先，生育津贴是依据公司上一年度社会保险月平均缴费基数除以 30 天乘以产假天数进行计算的，某公司已按上述标准缴足，不应再支付差额；其次，员工奖金和绩效有相关考核事项要求，某公司不认为其被包含在社会保险基本缴纳基数中。

在受到某公司拒绝后，孙某经劳动仲裁程序起诉，要求某公司向其弥补生育津贴待遇损失。

---

① 改编自裁判文书网。

律师意见

本案例的争议焦点为，某公司是否应向孙某支付生育津贴差额。

首先，关于生育津贴金额的确定。国家层面的规定有如《女职工劳动保护特别规定》中的第六条第一款："女职工产假期间的生育津贴，对已经参加生育保险的，按照用人单位上年度职工月平均工资的标准由生育保险基金支付；对未参加生育保险的，按照女职工产假前工资的标准由用人单位支付。"除此之外，各地区也有着详细规定。《湖南省城镇职工生育保险办法》的第十条第二款规定："女职工每天生育津贴标准为上年度本单位职工月平均工资除以30天之商；低于本人工资标准的，由单位补足。"可见，从缴纳生育保险费到支付生育津贴，其计算标准均是参照员工本人的工资标准，本案例中，某公司虽然缴纳了生育保险，但金额的确低于孙某本人的工资，故公司应当补发生育津贴。

其次，关于本人工资的计算范畴。某公司主张员工的奖金和绩效有相关考核事项要求，不能被计入社会保险缴费基数。《关于工资总额组成的规定》的第四条规定："工资总额由下列六个部分组成：（一）计时工资；（二）计件工资；（三）奖金；（四）津贴和补贴；（五）加班加点工资；（六）特殊情况下支付的工资。"可见，绩效和奖金均属于工资的一部分，应被计入本人的工资范畴。

综上，孙某的产假经医疗保障事务中心核定，为173天（98天＋60天奖励假+15天难产假），在休产假前孙某的工资标准为12 851.7元，其应获得的生育津贴为12 851.7元÷30天×173天=74 111.47元，公司已经报销了17 837元，还需支付差额56 274.47元。

最终，人民法院支持了孙某的诉讼请求。

☆ 维权小贴士

受理机构

劳动仲裁委。

案件类型

生育保险待遇损失争议。

劳动仲裁申请书仲裁请求表述

请求被申请人赔偿生育津贴损失 ×× 元。

举证指引

证明双方的劳动关系及产假前薪酬标准的证据，如劳动合同、工资发放记录等。

证明合法生育及存在请产假事实的证据，如病历资料、生育材料、请假记录等。

证明用人单位未依法缴纳社会保险或存在差额的证据，如社会保险缴费明细、生育津贴 / 产假工资发放记录。

62. 用人单位少缴了失业保险金，劳动者能要求赔偿吗

案例 62[①]

2007 年 7 月 4 日，邓某入职某公司。

直到 2018 年 2 月 5 日，某公司才为邓某缴纳失业保险，累计缴纳了 35 个月，包含 2015 年 10 月至 2017 年 10 月、2018 年 2 月至 2018 年 11 月。2018 年 12 月 5 日，某公司作出解除劳动关系通知书，以邓某不胜任岗位为由，解除了与其的劳动关系。

邓某离职后，经劳动仲裁程序起诉，要求某公司赔偿失业保险金损失。

律师意见

某公司是否应向邓某赔偿失业保险金损失呢？

《社会保险法》第四十六条规定："失业人员失业前用人单位和本人累计缴费满 1 年不足 5 年的，领取失业保险金的期限最长为 12 个月；累计缴费满 5 年不足 10 年的，领取失业保险金的期限最长为 18 个月；累计缴费 10 年以上的，领取失业保险金的期限最长为 24

---

① 改编自裁判文书网。

个月。重新就业后，再次失业的，缴费时间重新计算，领取失业保险金的期限与前次失业应当领取而尚未领取的失业保险金的期限合并计算，最长不超过24个月。"可见，劳动者离职后可领取的失业保险金的期限与其在职期间累计缴费的期限挂钩。

本案例中，邓某的工作时间为自2007年7月4日至2018年12月5日，在职时间为11年多，某公司本应为其缴纳的失业保险费在"累计缴费10年以上的"档次，即邓某本可以领取24个月的失业保险金，但该单位仅为其缴纳了35个月的失业保险，使得其实际失业保险费在"累计缴费满1年不足5年"的档次，邓某只能领取12个月的失业保险金，导致其遭受12个月的失业保险金损失，故某公司应当予以赔偿。

最终，人民法院判决某公司承担邓某的失业保险金损失。

☆ 维权小贴士

受理机构
劳动仲裁委。

案件类型
失业保险待遇损失争议。

劳动仲裁申请书仲裁请求表述
请求被申请人赔偿失业金损失××元。

举证指引
证明劳动关系及工龄的证据，如劳动合同、工作记录、工资发放记录等。

证明劳动者符合领取失业保险金条件的证据，如离职证明等。

证明用人单位未依法缴纳社会保险的证据，如社会保险费缴费明细等。

63. 用人单位以"社保补贴"代替缴纳社会保险，劳动者离职后可以要求经济补偿金吗

案例 63[①]

赵某入职某公司后，和公司签订了书面劳动合同，合同约定由某公司发放社保补贴，赵某自行缴纳社会保险。

后赵某以某公司未缴纳社会保险为由解除劳动合同，并经劳动仲裁起诉至法院，要求某公司支付经济补偿金。

律师意见

本案体现的是现实中较为常见的一类情形——"放弃社保"。

实践中，有些劳动者为了到手的工资能多一些，向单位承诺"自愿放弃社保"，也有些单位为节省用工成本，将原本就属于员工的薪酬分拆出一部分作为社保补贴，并要求员工"自愿放弃社保"。本案例的情形即涉及劳动者"放弃社保"后的一系列纠纷。

案例 59 中已经分析，"自愿放弃社保"的声明因为违反法律的强制性规定而无效。但本案的问题在于，劳动者放弃社保后，又以用人单位未依法缴纳社会保险为由离职，可以要求经济补偿金吗？

司法实践中确有相反观点。

一种观点认为，根据《社会保险法》规定，参加社会保险是国家强制性赋予用人单位和劳动者的法定义务，不属于当事人双方可以约定的事项，劳动者签署放弃缴纳社会保险费的承诺书违反了法律的强制性规定，应属无效。劳动者以用人单位未为其缴纳社会保险费为由解除劳动关系，符合法律规定，用人单位应向劳动者支付经济补偿金。

另一种观点认为，劳动者由于自身原因不愿意缴纳社会保险费，其应自行承担相应的后果，如再因此主张经济补偿金，有违信用原则，审裁机构不应予以支持。

---

① 改编自长江日报微信公众号的《合同约定员工自行缴社保，法院判了：无效》一文。

笔者认为，以上两种观点均有法律依据，看似意见相反，但实际并不冲突。在实际案件审理中，法院还将结合具体案情进行判断。比如：查明员工在职期间对社会保险问题有没有提出过异议；员工能否证明"放弃社保"的承诺或协议存在欺诈、胁迫、乘人之危等情形；员工签订"放弃社保"的承诺或协议时，用人单位有无明示告知员工必须参加社会保险的相关法律义务和不参加社会保险的风险；员工有无明确表示自愿放弃因为没有办理社会保险要求经济补偿的劳动仲裁等权利，等等。笔者建议劳动者在签订各类文书时，应谨慎审查文书是否包含上述内容。

64. 劳动者自行缴纳灵活就业人员社会保险，可以要求用人单位赔偿吗

案例 64[①]

林某入职某餐饮公司，担任服务员。在职期间，林某多次向某餐饮公司提出为其缴纳职工基本养老保险，但该公司仍未购买，后林某以灵活就业人员身份自行参加职工基本养老保险。2021 年 1 月 1 日，林某与某餐饮公司协商解除劳动关系，林某要求该公司支付其应由该公司承担的职工基本养老保险费用，某餐饮公司拒不支付。

随后，林某向劳动仲裁部门申请劳动仲裁。

律师意见

本案例的争议焦点在于，用人单位未缴纳社会保险，劳动者自行以灵活就业人员身份参保后，能否要求用人单位支付保险费用。这个问题看似简单，但在司法实务中易引发争议。

---

① 改编自赣州市2021年度劳动争议十大典型案例之《劳动者以灵活就业人员身份自行参保，用人单位能否免除缴纳社会保险义务》。

观点一，在（2021）京 03 民终 16361 号案例中，法院认为，劳动者自行缴纳社会保险费与劳动关系的真实状态不符，对社会保险的登记、核定、缴纳、支付等正常秩序造成影响，故对劳动者自行缴纳保险费后要求用人单位支付相应社会保险费用的主张，法院应不予支持。

观点二，在（2021）湘 01 民终 3354 号案例中，法院认为，公司未为劳动者缴纳社会保险费，导致劳动者的社会保险利益受损，公司应当承担相应的赔偿责任。企业社会保险费用应当由用人单位和职工个人共同负担，劳动者应当承担划入个人账户部分的社会保险费用，公司应当承担剩余部分的社会保险费用。

本案选自赣州市 2021 年度劳动争议十大典型案例，该案中劳动仲裁委采用第二种观点，认为林某在与某餐饮公司劳动关系存续期间，多次要求某餐饮公司依法履行缴纳社会保险的法定义务，该公司却怠于履责。林某在无奈之下，只能以灵活就业人员身份自行缴纳职工基本养老保险费，包括应由某餐饮公司负担的部分，林某承担了本不属于自己的义务。某餐饮公司未依法为林某缴纳职工基本养老保险费，造成了林某的损失，故某餐饮公司应承担职工基本养老保险费。

在此问题上，读者可以在查询当地司法口径后再决定选择何种维权途径，若当地并不支持劳动者在自行缴纳保险费后要求由用人单位支付相关金额，则劳动者应当及时向用人单位主张权利或通过社会保险行政部门处理，而不是自行补缴。

第六部分 工伤

65. 休假结束从老家回到工作地，途中遭遇交通事故，可被认定为工伤吗

案例 65[①]

王某家住在 A 市，但他在 B 市公司上班，两市车行距离约为 280 公里，公司为员工提供宿舍。

2018 年 4 月 5 日至 7 日为清明节法定节假日，公司通知王某放假 3 天，4 月 8 日正常打卡上下班，王某返回 B 市的时间原则上为假期最后一日，王某便驾车返回 A 市家中。

2018 年 4 月 7 日 18 点，王某驾车从家中出发前往公司所在的 B 市，在当天 20 点左右，王某在高速公路上遭遇交通事故受伤，《道路交通事故认定书》认定王某不承担责任。

随后，公司就王某受伤事宜向人社局申请工伤认定，人社局在受理工伤认定申请后进行了走访调查，认为王某受伤当日并非工作日，王某 4 月 7 日前往 B 市的目的是休息而不是上班，最后作出了《不予认定工伤决定书》。

王某不服，认为其符合《工伤保险条例》应当认定工伤的情形，应当被认定为工伤，故将人社局诉至法院，要求撤销《不予认定工伤决定书》。

律师意见

《工伤保险条例》第十四条第六项规定，职工在上下班途中，受到非本人主要责任的交通事故或者城市轨道交通、客运轮渡、火车事故伤害的，应被认定为工伤。实践中，争议焦点往往集中在"上下班途中"及"非本人主要责任"两个要点上。本案例中，各方在认定"非本人主要责任"的交通事故上没有争议，主要争议点在于，王某在休息日从老家前往公司所在城市，中间这段路是否属于"上班途中"。

最高人民法院《关于审理工伤保险行政案件若干问题的规定》第六条规定："对社会保险行政部门认定下列情形为'上下班途中'的，人民法院应予支持。（一）在合理时间

---

① 改编自《最高人民法院公报》中的《王志国诉重庆市万州区人力资源和社会保障局工伤认定及重庆市人力资源和社会保障局行政复议案》一文。

内往返于工作地与住所地、经常居住地、单位宿舍的合理路线的上下班途中……（三）从事属于日常工作生活所需要的活动，且在合理时间和合理路线的上下班途中……"即上下班途中可以被理解为劳动者在合理时间内往返于工作地与住所地、经常居住地、单位宿舍的合理路线的上下班途中。这样一看，王某从老家到公司之路似乎就可以被认定为上班途中了，但我们还需要注意到，这里实际还限定了两个要件："合理时间""合理路线"，这才是本案例真正的争议焦点。

本案例中，王某虽是在法定节假日受伤，但王某的居住地与工作地并不在一个城市，其在放假最后一天晚上赶回公司宿舍的行为具有合理性。按照人社局的理解，那就只能要求王某在 4 月 8 日早上从家中出发前往公司，按 A 市与 B 市的距离及公司的考勤要求，王某需要在凌晨出发才能满足"上班途中"的要求，这样明显不符合常理，也不利于《工伤保险条例》中，"为了保障因工作遭受事故伤害或者患职业病的职工获得医疗救治和经济补偿，促进工伤预防和职业康复"的立法目的实现。此外，公司亦规定了"返回 B 市的时间原则上为假期最后一日"，故王某的受伤可以被认定为发生在合理时间、合理路线的上下班途中。

此外，我们认为，从《工伤保险条例》的立法目的来看，工伤的认定应当以"工作目的"为核心标准进行判断。王某驱车从 A 市家中到 B 市，目的是第二天能正常工作，故应属于出于"工作目的"而产生的行为。因此，王某的受伤符合《工伤保险条例》第十四条第六项及最高人民法院《关于审理工伤保险行政案件若干问题的规定》第六条第一项、第二项之规定，应被认定为工伤。

最终，人民法院判决撤销人社局作出的《不予认定工伤决定书》，责令其重新作出行政行为。

66. 总包企业违法分包，劳动者受伤，应该如何维权

案例 66[①]

2019 年 11 月，申某进入某建设集团承建的一处厂区工程项目做电焊工，具体工作由班组安排和管理，且班组与项目部签有《班组劳务承包合同》。

2020 年 12 月，申某在工地上受伤，2021 年 5 月，申某终于出院，之后也没再回去上班。由于该建设集团一直没有替申某申请认定工伤，申某只能自行向人社局申请了工伤认定。

人社局受理后，向该建设集团发出了《工伤认定协助调查通知书》，该建设集团回函道："建设集团已与班组签订《班组劳务承包合同》，申某是该班组聘请的，与我司无劳动关系。"于是，人社局作出《工伤认定中止决定书》，要求申某补充劳动关系的证据材料。

此后，申某经劳动仲裁程序起诉，要求该建设集团承担用工主体责任，并支付因未签订书面劳动合同而应支付的二倍工资，解除劳动合同的经济补偿金等。

律师意见

第一，什么是用工主体责任?

劳动和社会保障部《关于确立劳动关系有关事项的通知》第四条规定："建筑施工、矿山企业等用人单位将工程（业务）或经营权发包给不具备用工主体资格的组织或自然人，对该组织或自然人招用的劳动者，由具备用工主体资格的发包方承担用工主体责任。"本案中，申某是某建设集团项目部包工头雇佣的工人，而包工头显然不具备用工主体资格，因此，理应由某建设集团对包工头招用的劳动者承担用工主体责任。

第二，"用工主体责任"是否等于"劳动关系"?

申某除了要求某建设集团承担用工主体责任，还要求其承担因未签订书面劳动合同而应支付的二倍工资、解除劳动合同经济补偿金等费用，这些诉求有依据吗?

---

① 改编自裁判文书网。

首先，这些诉求的前提在于申某与某建设集团存在事实劳动关系。《关于确立劳动关系有关事项的通知》第一条明确规定了事实劳动关系的成立要同时具备以下要件："（一）用人单位和劳动者符合法律、法规规定的主体资格；（二）用人单位依法制定的各项劳动规章制度适用于劳动者，劳动者受用人单位的劳动管理，从事用人单位安排的有报酬的劳动；（三）劳动者提供的劳动是用人单位业务的组成部分。"而该通知第四条规定的"用工主体责任"，实际是在突破了劳动关系的前提下，为了保障劳动者的权益而被制定出的概念，这并不代表我们可以反推出"用工主体责任"等于"劳动关系"。

其次，人力资源和社会保障部《关于执行〈工伤保险条例〉若干问题的意见》的第七条规定，"具备用工主体资格的承包单位违反法律、法规规定，将承包业务转包、分包给不具备用工主体资格的组织或者自然人，该组织或者自然人招用的劳动者从事承包业务时因工伤亡的，由该具备用工主体资格的承包单位承担用人单位依法应承担的工伤保险责任"。最高人民法院《关于审理工伤保险行政案件若干问题的规定》的第三条第四项规定："用工单位违反法律、法规规定将承包业务转包给不具备用工主体资格的组织或者自然人，该组织或者自然人聘用的职工从事承包业务时因工伤亡的，用工单位为承担工伤保险责任的单位。"由此可见，后续出台的法律已将"用工主体责任"的表述变化为"工伤保险责任"，范围也从"建筑施工、矿山企业"扩大到其他企业，这就更加明确了我们在此种情形下并不能当然地认为双方存在劳动关系。所以，在双方并不存在事实劳动关系的情况下，用人单位仅承担工伤保险责任，并不需要承担基于劳动关系而产生的支付二倍工资差额、未休年休假工资、经济补偿、经济赔偿、未签订书面劳动合同的二倍工资等责任。

最终，人民法院判决由某建设集团承担申某的用工主体责任，驳回了其他诉讼请求。

67. 在计算工伤保险待遇时，本人工资该如何算

案例 67[①]

2020 年 3 月，童某入职某公司担任车辆装配工，其和公司签订的书面劳动合同约定每月底薪为 1700 元，另有提成，多劳多得。某公司以 3878.4 元／月标准的缴纳基数为童某缴纳社会保险。童某在职期间实际的月均收入为 11 000 元。

2021 年 6 月，童某在工作中受伤，公司在童某治疗期间按底薪发放了工资。9 月，人社局作出工伤认定书，认定结论为童某已构成工伤，此后经劳动能力鉴定，童某被认定为九级伤残。

2022 年 5 月，童某从公司离职，并向公司提出，工伤保险待遇应按其实际工资标准计算。公司认为，工伤待遇应按社会保险缴费基数计算，且不应将提成计算入内。

公司拒绝后，童某经劳动仲裁程序起诉，要求公司按其本人工资标准支付工伤保险待遇。

律师意见

工伤保险待遇中，跟本人工资挂钩的赔偿项目有"三金"、停工留薪期待遇等。"三金"即指一次性伤残补助金、一次性工伤医疗补助金、一次性伤残就业补助金；停工留薪期待遇即指职工因工作遭受事故伤害或者患职业病需要暂停工作接受工伤医疗的期间的待遇。《工伤保险条例》第三十三条规定，"在停工留薪期内，原工资福利待遇不变，由所在单位按月支付"，第三十七条规定，"三金"的计算基数为"本人工资"。本案例的问题就在于如何理解这个"原工资福利待遇"及"本人工资"。

《工伤保险条例》第六十四条规定："本条例所称工资总额，是指用人单位直接支付给本单位全部职工的劳动报酬总额。本条例所称本人工资，是指工伤职工因工作遭受事故伤害或者患职业病前 12 个月平均月缴费工资。本人工资高于统筹地区职工平均工资 300%

---

① 改编自裁判文书网。

的，按照统筹地区职工平均工资的 300% 计算；本人工资低于统筹地区职工平均工资 60% 的，按照统筹地区职工平均工资的 60% 计算。"本案例中，童某受伤前一年的月平均工资收入为 11 000 元，故本人工资应按此计算。此外，提成工资属于工资的一部分，公司主张的童某的停工留薪期待遇只包括基本工资而不包括提成的做法是错误的。

算出工资后，再说公司应否补足童某的工伤保险待遇差额的问题。《湖南省实施〈工伤保险条例〉办法》第三十七条第二款规定："用人单位参加工伤保险后未按规定足额缴纳工伤保险费，造成职工工伤保险待遇损失的，由用人单位补足差额。"本案例中，公司已按 3878.4 元／月的缴纳基数为童某缴纳社会保险，但缴纳基数与童某实际的工资收入间仍存在差额，导致童某的合法利益受损，故公司应依法赔付工伤保险待遇中的差额部分。

最终，人民法院支持了童某的诉讼请求。

☆ 维权小贴士

受理机构

劳动仲裁委。

案件类型

工伤保险待遇损失争议。

劳动仲裁申请书仲裁请求表述

请求被申请人赔偿工伤保险待遇损失 ×× 元。

举证指引

证明缴费基数与劳动者本人工资间存在差额的证据，如社会保险缴费明细、工资发放记录等。

证明劳动关系、工伤及伤残等级的证据，如工伤认定书、劳动能力鉴定书等。

证明劳动合同解除，劳动者满足一次性就业、一次性医疗补助相关条件的证据，如离职证明等。

证明各项费用标准的证据，如病历、诊断书、出院记录、结算单、医疗费、鉴定费等费用票据。

68. 劳务派遣员工受工伤，应该找谁维权

案例 68[①]

2020年3月16日，刘某与A人力资源公司签订了《劳动合同书》，双方约定将刘某派遣至B公司工作，派遣期限为3年。

2020年4月20日，刘某在B公司工作时不慎受伤，后被人社局认定为工伤，经劳动能力鉴定为伤残八级。

刘某受伤后一直未回B公司上班，2021年4月，刘某经劳动仲裁程序后起诉，要求A、B两家公司连带承担工伤保险费用。

律师意见

劳务派遣员工受工伤，应该找谁维权呢？

首先，《劳务派遣暂行规定》第十条第一款规定"被派遣劳动者在用工单位因工作遭受事故伤害的，劳务派遣单位应当依法申请工伤认定，用工单位应当协助工伤认定的调查核实工作。劳务派遣单位承担工伤保险责任，但可以与用工单位约定补偿办法。"最高人民法院《关于审理工伤保险行政案件若干问题的规定》的第三条规定："社会保险行政部门认定下列单位为承担工伤保险责任单位的，人民法院应予支持……（二）劳务派遣单位派遣的职工在用工单位工作期间因工伤亡的，派遣单位为承担工伤保险责任的单位……"可见，一般情况下应由劳务派遣单位承担派遣员工的工伤责任。同时，劳务派遣单位可以

---

① 改编自裁判文书网。

和用工单位签协议，就责任承担问题约定补偿办法。

其次，《劳动合同法》第九十二条规定："……用工单位给被派遣劳动者造成损害的，劳务派遣单位与用工单位承担连带赔偿责任。"《劳动合同法实施条例》第三十五条规定，用工单位给被派遣劳动者造成损害的，劳务派遣单位和用工单位承担连带赔偿责任。可见，如果用工单位给被派遣的劳动者造成了侵害，其应承担工伤赔偿责任。实践中一般认为，用工单位如存在未按《劳动法》《劳动合同法》《安全生产法》等法律法规的要求为劳动者提供劳动保护以及安全生产教育的情形，则其需承担工伤保险待遇的连带责任。

本案例中，A 人力资源公司已为刘某缴纳工伤保险，B 公司也不存在劳动安全设施和劳动条件不符合国家规定或未向劳动者提供必要的劳动防护用品、劳动保护设施等情形，故 B 公司不存在过错。

最终，人民法院判决由 A 人力资源公司向刘某支付工伤保险待遇，B 公司不承担责任。

☆ 维权小贴士

受理机构

劳动仲裁委。

案件类型

工伤保险待遇损失争议。

劳动仲裁申请书仲裁请求表述

请求被申请人赔偿工伤保险待遇损失 ×× 元。

举证指引

证明缴费基数及劳动者在受伤前、离职前的工资标准情况的证据，如劳动合同、社会保险缴费明细、工资发放记录等。

证明劳动关系、工伤及伤残等级的证据，如工伤认定书、劳动能力鉴定书等。

证明劳动合同解除，劳动者满足一次性就业、一次性医疗补助相关条件的证据，如离职证明等。

证明各项费用标准的证据，如病历、诊断书、出院记录、结算单、医疗费、鉴定费等费用票据等。

证明用工单位存在过错，应承担连带责任的证据，如用工单位未依法提供劳动条件、劳动保护的证据等。

69. 劳动者出差期间在宿舍休息时突发疾病猝死，能否被认定为工伤

案例 69①

杨某系某公司的员工，2020 年 3 月 11 日，杨某受公司指派到 A 县出差，某公司在 A 县租了房屋，作为员工在当地的宿舍，杨某在 A 县出差期间居住在该宿舍。

2020 年 4 月 3 日上午，与杨某同住的曾某去上班后，未发现杨某到项目现场，也联系不上他。中午曾某回宿舍查看情况，发现杨某躺在床上，叫他也没有回应，曾某连忙拨打 120 急救电话。120 医护人员到现场进行了抢救，确认杨某已死亡。

后经公安局现场勘查及调查，确认杨某之死并非他杀，符合猝死征象。

某公司于 2020 年 5 月 20 日向市人社局申请工伤认定。市人社局经调查认为：杨某系在晚上休息时猝死，不属于在工作时间、工作岗位突发疾病或由于工作原因而死亡的情形，不应当被认定为工伤；杨某之死亡并非出于工作原因，也不符合《工伤保险条例》的第十四条第五项"因公外出期间，由于工作原因受到伤害或者发生事故下落不明的"规定，亦不符合《工伤保险条例》第十四条的其他规定。后人社局对某公司于 2020 年 7 月 8 日作出并送达《不予认定工伤决定书》。

某公司不服，诉至法院。

---

① 改编自裁判文书网。

律师意见

《工伤保险条例》第十四条规定，员工因工外出期间，由于工作原因受到伤害或者发生事故下落不明的，应被认定为工伤。第十五条规定，员工在工作时间和工作岗位突发疾病死亡或者在 48 小时之内经抢救无效死亡的，视同工伤。

如果劳动者是在酒店或正在宿舍中休息时突发疾病猝死的，仅根据文义解释，则似乎难以满足认定工伤的全部要素，这也就是该类案件容易引发争议的原因。

笔者认为，首先，对于"因工外出期间"的理解，应考虑《工伤保险条例》的立法目的，既要保障劳动者的合法权益，又不能随意扩大工伤认定的范围。所以，工伤的认定应当以"工作目的"为核心标准进行判断，如果员工外出是为了公司利益，从事的是与工作职责有关的活动，则属于"因工外出期间"情形。本案例中，杨某某受公司安排出差，很明显是有"工作目的"的，故属于"因工外出期间"。

其次，基于上述核心标准，我们再来审查视同工伤的"四要素"——工作时间、工作岗位、突发疾病、在 48 小时之内经抢救无效死亡。

"工作时间"，一般是指单位规定的上班时间和职工下班后回住处加班的时间，即完成工作任务的时间。笔者认为，劳动者在出差期间的工作模式与平常工作时有很大区别，所以在对"工作时间"进行判断时应考虑这一特性，我们可以将"因工外出期间"的在途、吃饭、休息等时间算入"工作时间"的理解范围内。

"工作岗位"，一般指劳动者处于完成工作职责和单位交办的工作任务的状态中。由于出差期间的工作状态存在不可预测性，根据最高人民法院《关于职工因公外出期间死因不明应否认定工伤的答复》的规定，如果举证责任方能够证明员工不存在"工作目的"，则其相关伤病不被认定为工伤，这也符合《工伤保险条例》及《行政诉讼法》所规定的举证责任分配规则。

最后，最高人民法院行政审判庭编的《行政执法与行政审判》一书的总第五十六集：《突发疾病死亡的工伤认定问题研究》一文也提出："在出差途中的工作时间和工作岗位，属于因工外出的特殊情形。原则上只要因工外出期间所涉及的时间和区域均为工作时间和工作岗位，如'突发疾病死亡或者在 48 小时内经抢救无效死亡'，应当依据《工伤保险条例》第十五条第一项规定认定视同工伤。"

综上，笔者认为，如果劳动者是出于"工作目的"，在"因工外出期间"突发疾病死亡的，在没有相反证据且没有醉酒、吸毒、自杀、自残等排除认定工伤情形的情况下，应被认定为视同工伤。

最终，人民法院判决人社局重新作出工伤认定的决定。

70. 用人单位排班全月无休，劳动者在下班途中猝死，可否向用人单位索要赔偿

案例 70[①]

胡某某于 2015 年入职某包装公司，在生产部门从事操作工岗位，该公司实行综合计算工时工作制。2020 年 10 月 16 日 8 时左右，胡某某在上完夜班回家后感到身体不适，后因脑干出血、心脏停搏，经医治无效而死亡，年仅 40 岁。胡某某的法定继承人梁某等三人提起诉讼，认为某包装公司安排胡某某长时间加班，胡某某在生前 12 个月中有绝大多数月份加班工时超过 100 小时，每天加班时间最长 8.32 个小时、最短 2.25 小时，胡某某在发病死亡当月仅半个月的时间中便已完成 188.7 小时的工时。某包装公司忽视保障胡某某身体健康的基本责任，侵害了胡某某的生命权、健康权，导致胡某某病亡，公司应承担赔偿责任。

律师意见

本案例涉及超时加班的问题，本书在案例 34 中已经详述，从法律规定来看，单位安排劳动者每日加班不得超过 1 小时，因特殊原因需要延长工作时间的，在保障劳动者身体健康的条件下延长工作时间每日不得超过 3 小时，但是每月不得超过 36 小时。如果超出

---

① 改编自合肥市中级人民法院微信公众号中的《2021 年度合肥法院典型案例——梁某等诉某包装公司生命权纠纷案》一文。

上述加班的限制，无论企业是否征得了劳动者的同意，均属于违法加班，本案例中，某包装公司安排胡某某日加班达到 8.32 小时，月加班超过 100 小时，加班的时间严重超出了法定限制，属于违法加班。

违法加班侵犯了劳动者的休息休假权。《劳动法》第五十四条规定："用人单位必须为劳动者提供符合国家规定的劳动安全卫生条件和必要的劳动防护用品，对从事有职业危害作业的劳动者应当定期进行健康检查。"第九十二条规定："用人单位的劳动安全设施和劳动卫生条件不符合国家规定或者未向劳动者提供必要的劳动防护用品和劳动保护设施的，由劳动行政部门或者有关部门责令改正，可以处以罚款；情节严重的，提请县级以上人民政府决定责令停产整顿；对事故隐患不采取措施，致使发生重大事故，造成劳动者生命和财产损失的，对责任人员依照刑法有关规定追究刑事责任。"可见，某包装公司安排胡某某全月无休地工作，显然严重危害了胡某某的身体健康，公司已然违背了上述保护性法律规定。

因为胡某某并非在工作岗位、工作时间突发疾病死亡，故难以被认定为工伤，所以胡某某的家属提起的诉讼案由为生命权、健康权、身体权纠纷，即这是一起侵权责任纠纷。在此类案件中，法院一般是从侵权行为的事实、侵害的后果、因果关系、主观的过错几个方面来判断侵权责任是否成立。当然，本案例的关键点还是在于对"超时加班"与"死亡"之间因果关系的判断。司法实践对此存在不同观点，如果单位存在过错，且其能够初步证明因果关系而无其他证据予以排除，则审裁机构更可能认定单位仅需要承担部分责任。

最终，人民法院认为某包装公司对胡某某的生命健康权未尽到合理义务，对相应损害后果的发生存在过错，酌情认定某包装公司对胡某某的死亡承担 20% 的赔偿责任。

☆ 维权小贴士

案件类型

生命权、健康权、身体权纠纷。

管辖机构

人民法院。

民事起诉状表述

请求法院依法判令被告赔偿 ×× 费 ×× 元、×× 费 ×× 元。

举证指引

证明劳动关系的证据，如劳动合同、录用通知、社保缴费记录、个人所得税完税证明、离职证明、工作证明、工作证、空白业务合同、授权书、工作记录、考勤记录、银行流水、微信或支付宝转账记录等。

证明用人单位存在超时加班情形的证据，如关于工时的规章制度、加班通知、考勤记录、加班记录等。

证明疾病死亡与超时加班的因果关系的证据，如公安机关出具的事故证明、死因鉴定等，医疗机构出具的证明、病历等。

证明损失的证据，如医疗、丧葬等费用凭证。

71. 劳动者因违规操作导致受伤，能被认定为工伤吗

案例 71[①]

李某是某机电公司的工人，一天上班，李某在和工友搬抬工作台时，二人下放未同步，导致李某被工作台压伤手指。

此后，经人社局调查核实，认定李某所受之伤为工伤，并作出了《工伤认定决定书》，某机电公司不服工伤认定结论，认为李某受伤是因为其违规操作所导致，不应被认定为工伤，因此起诉至法院，请求其撤销人社局所作出的《工伤认定决定书》。

---

① 改编自裁判文书网。

律师意见

本案的争议焦点为，由员工过失导致的受伤，能否被认定为工伤。

《工伤保险条例》第十四条的规定："职工有下列情形之一的，应被认定为工伤，（一）在工作时间和工作场所内，因工作原因受到事故伤害的……"本案中，李某是在工作过程中因搬抬工作台而不慎受伤，受伤的原因与其从事的本职工作之间存在关联关系，故李某属于在工作时间和工作场所内，因工作原因而受到事故伤害。

某机电公司主张李某是违规操作，不应被认定为工伤，这样的主张能否被法院所采信呢？

首先，《工伤保险条例》第十九条规定："社会保险行政部门受理工伤认定申请后，根据审核需要可以对事故伤害进行调查核实，用人单位、职工、工会组织、医疗机构以及有关部门应当予以协助……职工或者其近亲属认为是工伤，用人单位不认为是工伤的，由用人单位承担举证责任。"《工伤认定办法》第十七条规定："职工或者其近亲属认为是工伤，用人单位不认为是工伤的，由该用人单位承担举证责任。用人单位拒不举证的，社会保险行政部门可以根据受伤害职工提供的证据或者调查取得的证据，依法作出工伤认定决定。"可见，如果某机电公司认为李某不应被认定为工伤，应举证证明，否则需要承担不利后果。

其次，《工伤保险条例》第十六条规定，职工符合本条例第十四条的规定，但是有故意犯罪的、醉酒或者吸毒的、自残或者自杀的，不得被认定为工伤或者视同工伤。可见，职工在从事本职工作中存在过失，不属于工伤认定的排除情形，故工伤赔偿责任是以无过错责任为原则的（观点出自最高人民法院指导案例四十号——孙某某诉天津新技术产业园区劳动人事局工伤认定案），即使李某的违规操作存在过失，也不会影响工伤认定结论。

最终，人民法院判决驳回了某机电公司的诉讼请求。

72. 工伤医疗目录以外的医疗费用，由谁来承担

案例 72[①]

伟某为某公司职工，某天上班时，伟某在调水阀门开关时头发不慎被主轴卷入，致头部受伤，后住院治疗，他在出院后又自行转院做了面部整形手术并支付了医疗费 36 321.8 元。

此后，伟某所受之伤被认定为工伤，并被鉴定为工伤九级。

伟某因工伤待遇问题离职，并经劳动仲裁程序起诉，要求某公司支付医疗费（包括整形手术费）、一次性伤残补助金、一次性工伤医疗补助金、一次性就业补助金、住院伙食补助费、住院期间护理费、停工留薪期工资、鉴定期间生活津贴、交通费等。

律师意见

本案的争议焦点为伟某的整形手术费是否应由某公司承担。

这个问题实际上在很多工伤事件中都会遇到，比如员工工伤后，可以凭医疗费的相关材料进行工伤医疗费用理赔，但往往无法得到"全赔"，而这个差额的产生就是因为有些费用项目不在"三个目录"之中。

《工伤保险条例》第三十条规定，治疗工伤所需费用符合工伤保险诊疗项目目录、工伤保险药品目录、工伤保险住院服务标准的，从工伤保险基金中支付。而对于超出"三个目录"的医疗费用应该由谁来承担的问题，《工伤保险条例》中并没有明确规定，实践中也产生了诸多争议，有的认为应由单位承担，有的认为应由员工自己承担，有的认为是按比例或者对半分，其实怎么处理都有理由，本书中引用的案例，实际就是对这个问题的一次较为理性、全面的体现。

《社会保险法》第二条规定："国家建立基本养老保险、基本医疗保险、工伤保险、失业保险、生育保险等社会保险制度，保障公民在年老、疾病、工伤、失业、生育等情况下

---

① 改编自《人民法院报》中的《工伤医疗目录以外的医疗费用，由谁来承担》一文。

依法从国家和社会获得物质帮助的权利。"第三条规定："社会保险制度坚持广覆盖、保基本、多层次、可持续的方针，社会保险水平应当与经济社会发展水平相适应。"可见，社会保险的目的是保障劳动者在年老、疾病、工伤、失业、生育等情况下能够有基本的物质帮助。

由此可见，"三个目录"的设立就是为了保障工伤职工可以享受最基本的医疗待遇，它不包括"过度医疗"的部分，当然，实践中，人民法院会判断超出目录范围的治疗是否属于"过度医疗"。比如，若医疗机构证明现有目录无法满足工伤医疗的需要，则劳动者要求工伤保险基金或用人单位支付目录外的医疗费的行为是具有合理性的；如果劳动者不是为了满足基本工伤医疗需要，则可能不被认可。本案中，伟某的出院即可证明其病情已经好转，他无须再住院接受治疗，其后续进行的整形治疗，即不属于必要的基本工伤医疗，超出了工伤保险的立法目的，因此，某公司无须承担此部分的工伤保险待遇。

最终，人民法院判决，除伟某自行转院所做整形手术的费用外，某公司还应支付其他工伤保险待遇。

此外，即使超出目录的医疗费不能被算进工伤保险待遇，劳动者也并非完全无法主张。《安全生产法》第五十六条规定，"因生产安全事故受到损害的从业人员，除依法享有工伤保险外，依照有关民事法律尚有获得赔偿的权利的，有权提出赔偿要求"，即劳动者仍有权提起民事诉讼主张。

☆ 维权小贴士

受理机构

劳动仲裁委。

案件类型

工伤保险待遇损失争议。

劳动仲裁申请书仲裁请求表述

请求被申请人支付 ×× 费 ×× 元。（根据《工伤保险条例》的规定，工伤保险待遇主要包括一次性工亡补助金、丧葬费、供养亲属抚恤金、一次性伤残补助金、一次性工伤医疗补助金、一次性伤残就业补助金、伤残津贴、停工留薪期工资、工伤医疗费、劳动能力鉴定费、住院伙食补助费、护理费、辅助器具费等）。

举证指引

证明劳动关系、工伤及伤残等级的证据，如工伤认定书、劳动能力鉴定书等。

证明劳动合同解除，劳动者满足一次性就业、一次性医疗补助相关条件的证据，如离职证明等。

证明各项费用标准的证据，如病历、诊断书、出院记录、结算单、医疗费、鉴定费等费用票据。

73. 用人单位买了人身意外保险，可以抵扣劳动者的工伤保险待遇吗

案例 73[①]

2019 年 10 月，唐某入职某公司从事水电安装工作，该公司没有为唐某缴纳工伤保险费，但为其购买了人身意外保险。

2020 年 1 月，唐某在工作中受伤，导致左跟骨粉碎性骨折，此后唐某没有再回某公司上班。

2020 年 5 月，经人社局认定，唐某的伤属于工伤，后经劳动能力鉴定，他被认定为九级伤残。

2021 年 1 月，某公司将其为唐某购买的人身意外保险理赔款支付至唐某账户，并认为该赔偿款应当抵扣唐某的工伤保险待遇。

因唐某与某公司就工伤待遇问题无法达成一致，唐某经劳动仲裁程序起诉，要求某公

---

① 改编自裁判文书网。

司支付工伤保险待遇。

律师意见

实践中，常见的商业保险有人身意外伤害险、团体意外伤害保险、安全生产责任保险以及雇主责任险等，这些保险产品项目众多，价格不一，法律效果也不同。就人身意外伤害险来说，其属于人身保险，根据《保险法》第三十九条第一、二款规定："人身保险的受益人由被保险人或者投保人指定。投保人指定受益人时须经被保险人同意。投保人为与其有劳动关系的劳动者投保人身保险，不得指定被保险人及其近亲属以外的人为受益人。"由此可见，商业意外伤害保险的受益人不能是用人单位，即最终保险的赔付是支付给劳动者或其家属的，故其性质实则为用人单位给予劳动者的一种福利，并不能代替用人单位应当承担的工伤保险待遇赔偿责任。

最终，人民法院判决某公司向唐某支付工伤保险待遇，某公司所主张的人身意外保险理赔款抵扣应支付的工伤保险待遇，没有法律依据支撑，审裁机构不予支持。

☆ 维权小贴士

受理机构

劳动仲裁委。

案件类型

工伤保险待遇损失争议。

劳动仲裁申请书仲裁请求表述

请求被申请人支付 ×× 费 ×× 元（根据《工伤保险条例》的规定，工伤保险待遇主要包括一次性工亡补助金、丧葬费、供养亲属抚恤金、一次性伤残补助金、一次性工伤医疗补助金、一次性伤残就业补助金、伤残津贴、停工留薪期工资、工伤医疗费、劳动能力鉴定费、住院伙食补助费、护理费、辅助器具费等）。

举证指引

证明劳动关系、工伤及伤残等级的证据，如工伤认定书、劳动能力鉴定书等。

证明劳动合同解除，劳动者满足一次性就业、一次性医疗补助的相关条件的证据，如离职证明等。

证明各项费用标准的证据，如病历、诊断书、出院记录、结算单、医疗费、鉴定费等费用票据。

74. 劳动者在上班途中遭遇交通事故，在交通事故赔偿案中获得赔偿后，劳动者是否还能要求用人单位支付工伤保险待遇

案例 74[①]

刘某是某公司的职工，自入职起公司一直未给刘某缴纳工伤保险费。

2020 年 5 月，刘某在上班途中遭遇交通事故并受伤，《道路交通事故认定书》认定刘某在事故中承担同等责任。刘某被送至医院住院治疗 65 天，后经司法鉴定机构评定，被认定为九级伤残，此后刘某未再回某公司上班。

2021 年 5 月，刘某的机动车交通事故责任纠纷一案结案，刘某获赔各项费用数十万。

2021 年 10 月，人社局作出《认定工伤决定书》，认定刘某的伤为工伤，后经劳动能力鉴定，刘某被认定为伤残九级。

刘某要求某公司支付交通费、医疗费、劳动能力鉴定费、停工留薪期工资、一次性伤残补助金、一次性工伤医疗补助金、一次性伤残就业补助金、后期医疗费等各项工伤保险待遇。某公司认为刘某已在机动车道路交通事故赔偿纠纷案件中获得了误工费、医疗费、护理费、住院伙食补助费、交通费、后续治疗费等赔偿，公司不能重复赔偿，遂拒绝支付。

---

① 改编自裁判文书网。

因刘某与某公司就工伤保险待遇问题无法达成一致，刘某经劳动仲裁程序起诉，要求某公司向其支付工伤保险待遇。

律师意见

大多数人都知道，劳动者在上下班途中发生交通事故构成工伤的，其既可以主张交通事故的赔付，也可以主张工伤待遇赔付。那么在这种"竞合"的情况下，劳动者能否重复享受相关待遇呢？

最高人民法院《关于审理工伤保险行政案件若干问题的规定》的第八条第三款规定："职工因第三人的原因导致工伤，社会保险经办机构以职工或者其近亲属已经对第三人提起民事诉讼为由，拒绝支付工伤保险待遇的，人民法院不予支持，但第三人已经支付的医疗费用除外。"由此可知，劳动者在第三人侵权的情况下，可以同时主张工伤待遇与人身损害民事赔偿，只不过若第三人已经支付过医疗费，则劳动者不能再向保险基金或用人单位主张该笔费用，对于其他项目，劳动者均可以享受"双赔"。本案中，虽然刘某已经另案诉讼获得交通事故赔偿金，但是他仍可以享受除已获赔偿的医疗费用以外的工伤保险待遇，包括停工留薪期的工资。

⭐ 维权小贴士

受理机构

劳动仲裁委。

案件类型

工伤保险待遇损失争议。

劳动仲裁申请书仲裁请求表述

请求被申请人支付 ×× 费 ×× 元（根据《工伤保险条例》的规定，工伤保险待遇主要包括一次性工亡补助金、丧葬费、供养亲属抚恤金、一次性伤残补助金、一次性工伤医疗补助金、一次性伤残就业补助金、伤残津贴、停工留薪期工资、工伤医疗费、劳动能力鉴定费、住院伙食补助费、护理费、辅助器具费等）。

举证指引

证明劳动关系、工伤及伤残等级的证据，如工伤认定书、劳动能力鉴定书等。

证明劳动合同解除，劳动者满足一次性就业、一次性医疗补助的相关条件的证据，如离职证明等。

证明各项费用标准的证据，如病历、诊断书、出院记录、结算单、医疗费、鉴定费等费用票据。

第七部分 离职

75. 劳动者未提前 30 日告知将要辞职，用人单位扣发一个月工资，合法吗

案例 75[①]

陆某于 2020 年 11 月入职某公司，双方签订了书面劳动合同，合同期限为 2020 年 11 月起至 2023 年 10 月，还约定乙方（陆某）若提前 30 日以书面形式通知了甲方（某公司），可以解除劳动合同。如果乙方未履行提前告知义务，并无任何正当理由离职给甲方造成损失的，甲方有权追究乙方直接和间接损失，甲方可以不办理退工手续，并有权扣减乙方一个月工资及相应的奖励报酬作为违约的代通知金。

2021 年 10 月，陆某提出离职后，某公司以其辞职未提前 30 日告知公司为由，拒绝为陆某发放最后一个月的工资。

此后，陆某经劳动仲裁程序起诉，要求某公司向其支付被克扣的工资等。

律师意见

本案例中的情形在现实中较为常见，而产生这样纠纷的原因是用人单位对法律规定存在错误的认识。本案例中，双方劳动合同对于劳动者未提前告知而离职的约定有着"追究损失""违约""代通知金"几个关键词，下文将简略分析一下。

第一，劳动者未提前告知而离职是否违法？

《劳动合同法》第三十七条规定："劳动者提前 30 日以书面形式通知用人单位，可以解除劳动合同。劳动者在试用期内提前 3 日通知用人单位，可以解除劳动合同。"可见，法律为了保护劳动者的自由择业权赋予了劳动者的单方解除权，但与此同时，法律为避免因劳动者随意离职给用人单位造成损失，也对劳动者辞职的"自由"进行了一定的限制，如劳动者有提前通知用人单位的义务。《劳动合同法》第五十条规定了劳动者在离职后有进行工作交接的义务，若劳动者违反上述规定而离职，即被视为违法解除劳动合同。

---

① 改编自裁判文书网。

但也有例外情况，即如果劳动者是依据《劳动合同法》第三十八条规定的情形（用人单位存在违法行为）而解除了劳动合同，则其无须提前通知单位，即走即辞即可。

第二，劳动者违法解除劳动合同需要承担什么责任？

首先，用人单位可否扣除违约金？《劳动合同法》第二十五条规定："除本法第二十二条和第二十三条规定的情形外，用人单位不得与劳动者约定由劳动者承担违约金。"第二十二条规定的是专项技术培训服务期，第二十三条规定的是竞业限制。也就是说，除违反服务期约定或竞业限制约定外，用人单位无权就劳动者提前离职的问题约定违约金。

其次，用人单位可否扣除"代通知金"？"代通知金"是一个民间俗称，来源于《劳动合同法》第四十条，"有下列情形之一的，用人单位提前 30 日以书面形式通知劳动者本人或者额外支付劳动者一个月工资后，可以解除劳动合同……"。可见，法律规定的是用人单位要向劳动者"额外支付"一个月的工资，并未规定劳动者需要反向支付此费用。

最后，用人单位可否事先约定损失赔偿金额？《劳动合同法》第九十条规定，"劳动者违反本法规定解除劳动合同，……给用人单位造成损失的，应当承担赔偿责任"。可见，用人单位拥有的权利仅限于要求劳动者"赔偿损失"，那么该"损失"具体是多少，可否提前约定一个标准？

对此，实践中一般认为，"赔偿损失"的性质是补偿，即劳动者造成用人单位一方财产损失的，用人单位如能举证证明其损失的具体项目及金额，则劳动者需要对其损失进行弥补，反之，则无须弥补。

《民法典》第五百八十五条第一款规定："当事人可以约定一方违约时应当根据违约情况向对方支付一定数额的违约金，也可以约定因违约产生的损失赔偿额的计算方法。"可见，本案中双方提前约定赔偿金额的做法，实际上就是将"赔偿损失"当成违约金进行约定，而根据前述分析，此种情形下并不适用违约金的约定，故某公司据此克扣陆某的工资没有法律依据。《工资支付暂行规定》第九条规定，"劳动关系双方依法解除或终止劳动合同时，用人单位应在解除或终止劳动合同时一次付清劳动者工资"，因此某公司应将扣款的工资支付给陆某。

最终，人民法院判决某公司向陆某支付克扣的工资。

☆ 维权小贴士

受理机构

劳动仲裁委。

案件类型

劳动报酬争议。

劳动仲裁申请书仲裁请求表述

请求被申请人支付克扣的工资 ×× 元。

举证指引

证明劳动关系的证据，如劳动合同、录用通知、社保缴费记录、个人所得税完税证明、离职证明、工作证明、工作证、空白业务合同、授权书、工作记录、考勤记录、银行流水、微信或支付宝转账记录等。

证明工资标准、出勤天数及用人单位克扣工资的证据，如工资发放记录、考勤记录、工资条等。

76. 用人单位规定劳动者需提前 2 个月申请离职，合法吗

案例 76[①]

尚某于 2019 年 4 月 24 日入职某公司，该公司员工手册规定"部门管理人员辞职需提前 2 个月提出"。

2020 年 10 月 25 日，尚某递交辞职申请书，载明的辞职事由为"个人原因"。尚某递交辞职申请书后，某公司未进行回复，尚某便继续正常上班至年底。

---

① 改编自裁判文书网。

2021 年 1 月 2 日，尚某收到某公司发出的离职到期通知，通知载明："您于 2020 年 10 月 25 日提交的离职已获公司批准，现批准你离职，请您在接到本通知后即日来人力行政部办理离职手续，您本人在此期间发生的任何情况均与公司无关。"

此后，尚某经劳动仲裁程序起诉，要求某公司支付违法解除劳动合同的赔偿金。

律师意见

本案例中的尚某到底属于自行辞职还是被公司解除了劳动合同？

第一，某公司离职需提前 2 个月申请的规定是否有效？

《劳动合同法》第三十七条规定："劳动者提前 30 日以书面形式通知用人单位，可以解除劳动合同。劳动者在试用期内提前 3 日通知用人单位，可以解除劳动合同。"可见，法律为了保护劳动者的自由择业权赋予了劳动者单方解除权。案例中，某公司员工手册所规定的 2 个月，明显违反了上述法律规定，该规定对尚某是没有约束力的。

第二，尚某的离职申请是否已经失效？

根据上述规定，劳动者有解除劳动合同的权利，且劳动者的解除通知一经送达，即刻生效，而且对于正式员工来说，在一个月的预告离职通知期满时，劳动合同就已经解除了。但本案中，尚某于 2020 年 10 月 25 日提出了辞职申请后并未离职，而是继续正常工作至年底，某公司也是继续按原标准发放工资。如此，可视为双方已就继续履行原劳动合同达成一致，而某公司于 2021 年 1 月 2 日又以"批准离职"为由解除劳动合同的行为，显然缺乏依据，构成违法解除，某公司应向尚某支付违法解除劳动合同的赔偿金。

最终，人民法院判决某公司向尚某支付违法解除劳动合同的赔偿金。

☆ 维权小贴士

受理机构

劳动仲裁委。

案件类型

赔偿金争议。

劳动仲裁申请书仲裁请求表述

请求被申请人支付违法解除劳动合同的赔偿金××元。

举证指引

证明劳动关系及工龄的证据，如劳动合同、录用通知、社保缴费记录、个人所得税完税证明、离职证明、工作证明、工作证、空白业务合同、授权书、工作记录、考勤记录、银行流水、微信或支付宝转账记录等。

证明是用人单位单方解除了劳动合同的证据，如用人单位发出的解除劳动合同通知书、工资停发记录、社保停缴证明等。

证明工资标准的证据，如工资条、工资发放记录等。

77. 用人单位因被注销而终止了劳动合同，劳动者应如何维权

案例 77[①]

2018 年 3 月，阮某入职 A 公司的分公司，分公司已依法取得营业执照，阮某与分公司签订了劳动合同。2020 年 12 月，阮某开始休产假。

2020 年 3 月，分公司向阮某发出通知，载明："应监管及地方政策要求，经公司领导研究决定，于 2020 年 2 月 28 日解散分公司，公司将指派专人与阮某等员工协商终止合同相关事宜。公司自 2020 年 3 月起停止为阮某缴纳五险一金。"

2020 年 4 月，分公司再次向阮某送达解除劳动合同通知书，载明："阮某与分公司于 2018 年 3 月签订的劳动合同，因分公司被解散，无法继续履行双方的劳动合同，公司自

---

① 改编自裁判文书网。

2020 年 3 月 18 日解除其与阮某的劳动合同。"

阮某不服，经劳动仲裁程序起诉，要求 A 公司支付违法解除劳动合同的赔偿金。

律师意见

本案例中存在争议的问题较多，下文将逐一进行分析。

第一，阮某该找谁承担用工责任？

《劳动人事争议仲裁办案规则》第六条规定："发生争议的用人单位未办理营业执照、被吊销营业执照、营业执照到期继续经营、被责令关闭、被撤销以及用人单位解散、歇业，不能承担相关责任的，应当将用人单位和其出资人、开办单位或者主管部门作为共同当事人。"本案中，已经取得营业执照的分公司以自己的名义与阮某签订了劳动合同，故阮某在主张相关权利时可以将分公司及 A 公司均作为被申请人，申请劳动仲裁。

另外，《民法典》第七十四条第二款规定："分支机构以自己的名义从事民事活动，产生的民事责任由法人承担；也可以先以该分支机构管理的财产承担，不足以承担的，由法人承担。"可见，法律规定了两种用工责任承担的方式，一是 A 公司直接承担，二是分公司承担后再由 A 公司承担。本案中，鉴于分公司已经解散，无法承担责任，故阮某的用工责任应由 A 公司承担。

第二，分公司解散，终止"三期"女职工的劳动合同合法吗？

《妇女权益保障法》第二十七条第一款规定："任何单位不得因结婚、怀孕、产假、哺乳等情形，降低女职工的工资，辞退女职工，单方解除劳动（聘用）合同或者服务协议。但是，女职工要求终止劳动（聘用）合同或者服务协议的除外。"

《劳动合同法》第四十二条规定："女职工在孕期、产期、哺乳期的，用人单位不得依照本法第四十条、第四十一条的规定解除劳动合同。"

《劳动合同法》第四十五条规定："劳动合同期满，有本法第四十二条规定情形之一的，劳动合同应当续延至相应的情形消失时终止……"

根据以上规定可见，女职工在"三期"期间享受解雇保护，用人单位不得利用《劳动合同法》解除劳动合同，即便劳动合同期满，用人单位也要顺延劳动合同至相应的情形消失，但这一切需要建立在用人单位还在的前提下。本案例中，阮某的用人单位分公司已经解散，根据《劳动合同法》第四十四条及第四十六条的规定，分公司可以终止劳动合同，并向劳动者支付经济补偿金。这样看来，本案的情况似乎并不在"三期"女职工解雇保护的范围内，那么分公司解除与阮某的劳动合同的行为是合法的吗？

根据上文分析可知，分公司即使不在了，总公司 A 公司仍然存续，且分公司的用工责任由总公司承担，这就是本案的特殊之处。所以，A 公司在未与阮某协商达成一致意见的情况下，解除与阮某间的劳动关系的行为，属于违法解除。

最终，人民法院判决 A 公司向阮某支付违法解除劳动合同的赔偿金。

☆ 维权小贴士

受理机构

劳动仲裁委。

案件类型

赔偿金争议。

劳动仲裁申请书仲裁请求表述

请求被申请人支付违法解除劳动合同的赔偿金 × × 元。

举证指引

证明劳动关系及工龄的证据，如劳动合同、招聘广告、录用通知、社保缴费记录、个人所得税完税证明、离职证明、工作证明、工作证、空白业务合同、授权书、工作记录、考勤记录、银行流水、微信或支付宝转账记录等。

证明是用人单位单方解除了劳动合同的证据，如用人单位发出的解除劳动合同通知书、工资停发记录、社保停缴证明等。

证明工资标准的证据，如工资条、工资发放记录等。

78. 两次劳动合同到期后，用人单位以合同到期为由终止合同，合法吗

案例 78[①]

2013 年 5 月 1 日，小诚入职某公司，当天双方就签订了第一份劳动合同，约定合同期限为从 2013 年 5 月 1 日至 2016 年 9 月 30 日。

2016 年 10 月 1 日，第一份劳动合同到期后，小诚与某公司继续签订劳动合同书，约定合同期限为 2016 年 10 月 1 日至 2020 年 3 月 31 日。

2020 年 3 月 2 日，某公司向小诚邮寄终止劳动合同通知书，告知小诚的劳动合同于 2020 年 3 月 31 日届满后，某公司将决定不再与其续签。

2020 年 3 月 5 日，小诚向某公司邮寄续签无固定期限劳动合同的申请书，申请某公司与其续签无固定期限劳动合同。

2020 年 3 月 12 日，某公司再次向小诚邮寄终止劳动合同通知书，告知小诚某公司决定将不再与其签订劳动合同，相关事项通知参照 2020 年 3 月 2 日邮寄的终止劳动合同通知书。

小诚离职后，经劳动仲裁程序起诉，要求某公司支付违法终止劳动合同的赔偿金。

律师意见

《劳动合同法》第十四条规定，劳动者在满足以下情形时，如向用人单位提出签订无固定期限劳动合同，用人单位应当签订。（1）劳动者在该用人单位连续工作满 10 年的；（2）用人单位初次实行劳动合同制度或者国有企业改制重新订立劳动合同时，劳动者在该用人单位连续工作满 10 年且距法定退休年龄不足 10 年的；（3）连续订立两次固定期限劳动合同，且劳动者没有《劳动合同法》第三十九条和第四十条第一项、第二项规定的情形，续订劳动合同的；（4）用人单位自用工之日起满一年不与劳动者订立书面劳动合

---

① 改编自裁判文书网。

同的。

本案中，小诚与某公司先后两次签订固定期限劳动合同，合同期限分别为自2013年5月1日至2016年9月30日止及自2016年10月1日至2020年3月31日止。而且，在第二份劳动合同到期前，小诚便已向某公司书面提交了续订无固定期限劳动合同的申请书，某公司也未提交证据证明小诚存在《劳动合同法》第三十九条（过失性辞退）和第四十条第一项、第二项（医疗期满、不能胜任）规定的情形，故其应与小诚订立无固定期限劳动合同。现某公司以劳动合同期满为由不再与小诚续订劳动合同的行为，属于违法终止劳动合同，某公司应支付赔偿金。

最终，人民法院判决某公司应向小诚支付赔偿金。

☆ 维权小贴士

受理机构

劳动仲裁委。

案件类型

赔偿金争议。

劳动仲裁申请书仲裁请求表述

请求被申请人支付违法终止劳动合同的赔偿金××元。

举证指引

证明已经满足订立无固定期限劳动合同条件的证据，如前期的劳动合同（两次）、本单位工龄的凭证（如工资发放记录、社保缴费记录、工作证明等）。

证明劳动者已经提出续订无固定期限劳动合同的证据，如劳动者向用人单位发出的续订无固定期限劳动合同的申请。

证明是用人单位单方终止劳动合同的证据，如用人单位向劳动者发出的终止劳动合同通知书、社保停缴记录等。

证明工资标准及发放情况，以便计算赔偿金的证据，如工资发放记录等。

79. 用人单位整体搬迁，劳动者原地打卡是旷工行为吗

案例 79[①]

吴某入职某公司从事生产工作。双方签订劳动合同，约定工作地点在某大道 159 号，某公司可以依据经营发展需要调整吴某的工作地点。

2017 年 5 月 4 日，某公司召开职工代表大会，审议修订员工手册。员工手册规定，对连续旷工 3 个工作日，或在连续 12 个月内累计旷工 5 个工作日的，给予解除劳动合同处分。吴某签收了员工手册。

2019 年 3 月，某公司因经营需要，决定由某大道 159 号整体搬迁至某大道 529 号，吴某以距离太远为由，拒绝到新地址上班。

2019 年 3 月 9 日，某公司拆除了生产线，吴某自此每天都到原地址打卡，不再提供劳动。

2019 年 3 月 11 日，某公司发布《关于厂区搬迁的通知》："自 2019 年 4 月 1 日起，厂区将从某大道 159 号整体搬迁至距离约 4.5 千米的某大道 529 号，全程骑行约 20 分钟，均在地铁沿线，有公交可乘，生产车间提供中央空调，食宿更加便利，给予每人 500 元搬迁奖励，交通补贴在每月 100 元基础上增加 50 元，要求员工必须于 2019 年 3 月 12 日 8：30 回岗正常劳动。"

吴某仍拒绝返岗。2019 年 3 月 13 日，某公司再次发布公告，重申员工的岗位、工作内容和福利待遇不变，增发 50 元交通补助，吴某仍然拒绝返岗。

2019 年 3 月 15 日，某公司向吴某发出《督促回岗通知》，告知吴某其行为已严重违反规章制度，扰乱破坏了生产秩序，要求吴某于 2019 年 3 月 18 日 8：30 到生产主管处报到，逾期未报到，将解除劳动合同。

吴某未按要求报到。2019 年 3 月 18 日，某公司在通知工会后，以严重违反规章制度为由与吴某解除了劳动合同。

---

① 改编自《最高人民法院公报》2020 年第 9 期。

吴某离职后，经劳动仲裁程序起诉，要求某公司支付违法解除劳动合同的赔偿金。

律师意见

一般来说，企业搬迁最可能造成的结果有两个：要么劳动者跟着企业一起搬，这属于协商一致变更劳动合同；要么劳动者不愿意搬，此时企业可能以劳动者旷工为由解除劳动合同，劳动者也可能以用人单位未按约定提供劳动条件为由解除劳动合同。在这些情形中，判断劳动者的诉求能否得到支持的根本问题还是要判断企业的搬迁是否造成劳动合同无法继续履行。

本书在案例 21 中提到，工作地点是劳动合同的核心条款，企业如变更工作地点，需满足正当、合理的前提条件，那何谓正当、合理？我们可以对本案例的情况进行分析。

其一，本案例中的某公司搬迁是基于经营发展需要，符合双方劳动合同的约定。

其二，某公司是整体搬迁，全体员工均随厂迁动，并非针对吴某一人。

其三，虽然搬迁导致劳动者工作地点发生变化，但从客观事实来看，某公司仅搬迁至 4.5 千米外的位置，全程骑行约 20 分钟，均在地铁沿线，有公交可乘，故明显不属于《劳动合同法》第四十条规定的"劳动合同订立时所依据的客观情况发生重大变化，致使劳动合同无法履行"的情况。

其四，虽然某公司搬迁改变了吴某的劳动条件，可能会增加吴某的工作、生活成本，但某公司在《关于厂区搬迁的通知》中明确告知吴某"生产车间提供中央空调，食宿更加便利，给予每人 500 元搬迁奖励，交通补贴在每月 100 元基础上增加 50 元"，体现了其合理性。

其五，2019 年 3 月 13 日，某公司再次发布公告，重申员工的岗位、工作内容和福利待遇不变，并增发 50 元交通补助。可见，工作地点的变更并未导致吴某的工作内容等其他劳动条件产生变化。

其六，在某公司多次公告、催告后，吴某仍在原地址打卡，在某公司将生产设备迁走后，吴某未出勤也未前往新地址上班，行为存在明显的对抗性，在用人单位管理行为合法合理的前提下，这样的对抗就没有了依据，已经构成旷工，违反了基本的劳动纪律，某公司在通知工会后作出的解除劳动合同决定并无违法之处。

最终，人民法院判决驳回吴某的诉讼请求。

80. 末位淘汰等于不胜任工作吗

案例 80[①]

于某从 2009 年 4 月 10 日入职某公司，担任资深售前顾问。2018 年 4 月 10 日起，于某和某公司签订了无固定期限劳动合同。某公司《绩效管理办法》中载明，"在实际人才管理中，绩效考核等级为 C 即为劳动合同法第四十条规定的不能胜任工作情况之一"，绩效等级分布中 C 的比例应"不低于 10%"。

于某 2018 年绩效评估表、2019 年绩效评估表显示其绩效等级为"C"。于某对《绩效管理办法》中的上述条款的真实性予以认可，确认其绩效考核结果是 C，但对该考核结论不予认可，辩称其并非不能胜任工作，某公司规定绩效考核 C 级的比例不低于 10% 属于变相的末位淘汰。

2020 年 5 月 7 日，某公司向于某发出解除劳动合同通知书，载明："因您业绩严重不达标，经培训后业绩仍不达标，现根据《劳动合同法》第四十条以及公司相关规章制度的规定，公司将依法解除与您 2018 年 4 月 10 日签署的《劳动合同》。您的劳动合同将于 2020 年 5 月 9 日解除……"

于某不服，经劳动仲裁程序起诉，要求某公司支付违法解除劳动合同的赔偿金。

律师意见

很多企业会将劳动者的薪酬分为基本工资、绩效工资、提成工资、福利奖金等项目，其中绩效工资是与绩效考核结果挂钩的，常见的考核方式有 360 考核、KPI（关键绩效指

---

① 改编自裁判文书网。

标）考核、OKR（目标与关键成果法）考核等。而且，绩效考核结果除了跟绩效工资有关，更是关系到《劳动合同法》第四十条规定的"不胜任解雇"。现实中，因为某些企业自身不合规，导致绩效考核成为了一个形式、一个摆设，甚至只是一个被作为解雇"不能胜任工作"的劳动者的途径之一。

一般来说，绩效考核的指标是用人单位根据企业的经营目标分拆制定的，所以会有不少用人单位误以为绩效考核末等的员工就属于"不能胜任"，这其实就是把企业经营中的人效评价与法律意义上的"不能胜任"混淆了。

《关于〈劳动法〉若干条文的说明》的第二十六条规定，"'不能胜任工作'，是指不能按要求完成劳动合同中约定的任务或者同工种、同岗位人员的工作量。用人单位不得故意提高定额标准，使劳动者无法完成"。可见，法律对于"不能胜任工作"有着明确的定义，即根据合同约定的工作任务、岗位职责及工作量进行客观考核。因此，劳动者在用人单位等级考核中居于末位等次，不等同于"不能胜任工作"。本案例中，某公司就绩效考核 C 等级设定了不低于 10% 的比例，即便某公司的全体员工均十分优秀，也总有不低于 10% 的员工的绩效会被评定为最差的 C 等级，故此种末位淘汰制不符合单方解除劳动合同的法定条件，用人单位不能据此单方解除劳动合同。

最终，人民法院判决某公司依法向于某支付违法解除劳动合同的赔偿金。

☆ 维权小贴士

受理机构
劳动仲裁委。

案件类型
赔偿金争议。

劳动仲裁申请书仲裁请求表述
请求被申请人支付违法解除劳动合同的赔偿金 × × 元。

举证指引

证明劳动关系及工龄的证据，如劳动合同、录用通知、社保缴费记录、个人所得税完税证明、离职证明、工作证明、工作证、空白业务合同、授权书、工作记录、考勤记录、银行流水、微信或支付宝转账记录等。

证明是用人单位单方解除了劳动合同的证据，如用人单位发出的解除劳动合同通知、工资停发记录、社保停缴证明等。

证明工资标准的证据，如工资条、工资发放记录等。

证明劳动者的工作情况符合岗位职责要求的证据，如岗位职责、绩效考核制度、考核表、工作记录、业绩凭证等。

81. 用人单位规定"业绩不达标者予以辞退"，合法吗

案例 81[①]

2020 年 2 月，胡某入职某科技公司担任高级客户经理。

2020 年 7 月，因胡某的销售业绩一直未能达标，某科技公司与其进行了绩效谈话，并要求胡某在考核承诺书上签字，胡某承诺将在 3 个月的考核期内达到某科技公司规定的业绩要求，否则同意与某科技公司解除劳动合同，某科技公司无须支付补偿。

至 2020 年 9 月底，胡某还是未能完成业绩指标，某科技公司便根据胡某的承诺书向其发出了解除劳动合同通知书。

胡某离职后，经劳动仲裁程序起诉，要求某科技公司支付违法解除劳动合同的赔偿金。

---

① 改编自北京市人社局发布十大劳动争议典型案例之《用人单位与劳动者不能约定解除条件》。

律师意见

本案的争议焦点在于用人单位能否与劳动者自行约定解除劳动合同的条件。

《劳动合同法》规定的用人单位解除劳动合同的情形有第三十六条规定的协商解除、第三十九条规定的过错解除、第四十条规定的无过错解除、第四十一条规定的经济性裁员几类。具体到本案，某科技公司解除劳动合同的真实原因是胡某不能完成销售业绩指标，根据《劳动合同法》第四十条第二项的规定，劳动者不能胜任工作，经过培训或者调整工作岗位，仍不能胜任工作的，用人单位提前30日以书面形式通知劳动者本人或者额外支付劳动者一个月工资后，可以解除劳动合同。所以，胡某的情形应属于"不能胜任工作"的范畴，某科技公司应经过培训或调岗，且劳动者经再次考核不胜任的情况下，方可解除劳动合同，并应支付经济补偿金。本案例中，某科技公司在胡某业绩不达标时径直解除了劳动合同且未支付解除劳动合同经济补偿金的做法很明显不符合法律规定。

最终，人民法院判决某科技公司向胡某支付违法解除劳动合同的赔偿金。

☆ 维权小贴士

受理机构

劳动仲裁委。

案件类型

赔偿金争议。

劳动仲裁申请书仲裁请求表述

请求被申请人支付违法解除劳动合同的赔偿金××元。

举证指引

证明劳动关系及工龄的证据，如劳动合同、录用通知、社保缴费记录、个人所得税完税证明、离职证明、工作证明、工作证、空白业务合同、授权书、工作记录、考勤记录、银行流水、微信或支付宝转账记录等。

证明是用人单位单方解除了劳动合同的证据，如用人单位发出的解除劳动合同通知书、工资停发记录、社保停缴证明等。

证明工资标准的证据，如工资条、工资发放记录等。

82. 劳动者发抖音称用人单位"关门咯"，被用人单位辞退，合法吗

案例 82①

2020 年 5 月 7 日，小刘在抖音上发布了一段标题为"就这几个机器生产，养得活公司一堆经理吧"的视频，视频中他一边拍着公司的机器设备生产情况，一边喊"关门咯"。

2020 年 5 月 14 日，公司向小刘发出解除劳动合同通知，通知载明："小刘……现因您在抖音上发布了一段视频，该视频及评论区内容属于造谣。该行为严重违反《员工劳动规范》第 3.14 条——造谣生事，散播公司谣言者。此行为属于给予立即开除处罚的情况……"

小刘不服，经劳动仲裁程序起诉，要求公司支付违法解除劳动合同的赔偿金。

律师意见

"职场言论自由的边界"是近年来较热点的话题，而某些劳动者表达诉求的行为确实比较过激，特别是在目前这个自媒体时代，这种矛盾就变得更加明显。

一方面，《宪法》赋予公民言论自由权，但也规定了这种"自由权"不得损害国家的、社会的、集体的利益和其他公民的合法自由和权利；另一方面，《劳动法》《劳动合同法》赋予了劳动者向用人单位提出建议等表达的权利，也规定了劳动者应遵守劳动纪律和职业道德。所以，劳动者的"言论自由"仍不能超过法律允许的边界。

司法实践中，审裁机构对于此类案件，主要是对劳动者的"不当言论"进行是否存在

---

① 改编自裁判文书网。

"主观恶意"的判断，也就是审查劳动者发布"不利言论"的真实性、动机、造成的后果、情节的严重程度。如果劳动者发布信息不实，且对用人单位的名誉造成了影响，则毫无疑问是违反了劳动者的"忠实义务"，审裁机构将持以负面评价；而如果信息属实，在用人单位主动沟通后，劳动者仍采取不当的过激行为表达诉求，损害用人单位利益的，我们倾向于认为劳动者具有一定的主观恶意。

再从举证责任层面分析，最高人民法院《关于审理劳动争议案件适用法律问题的解释（一）》的第四十四条规定，在"单位解除"类劳动争议案件中，用人单位需要"自证清白"，即用人单位需对解除劳动合同的合法性、合理性举证，但这并不意味着劳动者无须举证。

我们认为，本案中公司解除劳动合同的事由是劳动者的不实言论损害了公司利益，那么言论是否"不实"、是否"损害公司利益"是本案的关键问题。对此，发出言论的劳动者亦应承担言论属实的举证责任，否则应承担不利后果。本案中，小刘在抖音发布涉案视频同时声称"关门咯"，评论回复"倒计时""全厂的人都在等着呢"。小刘并未举证证明其发布和评论的内容属实，因此应承担举证不能的法律后果。而且抖音平台系对外公开的互联网平台，小刘在该平台上发布不实内容并作不实言论，符合公司《员工劳动规范》所规定的造谣生事、散播公司谣言的情况。公司依照规章制度解除与小刘的劳动合同的行为并不违法，公司无须支付赔偿金。

$83.$ 劳动者在朋友圈"吐槽"用人单位被辞退，合法吗

案例 83[①]

张某、彭某都是某公司员工，一天，张某发朋友圈称"羡慕人家工资按时发放"，同事彭某便评论"我也羡慕"。

---

① 改编自《北京青年报》。

随后，某公司发出通报，载明："两名工作人员私自乱发朋友圈，对某公司造成极其恶劣的影响，工资结清，予以开除。"

此后，劳动监察部门介入，责令某公司结清劳动者工资并支付赔偿。

律师意见

微信，作为中国网络社交甚至是整个互联网行业覆盖面最大的产品，月活跃户达十多亿，特别是在自媒体时代，微信朋友圈的作用早就不限于小范围的熟人社交，它有着传递每个人的生活、工作、资讯、知识等各个方面的信息的作用，具有公共空间的属性，并不亚于其他自媒体对于社会舆论的影响。所以，我们在朋友圈发表言论、转发文章时仍不能逾越法律许可的边界，不能对他人的合法权利造成损害。

那么劳动者在朋友圈"吐槽"用人单位，用人单位解除劳动合同是否合法呢？

首先，最高人民法院《关于审理劳动争议案件适用法律问题的解释（一）》第四十四条规定："因用人单位作出的开除、除名、辞退、解除劳动合同、减少劳动报酬、计算劳动者工作年限等决定而发生的劳动争议，用人单位负举证责任。"用人单位应举证证明劳动者存在严重违纪的事实及依据，否则将承担举证不利的后果。

所谓依据，即有经民主程序制定的禁止性制度规定，如公司规章制度规定："员工在自媒体发表不当言论对公司声誉和形象产生不利影响的，构成严重违纪，公司可以据此解除劳动合同。"所谓事实，即公司需证明劳动者存在违反禁止性规定的行为。本案中，张某发朋友圈称"羡慕人家工资按时发放"，有指明自己的公司没有按时发放工资之嫌，如果此事属实，且张某没有发表诋毁、诅咒、谩骂等言论给其所在公司造成负面影响，那么该朋友圈不应被认定为"不当言论"，此时公司解除劳动合同则有可能构成违法。

此外，我们发现，近年来，员工因发表"不当言论"被辞退的案例有所增加，其中多数劳动者因为发表了过激言论被界定为超出了言论自由权的边界，最终被认定为严重违纪，甚至在某些案件中，因为劳动者的言论，用人单位的名誉权受到损害，劳动者最终需承担侵权责任。所以，我们需提醒劳动者，遇到用人单位违反法律侵犯自身权利时，应理性维权，且目前维权的途径也有很多，比如协商、投诉、劳动仲裁、工会法律监督、劳动争议调解等，劳动者应尽量避免因维权不当而成为失理一方。

84. 用人单位提前 30 天通知了，就可以裁员吗

案例 84[①]

胡某原是某公司的销售人员，胡某在 2016 年入职该公司，和该公司第一次签订的 3 年劳动合同期期满后，又续签了 3 年的固定期限劳动合同（合同至 2022 年 9 月 12 日终止）。

2020 年 3 月，胡某因新冠肺炎疫情居家隔离，其间他收到了某公司的部门裁撤公告及解约通知书，同年 5 月 15 日，该公司关停了胡某工作相关账户并邮寄了劳动合同解约证明书。

胡某表示，某公司解约时他还在家隔离，某公司既没向工会说明情况也没有合理的解释，只是称"公司经营状态不佳"。

某公司辩称，自己是按要求提前 30 天通知了胡某，与胡某解除劳动关系是基于经济性裁员的合法解除。

之后，胡某不服，向劳动仲裁委申请仲裁，要求某公司支付违法解除劳动关系的赔偿金。

律师意见

现实中，还有不少用人单位认为只要提前 30 天通知了劳动者，就可以"合法裁员"，这实际上是错误的认识。

第一，不是什么情况下用人单位都有权进行"经济性裁员"。

《劳动合同法》第四十一条规定，经济性裁员只能发生在以下四种情形下：用人单位依照《企业破产法》规定进行重整的；企业生产经营发生严重困难的；企业转产、重大技术革新或者经营方式调整，经变更劳动合同后，仍需裁减人员的；其他因劳动合同订立时所依据的客观经济情况发生重大变化，致使劳动合同无法履行的。至于这几种情况是否真

---

① 改编自CCTV今日说法微信公众号中的《公司没给理由就解雇我，还说这是经济性裁员的合法解除劳动合同》一文。

实存在，用人单位需要举证证明，劳动者仅需证明用人单位有进行"裁员"的行为。

第二，不是什么人都能被"经济性裁员"。

这也就是我们前面提到的"解雇保护"，具体有以下人群不得被用人单位进行"经济性裁员"：

首先，《劳动合同法》第四十二条规定，劳动者有下列情形之一的，用人单位不得依照本法第四十条、第四十一条的规定解除劳动合同。（1）从事接触职业病危害作业的劳动者未进行离岗前职业健康检查，或者疑似职业病病人在诊断或者医学观察期间的；（2）在本单位患职业病或者因工负伤并被确认丧失或者部分丧失劳动能力的；（3）患病或者非因工负伤，在规定的医疗期内的；（4）女职工在孕期、产期、哺乳期的；（5）在本单位连续工作满 15 年，且距法定退休年龄不足 5 年的；（6）法律、行政法规规定的其他情形。

其次，《劳动合同法》第四十一条第二款规定，裁减人员时，应当优先留用下列人员。（1）与本单位订立较长期限的固定期限劳动合同的；（2）与本单位订立无固定期限劳动合同的；（3）家中无其他就业人员，有需要扶养的老人或者未成年人的。

再次，《劳动合同法》第二十一条规定，在试用期中，除劳动者有本法第三十九条和第四十条第一项、第二项规定的情形外，用人单位不得解除劳动合同。

最后，人力资源社会保障部办公厅《关于妥善处理新型冠状病毒感染的肺炎疫情防控期间劳动关系问题的通知》规定，对新型冠状病毒感染的肺炎患者、疑似病人、密切接触者在其隔离治疗期间或医学观察期间以及因政府实施隔离措施或采取其他紧急措施导致不能提供正常劳动的企业职工，企业应当支付职工在此期间的工作报酬，并不得依据《劳动合同法》第四十条、第四十一条与职工解除劳动合同。

第三，经济性裁员有着严格的程序要求。

《劳动合同法》第四十一条规定："有下列情形之一，需要裁减人员 20 人以上或者裁减不足 20 人但占企业职工总数 10% 以上的，用人单位提前 30 日向工会或者全体职工说明情况，听取工会或者职工的意见后，裁减人员方案经向劳动行政部门报告，可以裁减人员……"除此之外，各地也对经济性裁员的程序进行了更加细致的规定，如北京市的《企业经济性裁减人员规定》等。这些规定大多对裁员提出了更严格的程序性要求，如果企业在裁员过程中没有遵守裁员对象、裁员人数、民主程序、报备流程、裁员时间等规定，将构成违法解除劳动关系的后果。

本案例中，某公司在胡某居家隔离期间以"公司经营状态不佳"为由进行"经济性裁员"，该解除行为在裁员的情形、裁员的对象、裁员的程序要求方面均不合规。从裁员的情形上看，某公司并未举证证明"企业生产经营发生严重困难"；从裁员的对象来看，胡某是因政府实施隔离措施或采取其他紧急措施导致不能提供正常劳动的企业职工；从裁员的程序上看，某公司既没有履行民主程序，也没有向劳动行政部门报告。综上，某公司的行为属于违法解除劳动合同的情况。

最终，人民法院判决某公司支付违法解除劳动合同的赔偿金。

☆ 维权小贴士

受理机构

劳动仲裁委。

案件类型

赔偿金争议。

劳动仲裁申请书仲裁请求表述

请求被申请人支付违法解除劳动合同的赔偿金××元。

举证指引

证明劳动关系及工龄的证据，如劳动合同、录用通知、社保缴费记录、个人所得税完税证明、离职证明、工作证明、工作证、空白业务合同、授权书、工作记录、考勤记录、银行流水、微信或支付宝转账记录等。

证明是用人单位单方解除了劳动合同的证据，如用人单位发出的解除劳动合同通知书、工资停发记录、社保停缴证明等。

证明工资标准的证据，如工资条、工资发放记录等。

85. 劳动者未见过员工手册，用人单位依据员工手册辞退劳动者，合法吗

案例 85[①]

2012 年 10 月，刘某入职某公司。双方签订的劳动合同约定："员工严重违反公司的劳动纪律、安全规定或者公司的规章制度的，公司可以立即解除本合同而无须给予任何补偿。"

2018 年 12 月，某公司以刘某无故不参加培训为由，向刘某发出严重警告处分通知。

2019 年 1 月，某公司以刘某私自对客户报低价为由，向刘某发出严重警告处分通知。

2019 年 2 月，某公司以刘某私自安排外协转换公司产品为由，向刘某发出严重警告处分通知，并根据员工手册"一年内累计收到 3 张书面警告处分，视为严重违反劳动纪律"的规定，决定当日起解除与刘某的劳动合同。

刘某认为自己从未见过员工手册，也不知道有这样的规定，便经劳动仲裁程序起诉，要求某公司向自己支付违法解除劳动合同的赔偿金。

律师意见

本案中，双方对于某公司单方解除劳动合同的事实没有异议，争议焦点在于该行为是否合法。又因某公司是依据员工手册的相关规定解除与刘某的劳动关系，故核心问题应该是先确认员工手册是否可作为某公司解除劳动合同的制度依据。

最高人民法院《关于审理劳动争议案件适用法律问题的解释（一）》的第五十条第一款规定："用人单位根据劳动合同法第四条规定，通过民主程序制定的规章制度，不违反国家法律、行政法规及政策规定，并已向劳动者公示的，可以作为确定双方权利义务的依据。"可见，法律对于用人单位规章制度的生效有着严格的程序性要求，如在制定制度时用人单位应履行民主程序，在制定后也应履行公示告知的程序。本案例中，某公司虽然提

---

① 改编自裁判文书网。

供了员工手册，也按照该员工手册的规定对刘某作出了相关惩处，但员工手册并未经民主程序制定，公司也未能提供证据证明该员工手册已发送给刘某，刘某已知晓相关规定。因此，该员工手册无法成为某公司解除劳动合同的制度依据。

最终，人民法院判决某公司向刘某支付违法解除劳动合同的赔偿金。

☆ 维权小贴士

受理机构

劳动仲裁委。

案件类型

赔偿金争议。

劳动仲裁申请书仲裁请求表述

请求被申请人支付违法解除劳动合同的赔偿金××元。

举证指引

证明劳动关系及工龄的证据，如劳动合同、录用通知、社保缴费记录、个人所得税完税证明、离职证明、工作证明、工作证、空白业务合同、授权书、工作记录、考勤记录、银行流水、微信或支付宝转账记录等。

证明是用人单位单方解除劳动合同的证据，如用人单位发出的解除劳动合同通知书、工资停发记录、社保停缴证明等。

证明工资标准的证据，如工资条、工资发放记录等。

86. 用人单位拒绝开具离职证明，劳动者如何维权

案例 86[①]

杨某于 2013 年 3 月入职某公司，月薪为 10 000 元，劳动合同期限至 2021 年 2 月 28 日止。

2019 年 2 月，杨某向某公司提交离职申请审批表，称因个人原因申请离职。离职后，杨某经多轮面试被新公司成功录取，月薪为 20 000 元，但由于新公司办理入职需要提交前单位的离职证明，杨某只好申请延期入职。

2019 年 6 月 5 日，新公司向杨某发出《关于待入职员工杨某延期入职申请的反馈》，载明："新公司已收到杨某延迟入职申请，根据公司项目进程安排，杨某入职的职位可保留至 2019 年 7 月 31 日，届时，若杨某还无法办理入职手续并与新公司签订劳动合同，新公司将取消录用，请杨某尽快落实入职条件。"

由于某公司以工作交接未完成为由一直拒绝给杨某开具离职证明，杨某最终未赶在规定的时间内到新公司办理入职手续，新公司取消了对杨某的录用。

于是，杨某经劳动仲裁程序起诉，要求某公司出具解除劳动合同证明书，并配合办理人事档案及社会保险签转等相关手续；赔偿其因未向杨某出具解除或者终止劳动合同的书面证明而造成的经济损失。

律师意见

解除或者终止劳动合同的证明，也就是我们常说的"离职证明"，这个证明在实践中经常被用在劳动者找新工作、申办失业保险金等场景中，而现实中也确有某些用人单位利用此点来"卡离职"。

《劳动合同法》第五十条第一、二款规定："用人单位应当在解除或者终止劳动合同时出具解除或者终止劳动合同的证明，并在 15 日内为劳动者办理档案和社会保险关系转移

---

① 改编自裁判文书网。

手续。劳动者应当按照双方约定，办理工作交接。用人单位依照本法有关规定应当向劳动者支付经济补偿的，在办结工作交接时支付。"因此，用人单位的义务是出具解除或者终止劳动合同的证明，劳动者的义务是办理工作交接，但该法并未将后者规定为前者的前提条件。

《劳动合同法》第八十九条规定："用人单位违反本法规定未向劳动者出具解除或者终止劳动合同的书面证明，由劳动行政部门责令改正；给劳动者造成损害的，应当承担赔偿责任。"因此，本案例中，某公司以杨某未进行离职交接为由拒绝出具离职证明的行为，导致杨某未能入职新单位，造成杨某未能就业，某公司应赔偿相关工资损失。

最终，人民法院判决某公司赔偿杨某的工资损失。

☆ 维权小贴士

受理机构

劳动仲裁委。

案件类型

赔偿损失争议。

劳动仲裁申请书仲裁请求表述

请求被申请人向申请人出具解除劳动合同的证明，并为申请人办理档案和社会保险关系转移手续。

请求被申请人赔偿因未出具解除劳动合同证明造成的损失 ×× 元。

举证指引

证明劳动关系的证据，如劳动合同、录用通知、社保缴费记录、个人所得税完税证明、离职证明、工作证明、工作证、空白业务合同、授权书、工作记录、考勤记录、银行流水、微信或支付宝转账记录等。

证明双方劳动关系已经解除的证据，如解除通知书、解除协议等。

要求原单位办理离职手续而遭拒绝的证据，如聊天记录、录音、录像等。

劳动者因相关情况遭受损失（如错过失业保险待遇、未能就业的工资损失以及错过享受政府给予下岗失业人员再就业或自主创业的优惠政策等）的证据，如新单位的录用通知书、解除录用通知书。

87. 用人单位规章制度不具备合理性，劳动者被辞退，如何维权

案例 87[①]

2016 年 5 月，张某入职某公交公司，担任公交车驾驶员。

该公交公司的《公司奖惩条例》规定："对违反交通法规，行车责任事故造成企业经济损失 30 万元以上的，或者造成死亡事故主要责任（含主要责任）以上的，公司将解除劳动关系并视情况追究劳动者的经济责任。"

2021 年 3 月 5 日，张某在工作中驾驶公交车辆与电动车发生交通事故，后交通部门作出《道路交通事故认定书》，该认定书载明：2021 年 3 月 5 日，电动车驾驶员驾驶电动自行车与张某驾驶的在站台处上下客的车辆相撞，致两车受损，电动车驾驶员受伤。电动车驾驶员未按规定通行、观察疏忽、操作不当撞到前方停止车辆是造成事故的主要原因，其应承担事故主要责任，张某在驾驶车辆时未按规定停车，其行为违反了《道路交通安全条例》的规定，其违法行为是造成事故的次要原因，应承担事故次要责任。

2021 年 3 月 21 日，某公交公司与电动车驾驶员达成调解，由该公司赔偿各项损失共计 48 万元。

2022 年 5 月 25 日，某公交公司向工会发出解除员工劳动合同通知书，将拟解除张某劳动合同的事由告知工会。通知载明，因张某引发的交通事故给企业造成的经济损失约为 48 万元。鉴于张某的行为给企业造成严重经济损失和影响，根据《劳动合同法》第三十九条第二款和《公司奖惩条例》的规定，公司将与张某解除劳动合同。

---

① 改编自裁判文书网。

张某不服，经劳动仲裁程序起诉，要求某公交公司支付违法解除劳动合同的赔偿金。

律师意见

最高人民法院《关于审理劳动争议案件适用法律问题的解释（一）》的第五十条第一款规定："用人单位根据劳动合同法第四条规定，通过民主程序制定的规章制度，不违反国家法律、行政法规及政策规定，并已向劳动者公示的，可以作为确定双方权利义务的依据。"可见，用人单位的规章制度要具备法律效力，需要满足程序合法与实体合法这两个要素，但在司法实践中，审裁机构对于规章制度的适用提出了更高的要求，即应具备合理性。至于什么是"合理"，笔者查询新华字典显示："合理，合乎道理或事理"。就本案的情况而言，某公交公司的《公司奖惩条例》已经过民主协商程序，且已告知劳动者，符合程序合法的要求，但其内容是否合理呢？

《公司奖惩条例》规定，违反交通法规，行车责任事故造成企业经济损失 30 万元以上的，公司将解除劳动关系。我们注意到，这条规定参考了《劳动合同法》中的第三十九条规定，即"严重失职，营私舞弊，给用人单位造成重大损害"的标准。我们从一般人的理解出发，"严重失职"肯定要比"失职"的程度更深，这就意味着用人单位必须对"失职"的程度进行区分。本案中，《道路交通事故认定书》记载，张某在事故中承担次要责任，因此，张某的"失职"是达不到法律规定的严重程度的，某公交公司的行为是缺乏合理性的。

最终，人民法院判决某公交公司为违法解除劳动合同，其应向张某支付经济赔偿金。

☆ 维权小贴士

受理机构

劳动仲裁委。

案件类型

赔偿金争议。

劳动仲裁申请书仲裁请求表述

请求被申请人支付违法解除劳动合同的赔偿金 ×× 元。

举证指引

证明劳动关系及工龄的证据，如劳动合同、录用通知、社保缴费记录、个人所得税完税证明、离职证明、工作证明、工作证、空白业务合同、授权书、工作记录、考勤记录、银行流水、微信或支付宝转账记录等。

证明是用人单位单方解除了劳动合同的证据，如用人单位发出的解除劳动合同通知书、工资停发记录、社保停缴证明等。

证明工资标准的证据，如工资条、工资发放记录等。

88. 用人单位"口头辞退"劳动者，劳动者应如何应对

案例 88[①]

2015 年 3 月，吴某入职某公司，职务为市场部经理。

吴某实际在某公司工作至 2020 年 1 月 13 日，并主张某公司以经营不善为由"口头辞退"了他。某公司则主张是吴某主动提出的离职。

之后，吴某经劳动仲裁程序起诉，要求某公司支付违法解除劳动合同的赔偿金。

律师意见

现实中，用人单位对劳动者进行"口头辞退""劝退"的情形比较普遍。在这样的情况下，如果劳动者没有收集到用人单位"口头辞退"的证据材料，而用人单位又否认劳动关系已经解除或主张是劳动者自行离职的，劳动者可能会在劳动争议中败诉。下文将重点

---

① 改编自裁判文书网。

讨论两种情况。

情况一，劳动者主张用人单位"口头辞退"，用人单位否认劳动关系已经解除。

最高人民法院《关于适用〈中华人民共和国民事诉讼法〉的解释》的第九十一条规定，"……主张法律关系变更、消灭或者权利受到妨害的当事人，应当对该法律关系变更、消灭或者权利受到妨害的基本事实承担举证证明责任"。《劳动争议调解仲裁法》第六条规定："发生劳动争议，当事人对自己提出的主张，有责任提供证据……"也就是说，用人单位与劳动者之间原本是存在劳动关系的，而现在劳动者主张这段关系已经消灭，而用人单位予以否认，此时就应由劳动者举证证明用人单位曾明确作出与其解除劳动关系的意思表示，特别是在用人单位此后又要求劳动者返岗工作的情况下，如劳动者未能证明此前的解除情况，其不到岗的行为则可能被认定为旷工。

情况二，劳动者主张用人单位"口头辞退"，用人单位认为是劳动者自行离职。

最高人民法院《关于审理劳动争议案件适用法律问题的解释（一）》的第四十四条规定："因用人单位作出的开除、除名、辞退、解除劳动合同、减少劳动报酬、计算劳动者工作年限等决定而发生的劳动争议，用人单位负举证责任。"此条规定是为了要求用人单位对其作出的解除行为的合法性进行举证，但并不能反推出解除事实的举证责任在于用人单位。根据前述分析，在双方均认可劳动关系已解除的情况下，对于解除的提出方以及解除事由，用人单位和劳动者都有着各自的举证责任。如双方均无法举证证明，在司法实践中，人民法院一般会综合全案情况，基于公平原则和解决双方矛盾的目的，视为解除劳动关系系用人单位提出且双方已协商一致，用人单位应按《劳动合同法》第四十六条的规定，支付解除劳动关系的经济补偿金。本案中，吴某主张是某公司以经营不善为由提出的解除劳动合同，某公司主张是吴某自行离职，但双方均未举证证明，故最终人民法院认定双方已协商一致解除了劳动合同，某公司应向吴某支付经济补偿金。

我们建议劳动者被用人单位"口头辞退"后，在未取得相应证据前，尽可能不要自行离开或签署离职材料，劳动者可要求用人单位出具书面解除劳动关系的通知书，之后再办理离职手续，或采取录音、录像、聊天记录、第三方调解记录等确定用人单位解除劳动关系的事实。

维权小贴士

受理机构

劳动仲裁委。

案件类型

赔偿金争议。

劳动仲裁申请书仲裁请求表述

请求被申请人支付违法解除劳动合同的赔偿金 × × 元。

举证指引

证明劳动关系及工龄的证据，如劳动合同、录用通知、社保缴费记录、个人所得税完税证明、离职证明、工作证明、工作证、空白业务合同、授权书、工作记录、考勤记录、银行流水、微信或支付宝转账记录等。

证明是用人单位单方解除劳动合同的证据，如用人单位发出的解除劳动合同通知书、工资停发记录、社保停缴证明、录音、录像、聊天记录等。

证明工资标准的证据，如工资条、工资发放记录等。

89. "三期"女职工被违法解除劳动关系后，可否同时要求赔偿金及产假工资

案例 89[①]

2020 年 6 月 29 日，李某入职 A 公司并从事人事行政工作。

2020 年 9 月，李某向 A 公司领导称自己已经怀孕近 4 个月，A 公司认为李某怀孕后

---

① 改编自裁判文书网。

不适合在人事行政岗位上工作，提出帮李某调整岗位，李某不同意调岗，双方发生多次争吵。

2020 年 12 月 8 日，A 公司向李某出具《关于解除劳动合同的通知》，解除与李某的劳动合同，解除理由为：李某多次受到警告处分，且拒绝履行调岗的决定。

李某不服，经劳动仲裁程序起诉，要求 A 公司向其支付违法解除劳动合同的赔偿金、产假工资、医疗报销费用等。

律师意见

本案例要说明的是，可否同时主张违法解除劳动合同的赔偿金及产假待遇。

《劳动合同法》第四十八条规定："用人单位违反本法规定解除或者终止劳动合同，劳动者要求继续履行劳动合同的，用人单位应当继续履行；劳动者不要求继续履行劳动合同或者劳动合同已经不能继续履行的，用人单位应当依照本法第八十七条规定支付赔偿金。"由此可知，继续履行与赔偿金是择其一而适用的。

据以上分析，结合司法判例，笔者认为，在用人单位解除与"三期"内女职工劳动合同的争议案件中，一般有以下三种结果。

第一，如果劳动者要求继续履行劳动合同，则支持解除劳动合同期间的工资待遇以及生育保险待遇。

第二，如果劳动者要求用人单位支付违法解除劳动合同的赔偿金，则双方劳动合同已经解除，此时用人单位也不再负有为劳动者缴纳生育保险费的义务，故不支持解除劳动合同后的工资及生育保险待遇。

第三，如果劳动者要求用人单位支付违法解除劳动合同的赔偿金，但用人单位存在未为劳动者缴纳生育保险的情形的，则可支持解除劳动合同后的生育保险待遇损失。

综上分析，该类案件的结果与劳动者的诉求直接相关，故劳动者应根据自身的情况选择合适的维权策略。

最终，该案中人民法院认为 A 公司解除劳动合同的依据不足，其应支付违法解除劳动合同的赔偿金，但由于双方的劳动关系已于 2020 年 12 月 8 日解除，则李某再次要求 A 公司支付生育津贴、生育医疗费以及哺乳期工资的依据不足，法院不予支持。

90. 用人单位制度规定"禁止办公室恋情"，合法吗

案例 90 [①]

2019 年 11 月，蒋某入职某公司。某公司制定了《十大铁律》，违者辞退，其具体内容为：（1）公司同部门不准谈恋爱；（2）不准公然顶撞上司；（3）不准泄露公司机密；（4）不准沉迷游戏、不准传播负面消息；（5）不准拉帮结派、不准私自建群，若建群必须把高层管理者拉入群；（6）不准弄虚作假；（7）不准乱搞男女关系；（8）不准黄、赌、毒、酗酒、酒驾等涉及违反法律法规事件；（9）不准欺骗客户，不准向客户借钱，公司内部不准借贷，不准网贷；（10）不准贪污腐败、不准挪用公款、不准私自收款、不准利益输送。

2020 年 1 月，某公司制定并公布了年度奖励计划，载明有铁军之王（名额 2 名）奖："（1）铁军之王第一名，奖励购车基金人民币 30 万元；（2）铁军之王第二名，奖励购车基金人民币 15 万元。"

2020 年 4 月 1 日，蒋某因自己的销售业绩达到某公司规定的"铁军之王"的标准，被某公司授予"铁军之王"的称号。

随后，某公司发现蒋某违反了同部门间员工不准谈恋爱的规定，遂辞退了蒋某，并拒绝向蒋某发放奖金。

蒋某不服，经劳动仲裁程序起诉，要求某公司支付赔偿金、奖金等。

律师意见

《劳动合同法》第四条第一款规定："用人单位应当依法建立和完善劳动规章制度，保障劳动者享有劳动权利、履行劳动义务。"可见，用人单位有权制定劳动规章制度，劳动者也应依据制度履行劳动义务。但现实中，有很多企业忽略了规章制度要具备法律效力，还需要满足程序合法与实体合法这两个要素，比如本案例中的某公司，就将这个合法性狭隘地理解为不违反《劳动法》《劳动合同法》等劳动法律。最高人民法院《关于审理劳动

---

① 改编自裁判文书网。

争议案件适用法律问题的解释（一）》第五十条第一款规定："用人单位根据劳动合同法第四条规定，通过民主程序制定的规章制度，不违反国家法律、行政法规及政策规定，并已向劳动者公示的，可以作为确定双方权利义务的依据。"可见，这个合法性的要求范围是包含了所有法律、行政法规及政策，那么某公司制定的同部门间不准谈恋爱的规定是否违法呢？

《民法典》第一千零四十六条规定，"结婚应当男女双方完全自愿，禁止任何一方对另一方加以强迫，禁止任何组织或者个人加以干涉"。可见，在我国恋爱、婚育自由是公民最基本的人身权利，只要不违反《民法典》及相关政策的规定，任何组织、任何个人均不得干涉，故用人单位也无权设置规章制度来限制员工的恋爱自由。本案例中的某公司以蒋某与同部门同事谈恋爱违反公司铁律为由，与蒋某解除劳动合同并拒付奖金的行为显然缺乏依据。

最终，人民法院判决某公司向蒋某支付违法解除劳动合同的赔偿金、奖金。

☆ 维权小贴士

受理机构
劳动仲裁委。

案件类型
赔偿金争议、劳动报酬争议。

劳动仲裁申请书仲裁请求表述
请求被申请人支付违法解除劳动合同的赔偿金××元，请求被申请人支付××年度的奖金××元。

举证指引
证明劳动关系及工龄的证据，如劳动合同、录用通知、社保缴费记录、个人所得税完税证明、离职证明、工作证明、工作证、空白业务合同、授权书、工作记录、考勤记录、银行流水、微信或支付宝转账记录等。

证明是用人单位单方解除劳动合同的证据，如用人单位发出的解除劳动合同通知、工资停发记录、社保停缴证明、录音、录像、聊天记录等。

证明工资标准的证据，如工资条、工资发放记录等。

91. 怀孕期间被降薪、辞退，女职工应如何维权

案例 91[①]

2019 年 2 月，朱女士应聘成为某公司的人力资源部经理。随后，双方签订劳动合同约定："劳动合同期限为自 2019 年 3 月 12 日起的 1 年整，朱女士的试用期为 2 个月，工作内容为人力资源工作，基本工资为 1.4 万元 / 月。"

朱女士入职后不久便怀孕了，中间她因孕期检查等多次向公司请假。2020 年 1 月，朱女士住院治疗，5 日后出院，医生建议其休息一周并开具了医疗证明书。出院当日，朱女士便通过钉钉发起了一周的病假申请并上传了医疗证明书，但未获批准，此时朱女士已经孕 35 周了。

令朱女士意想不到的是：几日后，某公司便将其岗位调整为行政助理，月薪也由 1.4 万元降低到 4000 元。更令朱女士气愤的是：5 天后，某公司又以朱女士"在没有与管理层进行有效沟通的情况下未到岗上班，形成旷工事实，工作上严重失职，徇私舞弊，为用人单位造成重大损害"为由，决定与朱女士解除劳动关系。

朱女士不服，经劳动仲裁程序起诉，要求某公司继续履行劳动合同并向其支付产假期间的工资、被停发的工资等损失。

---

① 改编自桐庐法院微信公众号中的《怀孕期间被调岗降薪、解除劳动关系？"她"权益不容侵犯！桐庐法院这样判》一文。

律师意见

对于"三期"的女职工，法律给予了特殊保护。《女职工劳动保护特别规定》的第五条规定："用人单位不得因女职工怀孕、生育、哺乳而降低其工资、予以辞退、与其解除劳动或者聘用合同。"本案中，某公司在朱女士怀孕期间存在单方调岗降薪、不批病假且按旷工解除劳动关系等一系列行为，这实际上是目前"三胎"政策陆续放开的大环境下极为普遍的案例，这些个案表面上体现的是劳动者的权利受到了损害，但被放在大环境中看，它会让人们对"三胎"政策望而却步。

本案例中，某公司解除朱女士劳动关系的理由为其旷工以及严重失职，徇私舞弊，为用人单位造成重大损害。

第一是关于旷工的问题。朱女士已经通过钉钉申请了病假并提交了医院出具的医疗证明书，结合其病情、住院及孕35周的情况，我们可以认定朱女士并非无正当理由不到岗的情况，不能被认定为旷工。

第二是关于严重失职，徇私舞弊，给用人单位造成重大损害的问题。《劳动合同法》的第四十二条规定，女职工在孕期、产期、哺乳期的，用人单位不得依照该法第四十条（无过失性辞退）、第四十一条（经济性裁员）规定与其解除劳动合同。也就是说，如果朱女士确实存在严重失职，徇私舞弊，给用人单位造成重大损害的情况，某公司是有权解除劳动合同的，但因为本案例中某公司并没有充分举证加以证明，因此最终人民法院认定某公司属于违法解除劳动合同。

第三是关于继续履行劳动合同的问题。在某公司违法解除劳动关系的情况下，劳动者有权要求继续履行或者要求支付赔偿金，案例中的朱女士为"三期"女职工，如果她没有被解除劳动关系，正常情况下她是可以享受"三期"待遇的，所以朱女士要求继续履行劳动合同。《劳动合同法》第四十五条规定，劳动合同应当延续至相应的情形消失时终止，即哺乳期届满之日止，因此，朱女士有权要求继续履行劳动合同至哺乳期届满之日。

最终，人民法院判决某公司向朱女士支付其产假期间的工资及被停发的工资损失等。

⭐ 维权小贴士

受理机构

劳动仲裁委。

案件类型

继续履行劳动合同争议、劳动报酬争议。

劳动仲裁申请书仲裁请求表述

请求被申请人继续履行劳动合同。

请求被申请人支付×× 年×× 月×× 日至×× 年×× 月×× 日停发工资期间的工资损失×× 元。

请求被申请人支付×× 年×× 月×× 日至×× 年×× 月×× 日期间的产假工资×× 元。

举证指引

证明劳动关系及工龄的证据，如劳动合同、录用通知、社保缴费记录、个人所得税完税证明、离职证明、工作证明、工作证、空白业务合同、授权书、工作记录、考勤记录、银行流水、微信或支付宝转账记录等。

证明是用人单位单方解除劳动合同的证据，如用人单位发出的解除劳动合同通知书、工资停发记录、社保停缴证明、录音、录像、聊天记录等。

证明用人单位单方变更劳动合同及劳动者提出异议的证据，如调岗通知及相关沟通记录。

证明工资标准的证据，如考勤记录、工资条、工资发放记录等。

证明劳动者依规定履行了请假程序的证据，如请假记录及住院凭证、诊断证明、产假证明等。

证明"三期"的期限，以恢复劳动合同履行的证据，如孕期、产期、哺乳期的记录或证明等。

92. 年薪 52 万元的总监被降为年薪 12 万元的主管，劳动者应如何维权

案例 92[①]

2015 年 4 月 1 日王某入职某公司，担任安保总监，待遇为年薪 52 万元。

双方于 2016 年 1 月 1 日签订无固定期限劳动合同，劳动合同第六条约定："甲方根据工作经营需要，以及乙方的实际能力（专业、工作、体力等），可对乙方的岗位、工作内容、工作地点等进行调整，此种情况下，乙方工资和职务待遇等也应被予以相应调整，乙方予以同意。"

2019 年 11 月 1 日，某公司因经营调整对部分人员的职务进行了调整，并将王某的年薪调整为 12 万元，职务调整为主管岗。

2019 年 12 月 10 日，王某向某公司发送了《关于贵司违法降职降薪本人被迫提起劳动仲裁起诉补偿的告知函》，要求某公司对其进行补偿。随后，王某经劳动仲裁程序，起诉要求某公司支付解除劳动合同经济的补偿金等。

律师意见

本案例中引起纠纷的起因是用人单位单方调岗调薪。

工作岗位、劳动报酬均属于劳动合同的法定必备条款内容，根据《劳动合同法》第三十五条规定"用人单位与劳动者协商一致，可以变更劳动合同约定的内容"，即如果要变更劳动者的岗位、薪酬，如无法定情形，双方需要达成一致意见才可变更。虽然王某与某公司的劳动合同中约定了"用人单位可根据工作经营需要调整劳动者工作岗位"，但在司法实践中，除有约定外，调岗、调薪行为本身还需要具备合理性，一般来说，审裁机构在考察合理性时会考察调岗目的正当性，调整后的岗位为劳动者所能胜任，工资待遇等劳动条件无不利变更，调岗不会增大劳动者的劳动成本等。本案中，某公司将王某的岗位由

---

① 改编自裁判文书网。

总监职位降为主管，年薪由 52 万元降为 12 万元，这显然不符合上述合理调岗的要件，而且王某也通过书面形式表示了对某公司调岗降薪行为的不予认可，故某公司对王某的调岗降薪不属于合理范畴。

此外，对于经济补偿金。《劳动合同法》第三十八条规定："用人单位有下列情形之一的，劳动者可以解除劳动合同，（一）未按照劳动合同约定提供劳动保护或者劳动条件的；（二）未及时足额支付劳动报酬的……"本案中，某公司单方调岗的行为属于"未按照劳动合同约定提供劳动条件"，单方减薪的行为属于"未足额支付劳动报酬"，王某以此理由解除劳动合同，某公司应当向王某支付解除劳动合同经济补偿金。

最终，人民法院判决某公司向王某支付经济补偿金。

☆ 维权小贴士

受理机构

劳动仲裁委。

案件类型

经济补偿争议。

劳动仲裁申请书仲裁请求表述

请求被申请人支付经济补偿金 ×× 元。

举证指引

证明双方约定的岗位及薪酬、工龄的证据，如劳动合同、岗位职责、考核指标、任命书、工资条、工资发放记录等。

证明是用人单位单方变更了劳动合同的证据，如用人单位向劳动者发出的调整、变更通知、工资发放记录等。

证明双方并未就变更了劳动合同一事达成一致的证据，如与用人单位沟通的记录。

证明劳动者仍正常工作的证据，如考勤记录、工作记录等。

证明工资标准及发放情况，以便计算经济补偿金的证据，如工资发放记录等。

93. 子公司适用集团公司的规章制度停发绩效，合法吗

案例 93[①]

袁某于 2018 年 3 月 20 日入职某集团公司的子公司，担任高级产品经理。双方订立了 3 年期的劳动合同，合同约定袁某月工资为 2.5 万元，由基本工资 1 万元、岗位工资 1 万元及绩效工资 5000 元构成。

2020 年 9 月 1 日，子公司在微信工作群中通知，因经营出现困难，依据上级某集团公司制定的《绩效管理办法》相关规定，公司决定即日起停发绩效工资。

袁某对停发绩效工资有异议，在沟通无果后，便以用人单位克扣工资为由通知子公司解除劳动合同，并向劳动仲裁委申请仲裁，要求子公司支付经济补偿、绩效工资。

律师意见

《劳动合同法》第四条规定，用人单位在制定、修改或者决定直接涉及劳动者切身利益的规章制度或者重大事项时，应当经法定程序并向劳动者公示或告知。可见，企业规章制度的有效性，取决于制定过程中的民主程序、制度本身的合法合理性以及制度的公示告知。

实践中，确实有不少集团企业的子公司、关联公司直接采用集团制定的规章制度进行员工管理，一来是程序方便，二来也可以体现集团管理的一致性，但往往有企业会忽视集团内部企业均为独立法人的这一关键问题。劳动关系不同于其他，其有着明显的"人身属性"。案例中，子公司用某集团公司的规章制度进行管理，但并未在子公司内部经法定程序进行转化。因此，该制度对袁某不具有约束力，子公司应按原标准发放工资，同时，子公司克扣工资的行为属于《劳动合同法》第三十八条规定的情形，劳动者因此提出解除劳动合同的，用人单位应当支付经济补偿金。

---

① 改编自北京市人力资源和社会保障局发布的2021年劳动人事争议仲裁十大典型案例之《关联企业的规章制度不当然适用于本企业》。

最终，劳动仲裁委裁决子公司向袁某支付绩效工资及经济补偿金。

☆ 维权小贴士

受理机构

劳动仲裁委。

案件类型

劳动报酬争议、经济补偿争议。

劳动仲裁申请书仲裁请求表述

请求被申请人支付 × × 年 × × 月 × × 日至 × × 年 × × 月 × × 日期间的工资 × × 元。

请求被申请人支付经济补偿金 × × 元。

举证指引

证明双方存在劳动关系及工龄的证据，如劳动合同、录用通知、社保缴费记录、个人所得税完税证明、离职证明、工作证明、工作证、空白业务合同、授权书、工作记录、考勤记录、银行流水、微信或支付宝转账记录等。

证明用人单位拖欠、克扣工资的证据，如降薪通知、工资支付记录等。

证明业绩、工作表现等符合发放绩效要求的证据，如考核记录等。

证明劳动者因用人单位未依法足额支付劳动报酬而解除劳动合同的证据，如劳动者向用人单位发出的解除劳动合同通知书及送达记录。

94. 劳动者因投诉用人单位社会保险问题而"被放假""被待岗"，应如何维权

案例 94[①]

1997 年 12 月 8 日，崔某入职某公司，双方签订了无固定期限劳动合同。

2020 年 5 月 29 日，崔某去社会保险中心及公积金管理中心投诉后，两部门均联系了公司。第二天，崔某便收到某公司发送的书面放假通知，载明："因新冠肺炎疫情影响，公司接单量降低，现公司决定将四个厂合并为两个厂，合并之后工作量将有所增加。考虑到六厂员工崔某年龄较大，公司为减轻员工压力，将安排此员工休假。休假时间为 2020 年 6 月 1 日至 2020 年 9 月 25 日。之后的情况公司将根据订单情况以及工作分配另作安排。休假期间的薪资发放标准如下，6 月以实际出勤发放，此后按每月 2020 元发放。"

2020 年 6 月 1 日，崔某与某公司沟通，某公司明确要求崔某，在签署"社会保险和公积金没有异议"的承诺书后，公司才会撤回放假通知。

2020 年 6 月 13 日，崔某向某公司发送书面通知："贵司长期不按实际工资标准足额缴纳社会保险及公积金，本人在至社会保险中心进行合理维权后，即收到贵司的放假通知。此放假通知为贵司单方行为，严重侵害了我的合法权益。现本人将依据《劳动合同法》第三十八条的规定，解除与贵司的劳动合同关系，并依法主张劳动补偿金。根据《劳动合同法》关于劳动合同解除及补偿金支付的规定，贵司应补偿本人经济补偿金，同时补足本人的社会保险及公积金待遇。"

在某公司拒绝支付后，崔某经劳动仲裁程序起诉，要求某公司向其支付经济补偿金。

律师意见

什么是待岗？

《工资支付暂行规定》第十二条规定："非因劳动者原因造成单位停工、停产在一个工

---

① 改编自裁判文书网。

资支付周期内的，用人单位应按劳动合同规定的标准支付劳动者工资。超过一个工资支付周期的，若劳动者提供了正常劳动，则支付给劳动者的劳动报酬不得低于当地的最低工资标准；若劳动者没有提供正常劳动，应按国家有关规定办理。"这是国家法律层面对于待岗及待岗工资的规定，这里明确提出了待岗的前提条件，即"非因劳动者原因"造成的"用人单位停工、停业"。

新冠肺炎疫情期间，国家也出台了关于待岗的相关政策。

2020 年 1 月 24 日，人力资源和社会保障部《关于妥善处理新型冠状病毒感染的肺炎疫情防控期间劳动关系问题的通知》规定，"企业因受疫情影响导致生产经营困难的，可以通过与职工协商一致采取调整薪酬、轮岗轮休、缩短工时等方式稳定工作岗位，尽量不裁员或者少裁员"，"企业停工停产在一个工资支付周期内的，企业应按劳动合同规定的标准支付职工工资。超过一个工资支付周期的，若职工提供了正常劳动，企业支付给职工的工资不得低于当地最低工资标准"。

2020 年 2 月 7 日，人力资源和社会保障部等五部门出台《关于做好新型冠状病毒感染肺炎疫情防控期间稳定劳动关系支持企业复工复产的意见》规定，"在受新冠肺炎疫情影响的延迟复工或未返岗期间，对用完各类休假仍不能提供正常劳动或其他不能提供正常劳动的职工，指导企业参照国家关于停工、停产期间工资支付相关规定与职工协商，在一个工资支付周期内的按照劳动合同规定的标准支付工资；超过一个工资支付周期的按有关规定发放生活费"，"对受新冠肺炎疫情影响导致企业生产经营困难的，鼓励企业通过协商民主程序与职工协商采取调整薪酬、轮岗轮休、缩短工时等方式稳定工作岗位"。

由此可见，在新冠肺炎疫情期间，用人单位在满足一定条件的情况下可以安排员工待岗，但前提是企业"因受新冠肺炎疫情影响而生产经营困难"。本案中的情形看似满足了这个前提，但随着案件事实的查清，法院也发现了本案另有隐情。

本案中，崔某先是就公积金、社会保险缴纳基数的问题去社保部门了解、反映了情况，某公司知晓后，立即向崔某发送了放假 3 个月的通知。在崔某对放假通知提出异议并要求上班后，某公司明确表示其只有在崔某作出承诺后才会撤回放假通知。人民法院认为，某公司的行为明显是借新冠肺炎疫情逼迫劳动者自行离职，某公司的放假通知只是在采取恶意的"技巧化"处理方式，规避其作为用人单位应尽的法定义务，从而以合法形式掩盖非法目的。崔某在沟通无望的情况下主动提出辞职，符合《劳动合同法》第三十八条规定的，"用人单位未按照劳动合同约定提供劳动条件的，劳动者可以解除劳动合同"，故某公司应当支付经济补偿金。

最终，人民法院判决某公司应向崔某支付经济补偿金，根据崔某离职前 12 个月的平均工资及工龄，经济补偿金为 145 000 元。

☆ 维权小贴士

受理机构

劳动仲裁委。

案件类型

经济补偿争议。

劳动仲裁申请书仲裁请求表述

请求被申请人支付经济补偿金 ×× 元。

举证指引

证明劳动关系及工龄的证据，如劳动合同、录用通知、社保缴费记录、个人所得税完税证明、离职证明、工作证明、工作证、空白业务合同、授权书、工作记录、考勤记录、银行流水、微信或支付宝转账记录等。

证明劳动者因用人单位未按照劳动合同约定提供劳动条件而解除劳动合同的证据，如放假通知、待岗通知、沟通记录、劳动者向用人单位发出的解除劳动合同通知书及送达记录等。

证明工资标准的证据，如工资条、工资发放记录等。

95. 用人单位强行组织长期培训，仅发放最低生活费，逼迫劳动者离职，劳动者应如何维权

案例 95[①]

2017 年 7 月 1 日，某劳务公司派遣张某前往 A 公司工作。到 2020 年 9 月 4 日，A 公司发出员工培训通知，称培训时间为 2020 年 9 月 9 日至 10 月 16 日，并规定培训期间，参培人员的待遇按成都市最低生活保障工资标准发放，张某在该通知上签字捺印。

培训期间，A 公司又于 2020 年 10 月 10 日发出延长培训的通知，称培训时间延长至 2020 年 10 月 31 日。之后，A 公司多次延长培训时间。2021 年 4 月 1 日，A 公司通知张某，培训班放假，复学时间待定。根据后来诉讼庭审中 A 公司的当庭陈述，培训内容为公司的规章制度。

2021 年 4 月 9 日，张某向某劳务公司发出《解除劳动合同通知函》。

2021 年 10 月 15 日，张某经劳动仲裁程序起诉，要求 A 公司支付经济补偿金及工资。

律师意见

《劳动法》第三条第一款规定："劳动者享有平等就业和选择职业的权利、取得劳动报酬的权利、休息休假的权利、获得劳动安全卫生保护的权利、接受职业技能培训的权利、享受社会保险和福利的权利、提请劳动争议处理的权利以及法律规定的其他劳动权利。"第八章"职业培训"的第六十八条第一款规定："用人单位应当建立职业培训制度，按照国家规定提取和使用职业培训经费，根据本单位实际，有计划地对劳动者进行职业培训"。可见，培训对于劳动者来说本是一种获取职业技能提升的权利，对于用人单位来说是一种法定的义务。但本案例中，A 公司对张某进行了长达 6 个月的培训，培训内容仅为规章制度，且在培训期间公司仅发放最低生活费，这样的培训显然与法律规定的培训目的不符。A 公司的做法使这种培训制度变成了一种迫使劳动者主动提出离职的工具，所以，这种明

---

① 改编自成都市中级人民法院发布的劳动争议十大典型案例之《用人单位长时间对员工进行不必要培训，迫使员工离职的，用人单位需支付补偿金》。

显没有明确的培训计划、培训内容、合理考核等虚假式员工培训、变相长时间闲置劳动者的，属于《劳动合同法》第三十八条所规定的"未按照劳动合同约定提供劳动保护或者劳动条件"的情形，劳动者因此提出解除劳动合同的，用人单位应当支付经济补偿金。

最终，人民法院判决 A 公司向张某支付经济补偿金。

☆ 维权小贴士

受理机构

劳动仲裁委。

案件类型

经济补偿争议。

劳动仲裁申请书仲裁请求表述

请求被申请人支付经济补偿金 ×× 元。

举证指引

证明劳动关系及工龄的证据，如劳动合同、录用通知、社保缴费记录、个人所得税完税证明、离职证明、工作证明、工作证、空白业务合同、授权书、工作记录、考勤记录、银行流水、微信或支付宝转账记录等。

证明工资标准、发放情况及未提供劳动条件情况的证据，如考勤记录、工资条、工资发放记录、培训通知、放假通知、待岗通知等。

证明劳动者因用人单位违法（具体情形）而解除劳动合同的证据，如劳动者向用人单位发出的解除劳动合同通知书及送达记录等。

96. 用人单位下载劳动者的微信聊天记录作为解除劳动合同的证据，合法吗

案例 96[①]

2017 年 9 月，刘某入职某公司，任市场部经理一职。

2018 年 6 月，刘某负责的客户与某公司因合同履行问题发生纠纷，某公司认为刘某在工作过程中存在失职行为，为查清事情始末，便要求刘某提供与客户沟通的所有记录，刘某应某公司要求将其手机交予主管领导，并说明只能查看其与该客户的聊天记录。

某公司安排 IT 人员对刘某的手机进行了导出技术处理，在查看聊天记录的过程中，某公司发现刘某存在多次替下属代打考勤、迟到早退、虚报考勤的行为，这些行为已经严重违反了某公司的规章制度。此后，某公司以刘某严重失职、违纪为由将其辞退。

刘某认为某公司的行为严重侵犯了其隐私权，其经劳动仲裁程序起诉，要求某公司支付违法解除劳动合同的赔偿金。

律师意见

最高人民法院《关于审理劳动争议案件适用法律问题的解释（一）》的第四十四条规定，"因用人单位作出的开除、除名、辞退、解除劳动合同、减少劳动报酬、计算劳动者工作年限等决定而发生的劳动争议，用人单位负举证责任"，即公司应举证证明刘某存在严重失职、严重违纪的事实及依据，否则将承担举证不利的后果。本案的争议集中在刘某违纪的事实是否存在，某公司举示的证据主要是从刘某手机导出的聊天记录，至于该份证据能否被作为某公司解除劳动合同的依据，关键还是在于证据的"三性"。

所谓证据"三性"，即证据的真实性、合法性、关联性。对于真实性，主要是对证据形式及实质是否真实发表意见；对于合法性，主要是对证据收集方式、证据程序、证据形式是否符合法律规定发表意见；对于关联性，主要是对证据要证明的目的与待证事实是否

---

① 改编自裁判文书网。

相关、有无意义发表意见。在庭审的举证质证环节中，双方均应从"三性"出发对对方提交的证据发表质证意见，这对审裁人员查清案件事实而言至关重要，甚至可以决定案件结果的走向。

本案例中，某公司提交的聊天记录是从刘某的手机导出的，而刘某表示该证据的收集方式侵犯了其隐私权，故对证据的合法性提出了异议。《民法典》第一千零三十二条规定："自然人享有隐私权。任何组织或者个人不得以刺探、侵扰、泄露、公开等方式侵害他人的隐私权。隐私是自然人的私人生活安宁和不愿为他人知晓的私密空间、私密活动、私密信息。"第一千零三十三条规定："除法律另有规定或者权利人明确同意外，任何组织或者个人不得实施下列行为：（一）以电话、短信、即时通信工具、电子邮件、传单等方式侵扰他人的私人生活安宁；（二）进入、拍摄、窥视他人的住宅、宾馆房间等私密空间；（三）拍摄、窥视、窃听、公开他人的私密活动；（四）拍摄、窥视他人身体的私密部位；（五）处理他人的私密信息；（六）以其他方式侵害他人的隐私权。"可见，自然人的隐私受法律保护，自然人的通信记录及通信内容属于私密信息，未经本人同意，公司不得刺探、泄露、公开相关内容，未经本人同意获取自然人微信对话记录的行为属于侵犯隐私权的行为，故某公司未经刘某同意，擅自通过技术手段获取的私人微信聊天记录不能被作为认定案件事实的根据，据此，某公司解除劳动合同的行为是违法的。

最终，人民法院判决某公司应支付违法解除劳动合同的赔偿金。

☆ 维权小贴士

受理机构

劳动仲裁委。

案件类型

赔偿金争议。

劳动仲裁申请书仲裁请求表述

请求被申请人支付违法解除劳动合同的赔偿金××元。

举证指引

证明劳动关系及工龄的证据，如劳动合同、录用通知、社保缴费记录、个人所得税完税证明、离职证明、工作证明、工作证、空白业务合同、授权书、工作记录、考勤记录、银行流水、微信或支付宝转账记录等。

证明是用人单位单方解除了劳动合同的证据，如用人单位发出的解除劳动合同通知书、工资停发记录、社保停缴证明、录音、录像、聊天记录等。

证明工资标准的证据，如工资条、工资发放记录等。

附：《信息安全技术　个人信息安全规范》(GB/T 35273—2020)

（一）个人信息的项目

个人信息的项目如表Ⅶ-1 所示。

表Ⅶ-1　个人信息的项目

个人基本资料	个人姓名、生日、性别、民族、国籍、家庭关系、住址、个人电话号码、电子邮件地址等
个人身份信息	身份证、军官证、护照、驾驶证、工作证、出入证、社保卡、居住证等
个人生物识别信息	个人基因、指纹、声纹、掌纹、耳廓、虹膜、面部识别特征等
网络身份标识信息	个人信息主体账号、IP 地址、个人数字证书等
个人健康生理信息	个人因生病医治等产生的相关记录，如病症、住院志、医嘱单、检验报告、手术及麻醉记录、护理记录、用药记录、药物食物过敏信息、生育信息、以往病史、诊治情况、家族病史、现病史、传染病史等，以及与个人身体健康状况相关的信息，如体重、身高、肺活量等
个人教育工作信息	个人职业、职位、工作单位、学历、学位、教育经历、工作经历、培训记录、成绩单等
个人财产信息	银行账户、鉴别信息（口令）、存款信息（包括资金数量、支付收款记录等）、房产信息、信贷记录、征信信息、交易和消费记录、流水记录等，以及各类虚拟财产信息
个人通信信息	通信记录和内容、短信、彩信、电子邮件，以及描述个人通信的数据（通常称为元数据）等
联系人信息	通信录、好友列表、群列表、电子邮件地址列表等
个人上网记录	指通过日志储存的个人信息主体操作记录，包括网站浏览记录、软件使用记录、点击记录、收藏列表等
个人常用设备信息	指包括硬件序列号、设备 MAC 地址、软件列表、唯一设备识别码（如 IMEI/Android ID/IDFA/OpenUDID/GUID/SIM 卡 IMSI 信息）等在内的描述个人常用设备基本情况的信息
个人位置信息	包括行踪轨迹、精确定位信息、住宿信息、经纬度等
其他信息	婚史、宗教信仰、性取向、未公开的违法犯罪记录等

（二）个人敏感信息的项目

个人敏感信息的项目如表Ⅶ-2所示。

表Ⅶ-2 个人敏感信息的项目

个人财产信息	银行账户、鉴别信息（口令）、存款信息（包括资金数量、支付收款记录等）、房产信息、信贷记录、征信信息、交易和消费记录、流水记录等，以及虚拟货币、虚拟交易、游戏类兑换码等虚拟财产信息
个人健康生理信息	个人因生病医治等产生的相关记录，如病症、住院志、医嘱单、检验报告、手术及麻醉记录、护理记录、用药记录、药物食物过敏信息、生育信息、以往病史、诊治情况、家族病史、现病史、传染病史等
个人生物识别信息	个人基因、指纹、声纹、掌纹、耳廓、虹膜、面部识别特征等
个人身份信息	身份证、军官证、护照、驾驶证、工作证、社保卡、居住证等
其他信息	性取向、婚史、宗教信仰、未公开的违法犯罪记录、通信记录和内容、通信录、好友列表、群组列表、行踪轨迹、网页浏览记录、住宿信息、精确定位信息等

97. 经济补偿金、赔偿金是否有上限

案例 97[①]

2000 年 9 月，李某入职某公司，任销售一职，其月工资组成为底薪 10 000 元加提成、绩效、补贴等费用。

2021 年 9 月，某公司作出解雇通知，决定解除与李某之间的劳动合同关系。

李某被解除劳动合同前 12 个月的平均工资为 26 200 元。

劳动合同解除后，李某经劳动仲裁程序起诉，要求某公司支付违法解除劳动合同的赔偿金。

---

① 改编自裁判文书网。

律师意见

对于某公司解除劳动合同的合法性，在此不再赘述，本案例中，双方主要对赔偿金的金额存在争议。

李某认为，其在职 21 年，离职前月均工资标准为 26 200 元，故其违法解除劳动合同的赔偿金为 26 200 元 ×21 个月 ×2 倍 =1 100 400 元。

而某公司认为，经济补偿金有上限，公司只能计算 12 个月，且只能计算基本工资，故应为 10 000 元 ×12 个月 ×2 倍 =240 000 元。

双方计算的差距巨大，那么谁说得对呢？

答案是，都不对。

关于经济补偿金的计算基数问题，法律已经明确，将提成、奖金、津贴、补贴等货币性收入归入经济补偿金的计算范畴。所以，在计算李某的经济补偿金时，应以其离职前 12 个月的平均应发工资总额为计算基数。

关于经济补偿上限的问题，《劳动合同法》第四十七条第二款规定："劳动者月工资高于用人单位所在直辖市、设区的市级人民政府公布的本地区上年度职工月平均工资 3 倍的，向其支付经济补偿的标准按职工月平均工资 3 倍的数额支付，向其支付经济补偿的年限最高不超过 12 年。"本案中，案件发生地上年度职工月平均工资为 6100 元 / 月，3 倍即为 18 300 元 / 月，李某的工资显然超过了这个标准，故最高只能按 18 300 元 / 月计算。另外，《劳动合同法》第八十七条规定："用人单位违反本法规定解除或者终止劳动合同的，应当依照本法第四十七条规定的经济补偿标准的二倍向劳动者支付赔偿金。"可见，赔偿金就是经济补偿金 ×2，用人单位在具体计算时按经济补偿金的标准计算即可，其也适用"双上限"的规则。

最终，人民法院判决某公司向李某支付赔偿金 439 200 元（18 300 元 / 月 ×12 个月 × 2 倍）。

98. 经济补偿金基数中是否包含提成、绩效、加班费

案例 98[①]

赵某于 2009 年 5 月入职 A 公司，并与 A 公司签订了劳动合同。双方约定赵某的工资标准为基本工资 4000 元 / 月，另有绩效奖金、补贴津贴等，赵某每月实际应发工资约为 15 000 元。

2021 年 3 月，因当地受新冠肺炎疫情影响，A 公司对赵某进行调岗降薪，赵某回复拒绝降薪。

2021 年 5 月，赵某向 A 公司发出《解除劳动合同通知函》，以公司未足额支付工资、未支付加班费、未提供劳动条件等为由，称将解除与 A 公司的劳动合同，并要求 A 公司支付经济补偿金 180 000 元（15 000 元 × 12 个月）。

A 公司拒绝支付，并认为经济补偿金的计算基数为基本工资，不包括绩效奖金、补贴津贴，且还应剔除社会保险中的个人部分及个税部分。

此后，赵某经劳动仲裁程序起诉要求 A 公司支付经济补偿金。

律师意见

第一，经济补偿金的基数包含什么？

《关于工资总额组成的规定》第三条规定："工资总额是指各单位在一定时期内直接支付给本单位全部职工的劳动报酬总额。工资总额的计算应以直接支付给职工的全部劳动报酬为根据。"《劳动合同法实施条例》第二十七条规定，用人单位解除劳动关系属于应当支付经济补偿金情形的，经济补偿的月工资按照劳动者应得工资计算，包括计时工资或者计件工资以及奖金、津贴和补贴等货币性收入。可知，法律已经明确将提成、奖金、津贴、补贴等货币性收入计入经济补偿金的计算范畴。故本案中，赵某劳动报酬的基本工资、绩效奖金等均应被计入经济补偿金的基数。

---

① 改编自裁判文书网。

第二，在计算经济补偿时，需要扣除社会保险及个税而计算实发工资吗？

《劳动合同法实施条例》第二十七条规定，在计算经济补偿金时，公司应当以劳动者的"应发工资"为计算基数，而用人单位代扣的社保、税费、其他扣款等本就为员工劳动所得的组成部分，用人单位只是承担了代扣代缴的义务，所扣除的部分实际上仍然是劳动者的工资，故"应发工资"应是指劳动者税前的、未扣社会保险等费用的工资，公司在计算经济补偿金时不应予以剔除。

最终，人民法院判决 A 公司应向赵某支付经济补偿金 180 000 元（15 000 元 ×12 个月）。

99. 劳动者在离职前只享受医疗期待遇，经济补偿金怎么算

案例 99[①]

朴某自 2015 年 6 月入职公司，双方并未签订劳动合同，公司也未为其缴纳社保，朴某的月基本工资为 8000 元。

2020 年 4 月起，朴某因病申请休假，其间公司只向朴某发放当地最低工资标准 80% 的医疗期待遇。

2021 年 6 月，朴某以公司未依法为其缴纳社保为由解除了劳动合同，同时要求公司支付经济补偿金 48 000 元（8000 元 ×6 个月）。

公司拒绝支付，并认为朴某离职前 12 个月的平均工资只有 1500 元，经济补偿金的计算基数应按此计算。

此后，朴某经劳动仲裁程序起诉，要求公司支付经济补偿金 48 000 元（8000 元 ×6 个月）。

---

① 改编自裁判文书网。

律师意见

《劳动合同法》第三十八条规定，用人单位未依法为劳动者缴纳社会保险费的，劳动者可以解除劳动合同。第四十六条规定，劳动者依照本法第三十八条规定解除劳动合同的，用人单位应当向劳动者支付经济补偿金。据此可知，如果劳动者以用人单位未缴纳社会保险为由解除劳动合同，则可要求用人单位支付经济补偿金。本案例中，公司对应当支付经济补偿金没有提出异议，但认为经济补偿金的计算应包含病假期间的工资，即按1500元／月计算。

《劳动合同法》第四十七条第一款规定："经济补偿按劳动者在本单位工作的年限，每满一年支付一个月工资的标准向劳动者支付。6个月以上不满一年的，按一年计算；不满6个月的，向劳动者支付半个月工资的经济补偿。"第二款规定："本条所称月工资是指劳动者在劳动合同解除或者终止前12个月的平均工资。"那么"前12个月的平均工资"是否需要剔除病假期间的工资呢？司法实践中其实存在不同的观点，读者可关注具体地区的裁判口径。

一种观点认为病假工资不应被剔除，即应将病假工资计入平均工资中，如此将大幅降低经济补偿金的总额。这种观点的理由在于法律并未明确规定需排除病假期间，且病假并非用人单位原因，剔除病假计算经济补偿金对用人单位而言有失公平。

另一种观点认为应剔除病假工资。这种观点的理由在于对法律本意的理解不同，且结合《劳动合同法实施条例》第二十七条的规定，"劳动合同法第四十七条规定的经济补偿的月工资按照劳动者应得工资计算，包括计时工资或者计件工资以及奖金、津贴和补贴等货币性收入"，故我们应将"前12个月的平均工资"理解为正常工作期间应得的工资，不包括病假工资。

本案例中，人民法院认同第二种观点，认为病假期间的工资并非朴某正常提供劳动期间的工资，最终判决公司应以朴某正常提供劳动期间的12个月平均工资为基数计算经济补偿金。

100. 劳动者被转为劳务派遣后，其在计算经济补偿金时能合并之前的工龄吗

案例 100[①]

2005 年 4 月，黄某入职 A 公司，一直工作到 2017 年 7 月，A 公司突然要求黄某与 B 劳务公司签订劳动合同书（劳务派遣），合同约定 B 劳务公司计划将黄某派遣至 A 公司工作，黄某的工资及社会保险由 A 公司支付给 B 劳务公司，再由 B 劳务公司进行发放、缴纳。

2021 年，因 A 公司未向 B 劳务公司及时支付工资及社会保险资金，造成黄某的工资、社会保险被拖欠。2021 年 4 月，黄某以 B 劳务公司未缴纳社会保险、未及时足额支付劳动报酬为由提出解除劳动合同。

黄某在上述工作期间，其实际的工作地点及岗位均未发生变化，黄某离职之前 12 个月的月平均工资为 5000 元。

此后，黄某经劳动仲裁程序起诉，要求 A 公司、B 劳务公司连带支付经济补偿金。

律师意见

第一，经济补偿金由谁承担？

关于经济补偿金，B 劳务公司如确实存在未缴纳社会保险、未及时、足额支付劳动报酬的行为，则黄某有权依据《劳动合同法》第三十八条的规定解除劳动合同，并要求 B 劳务公司支付经济补偿金。

此外，《劳动合同法》第九十二条规定，"用工单位给被派遣劳动者造成损害的，劳务派遣单位与用工单位承担连带赔偿责任"，《劳动合同法实施条例》第三十五条规定，用工单位给被派遣劳动者造成损害的，劳务派遣单位和用工单位承担连带赔偿责任。本案中，造成 B 劳务公司违法的原因在于，A 公司未能及时向 B 劳务公司支付钱款，故 A 公司对

---

① 改编自裁判文书网。

此应承担连带责任。

第二，是否应合并计算经济补偿金的计算年限？

本案中，各方还对经济补偿金的计算年限问题产生了争议，B 劳务公司认为，其与 A 公司在 2017 年 7 月才签订劳务派遣协议，同时与黄某签订了劳动合同，故经济补偿金的计算应从 2017 年 7 月起算。那么劳动者在被转为劳务派遣后，其在计算经济补偿金时能合并之前的工龄吗？

最高人民法院《关于审理劳动争议案件适用法律问题的解释（一）》的第四十六条规定："劳动者非因本人原因从原用人单位被安排到新用人单位工作，原用人单位未支付经济补偿，劳动者依据劳动合同法第三十八条规定与新用人单位解除劳动合同，或者新用人单位向劳动者提出解除、终止劳动合同，在计算支付经济补偿或赔偿金的工作年限时，劳动者请求把在原用人单位的工作年限合并计算为新用人单位工作年限的，人民法院应予支持。用人单位符合下列情形之一的，应当认定属于'劳动者非因本人原因从原用人单位被安排到新用人单位工作'。（一）劳动者仍在原工作场所、工作岗位工作，劳动合同主体由原用人单位变更为新用人单位；（二）用人单位以组织委派或任命形式对劳动者进行工作调动；（三）因用人单位合并、分立等原因导致劳动者工作调动；（四）用人单位及其关联企业与劳动者轮流订立劳动合同；（五）其他合理情形。"

本案例中，黄某自 2005 年 4 月入职 A 公司，自 2017 年 7 月被改为劳务派遣，但黄某的工作地点、工作岗位并未变化，仅是用工主体发生了变化，属于"劳动者非因本人原因从原用人单位被安排到新用人单位工作"的情形，在 A 公司未支付此前的经济补偿的情况下，黄某此前的工龄应当被合并计算，即为 2005 年 4 月至 2021 年 4 月，共计 16 年。

最终，人民法院判决 B 劳务公司应支付经济补偿金 80 000（5000 元 ×16 个月）元，A 公司承担连带赔偿责任。

☆ **维权小贴士**

受理机构

劳动仲裁委。

案件类型

经济补偿争议。

劳动仲裁申请书仲裁请求表述

请求被申请人支付经济补偿金 ×× 元。

举证指引

证明劳动关系及工龄的证据，如劳动合同（包括原单位）、录用通知书、社保缴费记录、个人所得税完税证明、离职证明、工作证明、工作地点考勤记录（未变）、工作内容记录（未变）、工作证，空白业务合同、授权书、银行流水、微信或支付宝转账记录等。

证明用人单位违法的事实及工资标准的证据，如工资发放记录、社保缴费记录等。

证明劳动者因用人单位未依法足额支付劳动报酬而解除劳动合同的证据，如劳动者向用人单位发出的解除劳动合同通知书及送达记录。

101. 劳动合同约定劳动者在离职后两年内不得从事相同或相关工作，但未约定支付补偿金事项，合法吗

案例 101[①]

2017 年 8 月 7 日，李某入职 A 公司担任销售，双方的《劳动合同》约定，如李某违反保密义务，则应赔偿 A 公司 5000 元至 10 000 元，且李某在与 A 公司终止或者解除劳动关系后的两年内不得从事相同或者相关的工作，否则亦应赔偿 A 公司前述金额的损失。

2021 年 9 月 26 日，李某向 A 公司邮寄了一份《解除劳动合同通知书》，称："A 公司存在未及时足额支付劳动报酬、克扣工资等情况，以至于损害了李某的合法权益，故自即日起，李某将解除与 A 公司的劳动关系。"

① 改编自裁判文书网。

李某在家待业几个月后，经劳动仲裁程序起诉，要求 A 公司向其支付竞业限制补偿金等。

2021 年 11 月 11 日，A 公司向李某邮寄《解除竞业限制义务通知书》，称将解除劳动合同约定的竞业限制条款，李某有权自由择业。次日，李某签收了邮件。

律师意见

第一，劳动者主张竞业限制补偿金的，首先应考虑竞业限制的条款是否有效。

主体适格。《劳动合同法》第二十四条第一款规定，竞业限制的人员限于用人单位的高级管理人员、高级技术人员和其他负有保密义务的人员。实践中，部分用人单位未对是否掌握公司保密信息的员工加以区分，一刀切地与全体员工签订竞业限制协议，而当劳动者主张竞业限制补偿金时，用人单位往往会抗辩称劳动者不属于负有保密义务的人员，竞业限制条款无效。本案中，李某作为销售人员，在工作过程中掌握客户名单等商业秘密，且其与用人单位在《劳动合同》中已约定了保密义务，故属于法律规定的负有保密义务的人员。

协议生效要件。现实中，有部分企业在拟定竞业限制条款时会设置一个"生效动作"，如约定"关于员工离职后是否需要履行竞业限制的问题，具体应以《竞业限制通知书》为准"。如有存在类似约定，而单位并未及时通知劳动者的情况，我们建议劳动者主动向单位发函问询，以免后续产生纠纷。本案中，李某与 A 公司的约定中没有此类条款，故按约定，竞业限制条款应于员工离职后立即生效。

第二，劳动者应举证证明自己满足获得补偿金的条件。

劳动者可以举示自己已履行了竞业限制义务的相关凭证，如社保缴纳记录、个人所得税缴纳记录、失业证明等。如劳动者已找到新工作或者已开始自己创业，也应提供证据证明原单位与现入职的单位没有竞争关系。根据《劳动合同法》第二十四条第二款规定，限制竞业的单位仅为有"同类产品或业务"或者有"竞争关系"的单位。

第三，在双方没有约定竞业限制补偿金的具体金额及发放方式时的处理。

最高人民法院《关于审理劳动争议案件适用法律问题的解释（一）》第三十六条规定："当事人在劳动合同或者保密协议中约定了竞业限制，但未约定解除或者终止劳动合同后给予劳动者经济补偿，劳动者履行了竞业限制义务，要求用人单位按照劳动者在劳动合同解除或者终止前 12 个月平均工资的 30% 按月支付经济补偿的，人民法院应予支持。前款规定的月平均工资的 30% 低于劳动合同履行地最低工资标准的，按照劳动合同履行地最低工资标准支付。"本案中，李某与 A 公司签订的《劳动合同》中约定了竞业限制义务，但未就劳动合同解除或终止后的经济补偿进行约定，依据上述规定，在 2021 年 9 月 26 日双方劳动关系解除后，A 公司应按照李某离职前 12 个月平均工资标准的 30% 向其按月支付竞业限制补偿金。

第四，公司单方解除竞业限制协议后的处理。

最高人民法院《关于审理劳动争议案件适用法律问题的解释（一）》的第三十九条规定："在竞业限制期限内，用人单位请求解除竞业限制协议的，人民法院应予支持。在解除竞业限制协议时，劳动者请求用人单位额外支付劳动者 3 个月的竞业限制经济补偿的，人民法院应予支持。"本案中，A 公司于 2021 年 11 月 11 日向李某邮寄《解除竞业限制义务通知》书，解除了双方关于竞业限制的约定。根据上述规定，A 公司自 2021 年 11 月 12 日起无须再向李某按月支付竞业限制补偿金，但需要额外向李某支付 3 个月的竞业限制补偿。

最终，人民法院判决 A 公司按照李某离职前 12 个月平均工资标准的 30% 向李某支付 2021 年 9 月 27 日至 2021 年 11 月 11 日期间的竞业限制补偿，并额外支付 3 个月的竞业限制补偿。

☆ 维权小贴士

受理机构

劳动仲裁委。

案件类型

竞业限制争议。

劳动仲裁申请书仲裁请求表述

请求被申请人支付竞业限制经济补偿金××元。

举证指引

证明双方已约定有效的竞业限制条款的证据，如劳动合同、竞业限制协议、保密协议、岗位职责等。

证明双方已经解除劳动合同的证据：解除劳动合同协议、解除劳动合同通知书及其签收送达记录等。

证明劳动者已履行竞业限制义务的证据：社保缴纳记录、个人所得税缴纳记录、失业证明等。

证明劳动者离职前12个月平均工资标准状况的证据，如工资发放记录、工资条等。

1. 应当认定为工伤的情形

我国法律中，对于应当认定为工伤的情形有着以下规定。

认定工伤的法定情形

根据《工伤保险条例》第十四条的规定，职工有下列情形之一的，应当认定为工伤。

（1）在工作时间和工作场所内，因工作原因受到事故伤害的；

（2）工作时间前后在工作场所内，从事与工作有关的预备性或者收尾性工作受到事故伤害的；

（3）在工作时间和工作场所内，因履行工作职责受到暴力等意外伤害的；

（4）患职业病的；

（5）因工外出期间，由于工作原因受到伤害或者发生事故下落不明的；

（6）在上下班途中，受到非本人主要责任的交通事故或者城市轨道交通、客运轮渡、火车事故伤害的；

（7）法律、行政法规规定应当认定为工伤的其他情形。

视同工伤的情形

《工伤保险条例》第十五条第一款规定，职工有下列情形之一的，视同工伤。

（1）在工作时间和工作岗位，突发疾病死亡或者在 48 小时之内经抢救无效死亡的；

（2）在抢险救灾等维护国家利益、公共利益活动中受到伤害的；

（3）职工原在军队服役，因战、因公负伤致残，已取得革命伤残军人证，到用人单位后旧伤复发的。

职工有前款第（1）项、第（2）项情形的，按照本条例的有关规定享受工伤保险待遇；职工有前款第（3）项情形的，按照本条例的有关规定享受除一次性伤残补助金以外的工伤保险待遇。

最高人民法院司法解释规定的工伤情形

根据《关于审理工伤保险行政案件若干问题的规定》第四条规定，社会保险行政部门认定下列情形为工伤的，人民法院应予支持。

（1）职工在工作时间和工作场所内受到伤害，用人单位或者社会保险行政部门没有证据证明是非工作原因导致的；

（2）职工参加用人单位组织或者受用人单位指派参加其他单位组织的活动受到伤害的；

（3）在工作时间内，职工来往于多个与其工作职责相关的工作场所之间的合理区域因工受到伤害的；

（4）其他与履行工作职责相关，在工作时间及合理区域内受到伤害的。

国务院法制办公室（已撤销）有关答复规定的工伤情形

（1）《对〈关于职工在上下班途中因违章受到机动车事故伤害能否认定为工伤的请示〉的复函》（国法秘函〔2004〕313号）：职工在上下班途中因违章受到机动车事故伤害的，只要其违章行为没有违反治安管理，应当认定为工伤。

（2）《对〈关于职工参加单位组织的体育活动受到伤害能否认定为工伤的请示〉的复函》（国法秘函〔2005〕311号）：作为单位的工作安排，职工参加体育训练活动而受到伤害的，应当依照《工伤保险条例》第十四条第一项中关于"因工作原因受到事故伤害的"的规定，认定为工伤。

（3）《对〈四川省人民政府法制办公室关于职工退休后被诊断为职业病应如何解决工伤待遇有关问题的请示〉的复函》（国法秘函〔2005〕312号）：鉴于职业病的形成具有长

期性和潜伏性，考虑到请示中提到广元市部分退休矿工退休前长期从事矿山井下作业，在退休后经劳动能力鉴定被确诊为职业病的这一情况，我们认为，对这部分退休矿工可以按照《工伤保险条例》的有关规定享受工伤保险待遇，具体由地方人民政府根据本地实际情况处理。

（4）《对〈关于重新进入劳动生产领域的离休人员能否享受工伤保险待遇的请示〉的复函》（国法秘函〔2005〕310 号）：离退休专业技术人员受聘工作期间，因工作发生职业伤害的，应由聘用单位参照工伤保险的相关待遇标准妥善处理。

最高人民法院行政庭相关答复中认为认定工伤的情形

（1）《关于职工外出学习休息期间受到他人伤害应否认定为工伤问题的答复》（〔2007〕行他字第 9 号）：职工受单位指派外出学习期间，在学习单位安排的休息场所休息时受到他人伤害的，应当认定为工伤。

（2）《关于离退休人员与现工作单位之间是否构成劳动关系以及工作时间内受伤是否适用〈工伤保险条例〉问题的答复》（〔2007〕行他字第 6 号）：根据《工伤保险条例》第二条、第六十一条等有关规定，离退休人员受聘于现工作单位，现工作单位已经为其缴纳了工伤保险费，其在受聘期间因工作受到事故伤害的，应当适用《工伤保险条例》的有关规定处理。

（3）《关于职工因公外出期间死因不明应否认定工伤的答复》（〔2010〕行他字第 236 号）：职工因公外出期间死因不明，用人单位或者社会保障部门提供的证据不能排除非工作原因导致死亡的，应当依据《工伤保险条例》第十四条第五项和第十九条第二款的规定，认定为工伤。

（4）《关于超过法定退休年龄的进城务工农民在工作时间内因公伤亡的，能否认定工伤的答复》（〔2012〕行他字第 13 号）：用人单位聘用的超过法定退休年龄的务工农民，在工作时间内、因工作原因伤亡的，应当适用《工伤保险条例》的有关规定进行工伤认定。

不得认定工伤或视同工伤的情形

根据《工伤保险条例》第十六条的规定，职工有下列情形之一的，不得认定为工伤或者视同工伤。

（1）故意犯罪的；

（2）醉酒或者吸毒的；

（3）自残或者自杀的。

2. 工伤待遇的计算

有关工伤待遇的计算，各地具体标准不同。本节仅以湖南省的规定为例，根据工伤的情形不同，下文将分通用待遇项目、构成伤残所增加的待遇项目以及构成工亡所增加的待遇项目进行说明。

工伤通用待遇项目

工伤通用待遇项目的具体内容如附表 I-1 所示。

附表 I-1   工伤通用待遇项目

赔偿项目	支付主体	等级	支付标准	依据及要求
医疗费用		/	规定范围内全额支付	治疗工伤所需费用符合工伤保险诊疗项目目录、工伤保险药品目录、工伤保险住院服务标准的，从工伤保险基金支付
工伤康复费用		/	规定范围内全额支付	工伤职工到签订服务协议的医疗机构进行工伤康复的费用，符合规定的，从工伤保险基金支付
住院伙食补助费	工伤保险基金	/	根据各地规定执行	从 2022 年 1 月 1 日起，湖南地区工伤职工住院治疗工伤的伙食补助费调整为按每人每天 20 元发放
生活护理费		生活完全不能自理	统筹地区上年度职工月平均工资的 50%	工伤职工已经评定伤残等级并经劳动能力鉴定委员会确认需要生活护理的，从工伤保险基金中按月支付生活护理费
		生活大部分不能自理	统筹地区上年度职工月平均工资的 40%	
		生活部分不能自理	统筹地区上年度职工月平均工资的 30%	

（续表）

赔偿项目	支付主体	等级	支付标准	依据及要求
交通、食宿费用		/	凭票据	经医疗机构出具证明，报经办机构同意，工伤职工到统筹地区以外就医所需的交通、食宿费用
辅助器具配置费	工伤保险基金	/	凭票据	工伤职工因日常生活或者就业需要，经劳动能力鉴定委员会确认，可以安装假肢、矫形器、假眼、假牙和配置轮椅等辅助器具，所需费用按照国家规定的标准从工伤保险基金中支付
劳动能力鉴定费		/	凭票据	用人单位已经参加工伤保险的，工伤职工劳动能力鉴定费用从工伤保险基金中支付。工伤职工或者其近亲属、所在单位应申请进行劳动能力再次鉴定或者复查鉴定，结论高于原鉴定等级的，鉴定费用从工伤保险基金支付；结论低于原鉴定结论或者与原鉴定结论相同的，鉴定费用由申请人承担
停工留薪工资	用人单位	/	原工资福利待遇不变，由所在单位按月支付，湖南尚无期限的细则规定，一般根据伤情、医嘱、伤残等级等确定	职工因工作遭受事故伤害或者患职业病需要暂停工作接受工伤医疗的。停工留薪期一般不超过 12 个月。若伤情严重或者情况特殊，经设区的市级劳动能力鉴定委员会确认，该期限可以适当延长，但延长时间不得超过 12 个月
住院护理费		/	依据护工费用凭证和出院小结确定护理费标准和护理天数	住院期间

构成伤残所增加的待遇项目

构成伤残所增加的待遇项目的具体内容如附表 I-2 所示。

附表 I-2　构成伤残所增加的待遇项目

	一次性伤残补助金	一次性工伤医疗补助金	一次性伤残就业补助金	伤残津贴
条件	需伤残鉴定	需终止劳动关系或者解除劳动合同		需伤残鉴定
支付主体	工伤保险基金	工伤保险基金	用人单位	1～4 级由工伤保险基金支付，5、6 级由用人单位支付
1 级	27 个月的本人工资			本人工资的 90%
2 级	25 个月的本人工资	无（1～4 级伤残的职工需与单位保留劳动关系，故不享受此两项待遇）		本人工资的 85%
3 级	23 个月的本人工资			本人工资的 80%
4 级	21 个月的本人工资			本人工资的 75%

（续表）

	一次性伤残补助金	一次性工伤医疗补助金	一次性伤残就业补助金	伤残津贴
5 级	18 个月的本人工资	24 个月的本人工资	36 个月的本人工资	本人工资的 70%（难以安排工作的）
6 级	16 个月的本人工资	18 个月的本人工资	30 个月的本人工资	本人工资的 60%（难以安排工作的）
7 级	13 个月的本人工资	15 个月的本人工资	15 个月的本人工资	
8 级	11 个月的本人工资	10 个月的本人工资	10 个月的本人工资	无
9 级	9 个月的本人工资	8 个月的本人工资	8 个月的本人工资	
10 级	7 个月的本人工资	6 个月的本人工资	6 个月的本人工资	

注　 * 5 级至 10 级伤残工伤职工自愿与用人单位解除或者终止劳动关系，距法定退休年龄不足 5 年的，一次性工伤医疗补助金和伤残就业补助金每少一年减除 20%，但最高减除额不得超过全额的 90%。
* 工伤职工达到退休年龄并办理退休手续的，不享受一次性工伤医疗补助金和伤残就业补助金。
* 工伤职工经鉴定可享受伤残津贴的，从停工留薪期满后开始享受，伤残津贴标准不低于当地的最低工资标准。
* 工伤职工达到退休年龄并办理退休手续后，停发伤残津贴，按照国家有关规定享受基本养老保险待遇。

构成工亡所增加的待遇项目

构成工亡所增加的待遇项目的具体内容如附表 I-3 所示。

附表 I-3　构成工亡所增加的待遇项目

赔偿项目	支付主体	支付标准	依据及要求
丧葬补助金	工伤基金	6 个月的统筹地区上年度职工月平均工资	职工因工死亡
一次性工亡补助金	工伤基金	上一年度全国城镇居民人均可支配收入的 20 倍	职工因工死亡
供养亲属抚恤金	工伤基金	配偶：本人工资 ×40%（按月支付） 其他亲属：本人工资 ×30%（每人每月） 孤寡老人或孤儿：在上述标准的基础上增加 10%； 初次核定时上述抚恤金之和应≤职工月工资（按月计算）	由因工死亡职工生前提供主要生活来源、无劳动能力的亲属可领取供养亲属抚恤金

附：供养亲属抚恤金的说明

供养亲属的范围

《因工死亡职工供养亲属范围规定》（劳动和社会保障部令第 18 号）的第二条规定：本规定所称因工死亡职工供养亲属，是指该职工的配偶、子女、父母、祖父母、外祖父母、孙子女、外孙子女、兄弟姐妹。

子女：包括婚生子女、非婚生子女、养子女和有抚养关系的继子女。其中，婚生子女、非婚生子女包括遗腹子女。

父母：包括生父母、养父母和有抚养关系的继父母。

兄弟姐妹：包括同父母的兄弟姐妹、同父异母或者同母异父的兄弟姐妹、养兄弟姐妹、有抚养关系的继兄弟姐妹。

工亡职工的父母有多个子女的，供养亲属抚恤金可否按人头计算分摊

不可以。

《工伤保险条例》的第三十九条第一款第二项规定：供养亲属抚恤金按照职工本人工资的一定比例发给由因工死亡职工生前提供主要生活来源、无劳动能力的亲属。

即只要工亡职工的父母符合条件，即可依法享受供养亲属抚恤金，而不因有多个子女而按比例少得。

供养亲属获取抚恤金的条件

《因工死亡职工供养亲属范围规定》第三条规定："上条规定的人员，依靠因工死亡职工生前提供主要生活来源，并有下列情形之一的，可按规定申请供养亲属抚恤金。（一）完全丧失劳动能力的；（二）工亡职工配偶男年满 60 周岁、女年满 55 周岁的；（三）工亡职工父母男年满 60 周岁、女年满 55 周岁的；（四）工亡职工子女未满 18 周岁的；（五）工亡职工父母均已死亡，其祖父、外祖父年满 60 周岁，祖母、外祖母年满 55 周岁的；（六）工亡职工子女已经死亡或完全丧失劳动能力，其孙子女、外孙子女未满 18 周岁的；（七）工亡职工父母均已死亡或完全丧失劳动能力，其兄弟姐妹未满 18 周岁的。"

劳动和社会保障部（已撤销）《关于实施〈工伤保险条例〉若干问题的意见》（劳社部函〔2004〕256 号）的第八条规定：职工因工死亡，其供养亲属享受抚恤金待遇的资格，按职工因工死亡时的条件核定。

停止支付供养亲属抚恤金的情形

《因工死亡职工供养亲属范围规定》第四条规定："领取抚恤金人员有下列情形之一的，停止享受抚恤金待遇：（一）年满 18 周岁且未完全丧失劳动能力的；（二）就业或参军的；（三）工亡职工配偶再婚的；（四）被他人或组织收养的；（五）死亡的。"

供养亲属抚恤金的计算年限及标准

子女：计算至年满 18 周岁。

其他亲属：计算至停止享受抚恤金待遇的情形出现。

标准为：按照职工本人月均工资的一定比例发放，配偶每月 40%，其他亲属每人每月 30%，孤寡老人或者孤儿每人每月在上述标准的基础上增加 10%；以上抚恤金之和不高于职工生前的月均工资。

3. 工伤认定的流程及材料（以湖南省规定为例）

工伤认定申请的受理流程

申请认定的部门为：当地的人力资源和社会保障局。

《湖南省实施〈工伤保险条例〉办法》第十五条规定，社会保险行政部门收到工伤认定申请后，应当在 15 日内对申请人提交的材料进行审核。材料完整的，作出受理或者不予受理的决定。决定受理的，应当出具《工伤认定申请受理决定书》；决定不予受理的，应当出具《工伤认定申请不予受理决定书》。

申请人提交的材料不完整的，社会保险行政部门应当当场或者于 5 日内一次性书面告知申请人需要补正的全部材料。逾期未告知的，收到材料之日起即为受理日。申请人提交了全部补正材料的，社会保险行政部门应当于 15 日内依照前款规定作出并出具是否受理的决定。

工伤认定的时限

《工伤保险条例》第二十条规定，社会保险行政部门应当自受理工伤认定申请之日起 60 日内作出工伤认定的决定，并书面通知申请工伤认定的职工或者其近亲属和该职工所在单位。

社会保险行政部门对受理的事实清楚、权利义务明确的工伤认定申请，应当在 15 日内作出工伤认定的决定。

作出工伤认定决定需要以司法机关或者有关行政主管部门的结论为依据的，在司法机关或者有关行政主管部门尚未作出结论期间，作出工伤认定决定的时限中止。

工伤认定申请所需材料

工伤认定申请所需材料有以下 17 种。

（1）工伤认定申请表原件（单位或其他机构申请的，需要盖章，个人申请的，需签名按手印）；

（2）受伤害职工的身份证明（身份证、户口本或社保卡等）复印件，与原件核对（身份证正、反面复印在同一张 A4 纸上）；

（3）事情经过单位自述原件（单位申请的需提交）；

（4）事情经过个人自述原件（职工死亡或重伤的，由近亲属书写）；

（5）与用人单位存在劳动关系（包括人事关系）的证明材料（劳动合同、入职通知、工资表、考勤记录等）复印件，与原件核对；

（6）两名以上目击证人的书面证明材料（附证人的身份证复印件）原件；有视频资料、录音资料或现场照片等客观证据的，一并提交；

（7）考勤记录复印件（需要加盖单位公章），如打卡记录、手工考勤表、计工表等，核对原件；

（8）医疗诊断证明，或者职业病诊断证明书或者职业病诊断鉴定书；包括医疗机构出具的职工受伤害时的首诊病历（受伤之后第一次就诊的病历记录）、住院病案（包括入院记录、出院记录等）及疾病诊断证明书，首次 X 线、CT、MRI 报告单等复印件，核对原件；

（9）工伤认定法律文书送达地址确认表原件（地址、电话需要准确无误，涉及之后重要法律文书的邮寄送达问题）；

（10）在工作时间和工作场所内，因履行工作职责受到暴力等意外伤害的，提交人民法院裁判文书或者公安部门的证明或者其他证明复印件，核对原件；

（11）患职业病的，应提交承担职业病诊断的医疗机构出具的职业病诊断证明书（或者职业病诊断鉴定书），复印件，核对原件；

（12）因工外出期间，由于工作原因受到伤害的，提交公安部门的证明或者其他证明，复印件，核对原件；因发生事故下落不明，提出因工死亡认定申请的，提交人民法院宣告死亡的文书，复印件，核对原件；

（13）在上下班途中，受到非本人主要责任的交通事故或者城市轨道交通、客运轮渡、火车事故伤害的，提交公安交通管理部门或者其他相关部门的证明，同时，还应提交上下班路线图（须标明居住地、工作地与事故发生地），居住地证明（房产证复印件或居住地所在社区、街道或公安部门出具居住证明），复印件，核对原件；

（14）在工作时间、工作岗位突发疾病死亡，或者在工作时间、工作岗位突发疾病经抢救无效 48 小时内死亡的，提交医疗机构的抢救和死亡证明，复印件，核对原件；

（15）在抢险救灾等维护国家利益、公共利益活动中受到伤害的，提交民政部门或者其他相关部门的证明，复印件，核对原件；

（16）因战、因公负伤致残的转业、复员、退伍军人，到用人单位后旧伤复发的，提交革命伤残军人证及县级以上医疗机构的旧伤复发诊断证明，复印件，核对原件；

（17）用人单位未参加工伤保险的，还应当提交用人单位的设立登记或者设立批准证明，复印件，核对原件。

劳动能力鉴定

申请鉴定的部门为劳动鉴定委员会，从受理开始，鉴定时间一般为 90 天，如再次进行鉴定、复查，则时间可达一年以上，申请劳动能力鉴定者应当填写劳动能力鉴定申请表，并提交下列材料。

（1）工伤认定决定书原件和复印件；

（2）有效的诊断证明、按照医疗机构病历管理有关规定复印或者复制的检查、检验报告等完整病历材料；

（3）工伤职工的居民身份证或者社会保障卡等其他有效身份证明原件和复印件；

（4）劳动能力鉴定委员会规定的其他材料。

可要求经济补偿的情形

可要求经济补偿的情形如附表 I-4 所示。

附表 I-4　可要求经济补偿的情形

N+1*	1	单位提出	劳动者患病或者非因工负伤，在规定的医疗期满后不能从事原工作，也不能从事由用人单位另行安排的工作的
	2		劳动者不能胜任工作，经过培训或者调整工作岗位，仍不能胜任工作的
	3		劳动合同订立时所依据的客观情况发生重大变化，致使劳动合同无法履行，经用人单位与劳动者协商，未能就变更劳动合同内容达成协议的
2N**	1	单位提出	单位违法解除劳动合同的
	2		单位违法终止劳动合同的
N***	1	员工提出	单位未按照劳动合同约定提供劳动保护或者劳动条件的
	2		单位未及时足额支付劳动报酬的
	3		单位低于当地最低工资标准支付劳动者工资
	4		单位未依法为劳动者缴纳社会保险费的
	5		单位的规章制度违反法律、法规的规定，损害劳动者权益的
	6		单位以欺诈、胁迫的手段或者乘人之危，使对方在违背真实意思的情况下订立或者变更劳动合同的
	7		单位在劳动合同中免除自己的法定责任、排除劳动者权利的
	8		单位违反法律、行政法规强制性规定的
	9		用人单位以暴力、威胁或者非法限制人身自由的手段强迫劳动者劳动的
	10		用人单位违章指挥、强令冒险作业危及劳动者人身安全的
	11		双方协商一致解除劳动合同的
	12	单位提出	劳动者患病或者非因工负伤，在规定的医疗期满后不能从事原工作，也不能从事由用人单位另行安排的工作的，单位提前 30 日书面通知劳动者的
	13		劳动者不能胜任工作，经过培训或者调整工作岗位，仍不能胜任工作的，单位提前 30 日书面通知劳动者的
	14		劳动合同订立时所依据的客观情况发生重大变化，致使劳动合同无法履行，经用人单位与劳动者协商，未能就变更劳动合同内容达成协议的，单位提前 30 日书面通知劳动者的
	15	经济性裁员	单位依照《企业破产法》规定进行重整的
	16		单位生产经营发生严重困难的
	17		企业转产、重大技术革新或者经营方式调整，经变更劳动合同后，仍需裁减人员的
	18		其他因劳动合同订立时所依据的客观经济情况发生重大变化，致使劳动合同无法履行的

（续表）

N***	劳动合同终止	19	劳动合同期满，单位不同意续订的
		20	用人单位被依法宣告破产的
		21	用人单位被吊销营业执照、责令关闭、撤销或者用人单位决定提前解散的
		22	劳动合同期满，用人单位降低劳动合同约定条件续订劳动合同，劳动者不同意续订的
		23	以完成一定工作任务为期限的劳动合同因任务完成的
		24	自用工之日起，超过一个月不满一年，劳动者不与单位签订书面劳动合同，单位书面通知劳动者终止劳动合同的
		25	劳动合同到期后，超过一个月不满一年，劳动者不与单位签订书面劳动合同，单位书面通知劳动者终止劳动合同的
N=0****	员工提出	1	双方协商一致解除劳动合同的
		2	劳动者提前 30 天以书面形式通知单位的
		3	劳动者在试用期期内提前 3 天通知单位的
		4	劳动者违法解除劳动合同的
	单位提出	5	劳动者在试用期间被证明不符合录用条件的
		6	劳动者严重违反用人单位的规章制度的
		7	劳动者严重失职、营私舞弊，给用人单位造成重大损害的
		8	劳动者同时与其他用人单位建立劳动关系，对完成本单位的工作任务造成严重影响，或经用人单位提出，拒不改正的
		9	劳动者被依法追究刑事责任的
		10	劳动者以欺诈、胁迫的手段或者乘人之危，使用人单位在违背真实意思的情况下订立或者变更劳动合同的
	劳动合同终止	11	劳动合同期满，用人单位维持或者提高劳动合同约定条件与劳动者续订劳动合同，劳动者不同意续订，而终止固定期限劳动合同的
		12	劳动者开始依法享受基本养老保险待遇的
		13	劳动者死亡或被人民法院宣告死亡或者宣告失踪的
		14	自用工之日起一个月内，劳动者不与单位签订书面劳动合同，单位书面通知劳动者终止劳动合同的
		15	劳动合同到期后一个月内，劳动者不与单位签订书面劳动合同，单位书面通知劳动者终止劳动合同的

注：* 即支付经济补偿金加上一个月的代通知金。

** 即依照《劳动合同法》规定的经济补偿标准的 2 倍向劳动者支付赔偿金。

*** N 代表了工作年限。比如员工工作 3 年被辞退，则 N 代表 3。如果员工工作年限不满一年，N 分为两种情况：超过 6 个月，按照一年计算；不满 6 个月，按照 0.5 年计算，比如职工工作年限为 3 年零 6 个月，则 N 为 4。

**** 即不支付经济补偿金。

劳动者如何向用人单位送达解除劳动合同通知

解除劳动合同通知的内容

劳动者离职时，应谨慎填写离职原因，如在本书的案例 58 中，劳动者就因离职原因不符合支付经济补偿的情形而导致诉求被驳回。所以，如果用人单位存在《劳动合同法》第三十八条的情形，劳动者应以此为由通知单位解除劳动合同，写明离职的具体原因，并保留送达的凭证。

附：解除劳动合同通知书（模版）

×× 公司：

本人曹某（居民身份号码：＿＿＿＿＿＿＿＿＿＿）于 2018 年 4 月与贵公司建立劳动关系，因贵公司至今都未依法为本人缴纳社会保险（或未按约定提供劳动保护或者劳动条件；未及时足额支付劳动报酬；单位规章制度违反法律法规的规定，损害了劳动者权益；因《劳动合同法》第二十六条第一款规定情形致使劳动合同无效；以暴力、威胁或者非法限制人身自由的手段强迫劳动者劳动；违章指挥、强令冒险作业危及劳动者人身安全），根据《劳动合同法》第三十八条的规定，本人决定从＿＿＿年＿＿＿月＿＿＿日起解除与贵公司的劳动合同关系。

具体情况：＿＿＿＿＿＿＿＿＿＿＿＿＿＿＿＿＿＿＿。

根据《劳动合同法》第三十八条、第四十六条规定，贵公司应向本人支付经济补偿金。如贵公司拒绝支付，本人将不得不提起劳动仲裁及向有关部门投诉。

本人联系方式：

电话：＿＿＿＿＿＿＿，电子邮箱：＿＿＿＿＿＿＿＿，送达地址：＿＿＿＿＿＿＿

特此通知。

签字：

年　　月　　日

解除劳动合同通知的送达

《劳动争议调解仲裁法》第六条规定，"发生劳动争议，当事人对自己提出的主张，有责任提供证据"，《民法典》第五百六十五条规定："当事人一方依法主张解除合同的，应当通知对方。合同自通知到达对方时解除……"可见，如果是由劳动者主动提出"解除劳动合同"的，其应举证证明解除通知已经送达单位。

对于解除通知应当如何送达，可以参照《民事诉讼法》中第七章规定的直接送达、邮寄送达、电子送达、留置送达、公告送达等方式，我们根据司法实践中的经验，建议劳动者在发送通知时应采取多途径同时进行送达，以避免承担诉讼中的不利后果。

这里，我们介绍最为常见的邮寄送达方式，该方式较为便捷，也能留存下书面证据，这里以 EMS（中国邮政速递物流）为例，劳动者在邮寄时需注意以下要点。

1. 邮寄过程。使用手填面单，寄件人填写劳动者本人的信息，收件人填写公司的法定代表人、其他组织的填写负责人、经营者等，并在快递面单上的"内件品名"部分写明文件名，如"因公司拖欠工资的解除劳动合同通知"，同时，将《解除劳动合同通知书》装袋的整个过程用手机拍摄下来。

2. 邮寄地址。双方《劳动合同》约定了单位的送达地址的，向约定的送达地址送达；如未约定的，可向单位的公司注册地邮寄送达；若其注册地与实际经营地址不符的，可向实际经营地邮送。而且，我们建议劳动者同时向上述地址邮寄。

3. 跟踪记录。目前来说，中国邮政 EMS 的邮件跟踪记录线上保存时间为 6 个月，劳动者可在网页上直接打印跟踪记录作为证据。

如此，可将《解除劳动合同通知书》、EMS 面单、邮件跟踪记录形成向公司提出主张的完整证据链。此外，如果邮件被公司拒收，EMS 会退回原件，劳动者可要求 EMS 出具盖章的退件回执，而且劳动者在拿到快递退件后一定不要拆开，应将退件的邮件妥善保存，以作为送达证据。如果邮件退回的理由为地址不详、无法联系等，则劳动者应同时选择以短信、微信、电子邮件的方式发送信息，并妥善保存送达凭证。

附录 Ⅱ

1. 中华人民共和国劳动法（2018 修正）

（1994 年 7 月 5 日第八届全国人民代表大会常务委员会第八次会议通过 根据 2009 年 8 月 27 日第十一届全国人民代表大会常务委员会第十次会议《关于修改部分法律的决定》第一次修正 根据 2018 年 12 月 29 日第十三届全国人民代表大会常务委员会第七次会议《关于修改〈中华人民共和国劳动法〉等七部法律的决定》第二次修正）

目录

第一章 总则

第一条 为了保护劳动者的合法权益，调整劳动关系，建立和维护适应社会主义市场经济的劳动制度，促进经济发展和社会进步，根据宪法，制定本法。

第二条 在中华人民共和国境内的企业、个体经济组织（以下统称用人单位）和与之形成劳动关系的劳动者，适用本法。

国家机关、事业组织、社会团体和与之建立劳动合同关系的劳动者，依照本法执行。

第三条 劳动者享有平等就业和选择职业的权利、取得劳动报酬的权利、休息休假的权利、获得劳动安全卫生保护的权利、接受职业技能培训的权利、享受社会保险和福利的权利、提请劳动争议处理的权利以及法律规定的其他劳动权利。

劳动者应当完成劳动任务，提高职业技能，执行劳动安全卫生规程，遵守劳动纪律和职业道德。

第四条 用人单位应当依法建立和完善规章制度，保障劳动者享有劳动权利和履行劳动义务。

第五条 国家采取各种措施，促进劳动就业，发展职业教育，制定劳动标准，调节社会收入，完善社会保险，协调劳动关系，逐步提高劳动者的生活水平。

第六条 国家提倡劳动者参加社会义务劳动，开展劳动竞赛和合理化建议活动，鼓励和保护劳动者进行科学研究、技术革新和发明创造，表彰和奖励劳动模范和先进工作者。

第七条 劳动者有权依法参加和组织工会。

工会代表和维护劳动者的合法权益，依法独立自主地开展活动。

第八条 劳动者依照法律规定，通过职工大会、职工代表大会或者其他形式，参与民主管理或者就保护劳动者合法权益与用人单位进行平等协商。

第九条 国务院劳动行政部门主管全国劳动工作。

县级以上地方人民政府劳动行政部门主管本行政区域内的劳动工作。

第二章 促进就业

第十条 国家通过促进经济和社会发展，创造就业条件，扩大就业机会。

国家鼓励企业、事业组织、社会团体在法律、行政法规规定的范围内兴办产业或者拓展经营，增加就业。

国家支持劳动者自愿组织起来就业和从事个体经营实现就业。

第十一条 地方各级人民政府应当采取措施，发展多种类型的职业介绍机构，提供就业服务。

第十二条 劳动者就业，不因民族、种族、性别、宗教信仰不同而受歧视。

第十三条 妇女享有与男子平等的就业权利。在录用职工时，除国家规定的不适合妇女的工种或者岗位外，不得以性别为由拒绝录用妇女或者提高对妇女的录用标准。

第十四条 残疾人、少数民族人员、退出现役的军人的就业，法律、法规有特别规定的，从其规定。

第十五条 禁止用人单位招用未满十六周岁的未成年人。

文艺、体育和特种工艺单位招用未满十六周岁的未成年人，必须遵守国家有关规定，并保障其接受义务教育的权利。

第三章 劳动合同和集体合同

第十六条 劳动合同是劳动者与用人单位确立劳动关系、明确双方权利和义务的协议。

建立劳动关系应当订立劳动合同。

第十七条 订立和变更劳动合同，应当遵循平等自愿、协商一致的原则，不得违反法律、行政法规的规定。

劳动合同依法订立即具有法律约束力，当事人必须履行劳动合同规定的义务。

第十八条 下列劳动合同无效。

（一）违反法律、行政法规的劳动合同；

（二）采取欺诈、威胁等手段订立的劳动合同。

无效的劳动合同，从订立的时候起，就没有法律约束力。确认劳动合同部分无效的，如果不影响其余部分的效力，其余部分仍然有效。

劳动合同的无效，由劳动争议仲裁委员会或者人民法院确认。

第十九条 劳动合同应当以书面形式订立，并具备以下条款。

（一）劳动合同期限；

（二）工作内容；

（三）劳动保护和劳动条件；

（四）劳动报酬；

（五）劳动纪律；

（六）劳动合同终止的条件；

（七）违反劳动合同的责任。

劳动合同除前款规定的必备条款外，当事人可以协商约定其他内容。

第二十条　劳动合同的期限分为有固定期限、无固定期限和以完成一定的工作为期限。

劳动者在同一用人单位连续工作满十年以上，当事人双方同意续延劳动合同的，如果劳动者提出订立无固定期限的劳动合同，应当订立无固定期限的劳动合同。

第二十一条　劳动合同可以约定试用期。试用期最长不得超过六个月。

第二十二条　劳动合同当事人可以在劳动合同中约定保守用人单位商业秘密的有关事项。

第二十三条　劳动合同期满或者当事人约定的劳动合同终止条件出现，劳动合同即行终止。

第二十四条　经劳动合同当事人协商一致，劳动合同可以解除。

第二十五条　劳动者有下列情形之一的，用人单位可以解除劳动合同：

（一）在试用期间被证明不符合录用条件的；

（二）严重违反劳动纪律或者用人单位规章制度的；

（三）严重失职，营私舞弊，对用人单位利益造成重大损害的；

（四）被依法追究刑事责任的。

第二十六条　有下列情形之一的，用人单位可以解除劳动合同，但是应当提前三十日以书面形式通知劳动者本人：

（一）劳动者患病或者非因工负伤，医疗期满后，不能从事原工作也不能从事由用人单位另行安排的工作的；

（二）劳动者不能胜任工作，经过培训或者调整工作岗位，仍不能胜任工作的；

（三）劳动合同订立时所依据的客观情况发生重大变化，致使原劳动合同无法履行，经当事人协商不能就变更劳动合同达成协议的。

第二十七条 用人单位濒临破产进行法定整顿期间或者生产经营状况发生严重困难，确需裁减人员的，应当提前三十日向工会或者全体职工说明情况，听取工会或者职工的意见，经向劳动行政部门报告后，可以裁减人员。

用人单位依据本条规定裁减人员，在六个月内录用人员的，应当优先录用被裁减的人员。

第二十八条 用人单位依据本法第二十四条、第二十六条、第二十七条的规定解除劳动合同的，应当依照国家有关规定给予经济补偿。

第二十九条 劳动者有下列情形之一的，用人单位不得依据本法第二十六条、第二十七条的规定解除劳动合同：

（一）患职业病或者因工负伤并被确认丧失或者部分丧失劳动能力的；

（二）患病或者负伤，在规定的医疗期内的；

（三）女职工在孕期、产期、哺乳期内的；

（四）法律、行政法规规定的其他情形。

第三十条 用人单位解除劳动合同，工会认为不适当的，有权提出意见。如果用人单位违反法律、法规或者劳动合同，工会有权要求重新处理；劳动者申请仲裁或者提起诉讼的，工会应当依法给予支持和帮助。

第三十一条 劳动者解除劳动合同，应当提前三十日以书面形式通知用人单位。

第三十二条 有下列情形之一的，劳动者可以随时通知用人单位解除劳动合同。

（一）在试用期内的；

（二）用人单位以暴力、威胁或者非法限制人身自由的手段强迫劳动的；

（三）用人单位未按照劳动合同约定支付劳动报酬或者提供劳动条件的。

第三十三条 企业职工一方与企业可以就劳动报酬、工作时间、休息休假、劳动安全卫生、保险福利等事项，签订集体合同。集体合同草案应当提交职工代表大会或者全体职工讨论通过。

集体合同由工会代表职工与企业签订；没有建立工会的企业，由职工推举的代表与企业签订。

第三十四条 集体合同签订后应当报送劳动行政部门；劳动行政部门自收到集体合同文本之日起十五日内未提出异议的，集体合同即行生效。

第三十五条 依法签订的集体合同对企业和企业全体职工具有约束力。职工个人与企业订立的劳动合同中劳动条件和劳动报酬等标准不得低于集体合同的规定。

第四章 工作时间和休息休假

第三十六条 国家实行劳动者每日工作时间不超过八小时、平均每周工作时间不超过四十四小时的工时制度。

第三十七条 对实行计件工作的劳动者，用人单位应当根据本法第三十六条规定的工时制度合理确定其劳动定额和计件报酬标准。

第三十八条 用人单位应当保证劳动者每周至少休息一日。

第三十九条 企业因生产特点不能实行本法第三十六条、第三十八条规定的，经劳动行政部门批准，可以实行其他工作和休息办法。

第四十条 用人单位在下列节日期间应当依法安排劳动者休假。

（一）元旦；

（二）春节；

（三）国际劳动节；

（四）国庆节；

（五）法律、法规规定的其他休假节日。

第四十一条 用人单位由于生产经营需要，经与工会和劳动者协商后可以延长工作时间，一般每日不得超过一小时；因特殊原因需要延长工作时间的，在保障劳动者身体健康的条件下延长工作时间每日不得超过三小时，但是每月不得超过三十六小时。

第四十二条 有下列情形之一的，延长工作时间不受本法第四十一条规定的限制。

（一）发生自然灾害、事故或者因其他原因，威胁劳动者生命健康和财产安全，需要紧急处理的；

（二）生产设备、交通运输线路、公共设施发生故障，影响生产和公众利益，必须及时抢修的；

（三）法律、行政法规规定的其他情形。

第四十三条 用人单位不得违反本法规定延长劳动者的工作时间。

第四十四条 有下列情形之一的，用人单位应当按照下列标准支付高于劳动者正常工作时间工资的工资报酬。

（一）安排劳动者延长工作时间的，支付不低于工资的百分之一百五十的工资报酬；

（二）休息日安排劳动者工作又不能安排补休的，支付不低于工资的百分之二百的工资报酬；

（三）法定休假日安排劳动者工作的，支付不低于工资的百分之三百的工资报酬。

第四十五条 国家实行带薪年休假制度。

劳动者连续工作一年以上的，享受带薪年休假。具体办法由国务院规定。

第五章 工资

第四十六条 工资分配应当遵循按劳分配原则，实行同工同酬。

工资水平在经济发展的基础上逐步提高。国家对工资总量实行宏观调控。

第四十七条 用人单位根据本单位的生产经营特点和经济效益，依法自主确定本单位的工资分配方式和工资水平。

第四十八条 国家实行最低工资保障制度。最低工资的具体标准由省、自治区、直辖市人民政府规定，报国务院备案。

用人单位支付劳动者的工资不得低于当地最低工资标准。

第四十九条 确定和调整最低工资标准应当综合参考下列因素。

（一）劳动者本人及平均赡养人口的最低生活费用；

（二）社会平均工资水平；

（三）劳动生产率；

（四）就业状况；

（五）地区之间经济发展水平的差异。

第五十条 工资应当以货币形式按月支付给劳动者本人。不得克扣或者无故拖欠劳动者的工资。

第五十一条 劳动者在法定休假日和婚丧假期间以及依法参加社会活动期间，用人单位应当依法支付工资。

第六章　劳动安全卫生

第五十二条　用人单位必须建立、健全劳动安全卫生制度，严格执行国家劳动安全卫生规程和标准，对劳动者进行劳动安全卫生教育，防止劳动过程中的事故，减少职业危害。

第五十三条　劳动安全卫生设施必须符合国家规定的标准。

新建、改建、扩建工程的劳动安全卫生设施必须与主体工程同时设计、同时施工、同时投入生产和使用。

第五十四条　用人单位必须为劳动者提供符合国家规定的劳动安全卫生条件和必要的劳动防护用品，对从事有职业危害作业的劳动者应当定期进行健康检查。

第五十五条　从事特种作业的劳动者必须经过专门培训并取得特种作业资格。

第五十六条　劳动者在劳动过程中必须严格遵守安全操作规程。

劳动者对用人单位管理人员违章指挥、强令冒险作业，有权拒绝执行；对危害生命安全和身体健康的行为，有权提出批评、检举和控告。

第五十七条　国家建立伤亡事故和职业病统计报告和处理制度。县级以上各级人民政府劳动行政部门、有关部门和用人单位应当依法对劳动者在劳动过程中发生的伤亡事故和劳动者的职业病状况，进行统计、报告和处理。

第七章　女职工和未成年工特殊保护

第五十八条　国家对女职工和未成年工实行特殊劳动保护。

未成年工是指年满十六周岁未满十八周岁的劳动者。

第五十九条　禁止安排女职工从事矿山井下、国家规定的第四级体力劳动强度的劳动和其他禁忌从事的劳动。

第六十条　不得安排女职工在经期从事高处、低温、冷水作业和国家规定的第三级体力劳动强度的劳动。

第六十一条　不得安排女职工在怀孕期间从事国家规定的第三级体力劳动强度的劳动和孕期禁忌从事的劳动。对怀孕七个月以上的女职工，不得安排其延长工作时间和夜班劳动。

第六十二条　女职工生育享受不少于九十天的产假。

第六十三条 不得安排女职工在哺乳未满一周岁的婴儿期间从事国家规定的第三级体力劳动强度的劳动和哺乳期禁忌从事的其他劳动，不得安排其延长工作时间和夜班劳动。

第六十四条 不得安排未成年工从事矿山井下、有毒有害、国家规定的第四级体力劳动强度的劳动和其他禁忌从事的劳动。

第六十五条 用人单位应当对未成年工定期进行健康检查。

第八章　职业培训

第六十六条 国家通过各种途径，采取各种措施，发展职业培训事业，开发劳动者的职业技能，提高劳动者素质，增强劳动者的就业能力和工作能力。

第六十七条 各级人民政府应当把发展职业培训纳入社会经济发展的规划，鼓励和支持有条件的企业、事业组织、社会团体和个人进行各种形式的职业培训。

第六十八条 用人单位应当建立职业培训制度，按照国家规定提取和使用职业培训经费，根据本单位实际，有计划地对劳动者进行职业培训。

从事技术工种的劳动者，上岗前必须经过培训。

第六十九条 国家确定职业分类，对规定的职业制定职业技能标准，实行职业资格证书制度，由经备案的考核鉴定机构负责对劳动者实施职业技能考核鉴定。

第九章　社会保险和福利

第七十条 国家发展社会保险事业，建立社会保险制度，设立社会保险基金，使劳动者在年老、患病、工伤、失业、生育等情况下获得帮助和补偿。

第七十一条 社会保险水平应当与社会经济发展水平和社会承受能力相适应。

第七十二条 社会保险基金按照保险类型确定资金来源，逐步实行社会统筹。用人单位和劳动者必须依法参加社会保险，缴纳社会保险费。

第七十三条 劳动者在下列情形下，依法享受社会保险待遇。

（一）退休；

（二）患病、负伤；

（三）因工伤残或者患职业病；

（四）失业；

（五）生育。

劳动者死亡后，其遗属依法享受遗属津贴。

劳动者享受社会保险待遇的条件和标准由法律、法规规定。

劳动者享受的社会保险金必须按时足额支付。

第七十四条 社会保险基金经办机构依照法律规定收支、管理和运营社会保险基金，并负有使社会保险基金保值增值的责任。

社会保险基金监督机构依照法律规定，对社会保险基金的收支、管理和运营实施监督。

社会保险基金经办机构和社会保险基金监督机构的设立和职能由法律规定。

任何组织和个人不得挪用社会保险基金。

第七十五条 国家鼓励用人单位根据本单位实际情况为劳动者建立补充保险。

国家提倡劳动者个人进行储蓄性保险。

第七十六条 国家发展社会福利事业，兴建公共福利设施，为劳动者休息、休养和疗养提供条件。

用人单位应当创造条件，改善集体福利，提高劳动者的福利待遇。

第十章 劳动争议

第七十七条 用人单位与劳动者发生劳动争议，当事人可以依法申请调解、仲裁、提起诉讼，也可以协商解决。

调解原则适用于仲裁和诉讼程序。

第七十八条 解决劳动争议，应当根据合法、公正、及时处理的原则，依法维护劳动争议当事人的合法权益。

第七十九条 劳动争议发生后，当事人可以向本单位劳动争议调解委员会申请调解；调解不成，当事人一方要求仲裁的，可以向劳动争议仲裁委员会申请仲裁。当事人一方也可以直接向劳动争议仲裁委员会申请仲裁。对仲裁裁决不服的，可以向人民法院提起诉讼。

第八十条 在用人单位内，可以设立劳动争议调解委员会。劳动争议调解委员会由职工代表、用人单位代表和工会代表组成。劳动争议调解委员会主任由工会代表担任。

劳动争议经调解达成协议的，当事人应当履行。

第八十一条 劳动争议仲裁委员会由劳动行政部门代表、同级工会代表、用人单位方面的代表组成。劳动争议仲裁委员会主任由劳动行政部门代表担任。

第八十二条 提出仲裁要求的一方应当自劳动争议发生之日起六十日内向劳动争议仲裁委员会提出书面申请。仲裁裁决一般应在收到仲裁申请的六十日内作出。对仲裁裁决无异议的，当事人必须履行。

第八十三条 劳动争议当事人对仲裁裁决不服的，可以自收到仲裁裁决书之日起十五日内向人民法院提起诉讼。一方当事人在法定期限内不起诉又不履行仲裁裁决的，另一方当事人可以申请人民法院强制执行。

第八十四条 因签订集体合同发生争议，当事人协商解决不成的，当地人民政府劳动行政部门可以组织有关各方协调处理。

因履行集体合同发生争议，当事人协商解决不成的，可以向劳动争议仲裁委员会申请仲裁；对仲裁裁决不服的，可以自收到仲裁裁决书之日起十五日内向人民法院提起诉讼。

第十一章 监督检查

第八十五条 县级以上各级人民政府劳动行政部门依法对用人单位遵守劳动法律、法规的情况进行监督检查，对违反劳动法律、法规的行为有权制止，并责令改正。

第八十六条 县级以上各级人民政府劳动行政部门监督检查人员执行公务，有权进入用人单位了解执行劳动法律、法规的情况，查阅必要的资料，并对劳动场所进行检查。

县级以上各级人民政府劳动行政部门监督检查人员执行公务，必须出示证件，秉公执法并遵守有关规定。

第八十七条 县级以上各级人民政府有关部门在各自职责范围内，对用人单位遵守劳动法律、法规的情况进行监督。

第八十八条 各级工会依法维护劳动者的合法权益，对用人单位遵守劳动法律、法规的情况进行监督。

任何组织和个人对于违反劳动法律、法规的行为有权检举和控告。

第十二章 法律责任

第八十九条 用人单位制定的劳动规章制度违反法律、法规规定的，由劳动行政部门给予警告，责令改正；对劳动者造成损害的，应当承担赔偿责任。

第九十条 用人单位违反本法规定，延长劳动者工作时间的，由劳动行政部门给予警告，责令改正，并可以处以罚款。

第九十一条 用人单位有下列侵害劳动者合法权益情形之一的，由劳动行政部门责令支付劳动者的工资报酬、经济补偿，并可以责令支付赔偿金。

（一）克扣或者无故拖欠劳动者工资的；

（二）拒不支付劳动者延长工作时间工资报酬的；

（三）低于当地最低工资标准支付劳动者工资的；

（四）解除劳动合同后，未依照本法规定给予劳动者经济补偿的。

第九十二条 用人单位的劳动安全设施和劳动卫生条件不符合国家规定或者未向劳动者提供必要的劳动防护用品和劳动保护设施的，由劳动行政部门或者有关部门责令改正，可以处以罚款；情节严重的，提请县级以上人民政府决定责令停产整顿；对事故隐患不采取措施，致使发生重大事故，造成劳动者生命和财产损失的，对责任人员依照刑法有关规定追究刑事责任。

第九十三条 用人单位强令劳动者违章冒险作业，发生重大伤亡事故，造成严重后果的，对责任人员依法追究刑事责任。

第九十四条 用人单位非法招用未满十六周岁的未成年人的，由劳动行政部门责令改正，处以罚款；情节严重的，由市场监督管理部门吊销营业执照。

第九十五条 用人单位违反本法对女职工和未成年工的保护规定，侵害其合法权益的，由劳动行政部门责令改正，处以罚款；对女职工或者未成年工造成损害的，应当承担赔偿责任。

第九十六条 用人单位有下列行为之一，由公安机关对责任人员处以十五日以下拘留、罚款或者警告；构成犯罪的，对责任人员依法追究刑事责任。

（一）以暴力、威胁或者非法限制人身自由的手段强迫劳动的；

（二）侮辱、体罚、殴打、非法搜查和拘禁劳动者的。

第九十七条 由于用人单位的原因订立的无效合同，对劳动者造成损害的，应当承担赔偿责任。

第九十八条 用人单位违反本法规定的条件解除劳动合同或者故意拖延不订立劳动合

同的，由劳动行政部门责令改正；对劳动者造成损害的，应当承担赔偿责任。

第九十九条 用人单位招用尚未解除劳动合同的劳动者，对原用人单位造成经济损失的，该用人单位应当依法承担连带赔偿责任。

第一百条 用人单位无故不缴纳社会保险费的，由劳动行政部门责令其限期缴纳；逾期不缴的，可以加收滞纳金。

第一百零一条 用人单位无理阻挠劳动行政部门、有关部门及其工作人员行使监督检查权，打击报复举报人员的，由劳动行政部门或者有关部门处以罚款；构成犯罪的，对责任人员依法追究刑事责任。

第一百零二条 劳动者违反本法规定的条件解除劳动合同或者违反劳动合同中约定的保密事项，对用人单位造成经济损失的，应当依法承担赔偿责任。

第一百零三条 劳动行政部门或者有关部门的工作人员滥用职权、玩忽职守、徇私舞弊，构成犯罪的，依法追究刑事责任；不构成犯罪的，给予行政处分。

第一百零四条 国家工作人员和社会保险基金经办机构的工作人员挪用社会保险基金，构成犯罪的，依法追究刑事责任。

第一百零五条 违反本法规定侵害劳动者合法权益，其他法律、行政法规已规定处罚的，依照该法律、行政法规的规定处罚。

<h3 style="text-align:center">第十三章 附则</h3>

第一百零六条 省、自治区、直辖市人民政府根据本法和本地区的实际情况，规定劳动合同制度的实施步骤，报国务院备案。

第一百零七条 本法自 1995 年 1 月 1 日起施行。

2. 中华人民共和国劳动合同法（2012 修正）

（2007 年 6 月 29 日第十届全国人民代表大会常务委员会第二十八次会议通过 根据 2012 年 12 月 28 日第十一届全国人民代表大会常务委员会第三十次会议《关于修改〈中华

人民共和国劳动合同法〉的决定》修正　主席令第73号）

目录

第一章　总则

第一条　为了完善劳动合同制度，明确劳动合同双方当事人的权利和义务，保护劳动者的合法权益，构建和发展和谐稳定的劳动关系，制定本法。

第二条　中华人民共和国境内的企业、个体经济组织、民办非企业单位等组织（以下称用人单位）与劳动者建立劳动关系，订立、履行、变更、解除或者终止劳动合同，适用本法。

国家机关、事业单位、社会团体和与其建立劳动关系的劳动者，订立、履行、变更、解除或者终止劳动合同，依照本法执行。

第三条　订立劳动合同，应当遵循合法、公平、平等自愿、协商一致、诚实信用的原则。

依法订立的劳动合同具有约束力，用人单位与劳动者应当履行劳动合同约定的义务。

第四条　用人单位应当依法建立和完善劳动规章制度，保障劳动者享有劳动权利、履行劳动义务。

用人单位在制定、修改或者决定有关劳动报酬、工作时间、休息休假、劳动安全卫生、保险福利、职工培训、劳动纪律以及劳动定额管理等直接涉及劳动者切身利益的规章制度或者重大事项时，应当经职工代表大会或者全体职工讨论，提出方案和意见，与工会或者职工代表平等协商确定。

在规章制度和重大事项决定实施过程中，工会或者职工认为不适当的，有权向用人单位提出，通过协商予以修改完善。

用人单位应当将直接涉及劳动者切身利益的规章制度和重大事项决定公示，或者告知劳动者。

第五条 县级以上人民政府劳动行政部门会同工会和企业方面代表，建立健全协调劳动关系三方机制，共同研究解决有关劳动关系的重大问题。

第六条 工会应当帮助、指导劳动者与用人单位依法订立和履行劳动合同，并与用人单位建立集体协商机制，维护劳动者的合法权益。

第二章　劳动合同的订立

第七条 用人单位自用工之日起即与劳动者建立劳动关系。用人单位应当建立职工名册备查。

第八条 用人单位招用劳动者时，应当如实告知劳动者工作内容、工作条件、工作地点、职业危害、安全生产状况、劳动报酬，以及劳动者要求了解的其他情况；用人单位有权了解劳动者与劳动合同直接相关的基本情况，劳动者应当如实说明。

第九条 用人单位招用劳动者，不得扣押劳动者的居民身份证和其他证件，不得要求劳动者提供担保或者以其他名义向劳动者收取财物。

第十条 建立劳动关系，应当订立书面劳动合同。

已建立劳动关系，未同时订立书面劳动合同的，应当自用工之日起一个月内订立书面劳动合同。

用人单位与劳动者在用工前订立劳动合同的，劳动关系自用工之日起建立。

第十一条 用人单位未在用工的同时订立书面劳动合同，与劳动者约定的劳动报酬不明确的，新招用的劳动者的劳动报酬按照集体合同规定的标准执行；没有集体合同或者集体合同未规定的，实行同工同酬。

第十二条 劳动合同分为固定期限劳动合同、无固定期限劳动合同和以完成一定工作任务为期限的劳动合同。

第十三条 固定期限劳动合同，是指用人单位与劳动者约定合同终止时间的劳动合同。

用人单位与劳动者协商一致，可以订立固定期限劳动合同。

第十四条 无固定期限劳动合同，是指用人单位与劳动者约定无确定终止时间的劳动合同。

用人单位与劳动者协商一致，可以订立无固定期限劳动合同。有下列情形之一，劳动者提出或者同意续订、订立劳动合同的，除劳动者提出订立固定期限劳动合同外，应当订立无固定期限劳动合同。

（一）劳动者在该用人单位连续工作满十年的；

（二）用人单位初次实行劳动合同制度或者国有企业改制重新订立劳动合同时，劳动者在该用人单位连续工作满十年且距法定退休年龄不足十年的；

（三）连续订立二次固定期限劳动合同，且劳动者没有本法第三十九条和第四十条第一项、第二项规定的情形，续订劳动合同的。

用人单位自用工之日起满一年不与劳动者订立书面劳动合同的，视为用人单位与劳动者已订立无固定期限劳动合同。

第十五条 以完成一定工作任务为期限的劳动合同，是指用人单位与劳动者约定以某项工作的完成为合同期限的劳动合同。

用人单位与劳动者协商一致，可以订立以完成一定工作任务为期限的劳动合同。

第十六条 劳动合同由用人单位与劳动者协商一致，并经用人单位与劳动者在劳动合同文本上签字或者盖章生效。

劳动合同文本由用人单位和劳动者各执一份。

第十七条 劳动合同应当具备以下条款。

（一）用人单位的名称、住所和法定代表人或者主要负责人；

（二）劳动者的姓名、住址和居民身份证或者其他有效身份证件号码；

（三）劳动合同期限；

（四）工作内容和工作地点；

（五）工作时间和休息休假；

（六）劳动报酬；

（七）社会保险；

（八）劳动保护、劳动条件和职业危害防护；

（九）法律、法规规定应当纳入劳动合同的其他事项。

劳动合同除前款规定的必备条款外，用人单位与劳动者可以约定试用期、培训、保守秘密、补充保险和福利待遇等其他事项。

第十八条　劳动合同对劳动报酬和劳动条件等标准约定不明确，引发争议的，用人单位与劳动者可以重新协商；协商不成的，适用集体合同规定；没有集体合同或者集体合同未规定劳动报酬的，实行同工同酬；没有集体合同或者集体合同未规定劳动条件等标准的，适用国家有关规定。

第十九条　劳动合同期限三个月以上不满一年的，试用期不得超过一个月；劳动合同期限一年以上不满三年的，试用期不得超过二个月；三年以上固定期限和无固定期限的劳动合同，试用期不得超过六个月。

同一用人单位与同一劳动者只能约定一次试用期。

以完成一定工作任务为期限的劳动合同或者劳动合同期限不满三个月的，不得约定试用期。

试用期包含在劳动合同期限内。劳动合同仅约定试用期的，试用期不成立，该期限为劳动合同期限。

第二十条　劳动者在试用期的工资不得低于本单位相同岗位最低档工资或者劳动合同约定工资的百分之八十，并不得低于用人单位所在地的最低工资标准。

第二十一条　在试用期中，除劳动者有本法第三十九条和第四十条第一项、第二项规定的情形外，用人单位不得解除劳动合同。用人单位在试用期解除劳动合同的，应当向劳动者说明理由。

第二十二条　用人单位为劳动者提供专项培训费用，对其进行专业技术培训的，可以与该劳动者订立协议，约定服务期。

劳动者违反服务期约定的，应当按照约定向用人单位支付违约金。违约金的数额不得超过用人单位提供的培训费用。用人单位要求劳动者支付的违约金不得超过服务期尚未履行部分所应分摊的培训费用。

用人单位与劳动者约定服务期的，不影响按照正常的工资调整机制提高劳动者在服务期期间的劳动报酬。

第二十三条 用人单位与劳动者可以在劳动合同中约定保守用人单位的商业秘密和与知识产权相关的保密事项。

对负有保密义务的劳动者，用人单位可以在劳动合同或者保密协议中与劳动者约定竞业限制条款，并约定在解除或者终止劳动合同后，在竞业限制期限内按月给予劳动者经济补偿。劳动者违反竞业限制约定的，应当按照约定向用人单位支付违约金。

第二十四条 竞业限制的人员限于用人单位的高级管理人员、高级技术人员和其他负有保密义务的人员。竞业限制的范围、地域、期限由用人单位与劳动者约定，竞业限制的约定不得违反法律、法规的规定。

在解除或者终止劳动合同后，前款规定的人员到与本单位生产或者经营同类产品、从事同类业务的有竞争关系的其他用人单位，或者自己开业生产或者经营同类产品、从事同类业务的竞业限制期限，不得超过二年。

第二十五条 除本法第二十二条和第二十三条规定的情形外，用人单位不得与劳动者约定由劳动者承担违约金。

第二十六条 下列劳动合同无效或者部分无效：

（一）以欺诈、胁迫的手段或者乘人之危，使对方在违背真实意思的情况下订立或者变更劳动合同的；

（二）用人单位免除自己的法定责任、排除劳动者权利的；

（三）违反法律、行政法规强制性规定的。

对劳动合同的无效或者部分无效有争议的，由劳动争议仲裁机构或者人民法院确认。

第二十七条 劳动合同部分无效，不影响其他部分效力的，其他部分仍然有效。

第二十八条 劳动合同被确认无效，劳动者已付出劳动的，用人单位应当向劳动者支付劳动报酬。劳动报酬的数额，参照本单位相同或者相近岗位劳动者的劳动报酬确定。

第三章　劳动合同的履行和变更

第二十九条　用人单位与劳动者应当按照劳动合同的约定，全面履行各自的义务。

第三十条　用人单位应当按照劳动合同约定和国家规定，向劳动者及时足额支付劳动报酬。

用人单位拖欠或者未足额支付劳动报酬的，劳动者可以依法向当地人民法院申请支付令，人民法院应当依法发出支付令。

第三十一条　用人单位应当严格执行劳动定额标准，不得强迫或者变相强迫劳动者加班。用人单位安排加班的，应当按照国家有关规定向劳动者支付加班费。

第三十二条　劳动者拒绝用人单位管理人员违章指挥、强令冒险作业的，不视为违反劳动合同。

劳动者对危害生命安全和身体健康的劳动条件，有权对用人单位提出批评、检举和控告。

第三十三条　用人单位变更名称、法定代表人、主要负责人或者投资人等事项，不影响劳动合同的履行。

第三十四条　用人单位发生合并或者分立等情况，原劳动合同继续有效，劳动合同由承继其权利和义务的用人单位继续履行。

第三十五条　用人单位与劳动者协商一致，可以变更劳动合同约定的内容。变更劳动合同，应当采用书面形式。

变更后的劳动合同文本由用人单位和劳动者各执一份。

第四章　劳动合同的解除和终止

第三十六条　用人单位与劳动者协商一致，可以解除劳动合同。

第三十七条　劳动者提前三十日以书面形式通知用人单位，可以解除劳动合同。劳动者在试用期内提前三日通知用人单位，可以解除劳动合同。

第三十八条　用人单位有下列情形之一的，劳动者可以解除劳动合同。

（一）未按照劳动合同约定提供劳动保护或者劳动条件的；

（二）未及时足额支付劳动报酬的；

（三）未依法为劳动者缴纳社会保险费的；

（四）用人单位的规章制度违反法律、法规的规定，损害劳动者权益的；

（五）因本法第二十六条第一款规定的情形致使劳动合同无效的；

（六）法律、行政法规规定劳动者可以解除劳动合同的其他情形。

用人单位以暴力、威胁或者非法限制人身自由的手段强迫劳动者劳动的，或者用人单位违章指挥、强令冒险作业危及劳动者人身安全的，劳动者可以立即解除劳动合同，不需事先告知用人单位。

第三十九条 劳动者有下列情形之一的，用人单位可以解除劳动合同。

（一）在试用期间被证明不符合录用条件的；

（二）严重违反用人单位的规章制度的；

（三）严重失职，营私舞弊，给用人单位造成重大损害的；

（四）劳动者同时与其他用人单位建立劳动关系，对完成本单位的工作任务造成严重影响，或者经用人单位提出，拒不改正的；

（五）因本法第二十六条第一款第一项规定的情形致使劳动合同无效的；

（六）被依法追究刑事责任的。

第四十条 有下列情形之一的，用人单位提前三十日以书面形式通知劳动者本人或者额外支付劳动者一个月工资后，可以解除劳动合同。

（一）劳动者患病或者非因工负伤，在规定的医疗期满后不能从事原工作，也不能从事由用人单位另行安排的工作的；

（二）劳动者不能胜任工作，经过培训或者调整工作岗位，仍不能胜任工作的；

（三）劳动合同订立时所依据的客观情况发生重大变化，致使劳动合同无法履行，经用人单位与劳动者协商，未能就变更劳动合同内容达成协议的。

第四十一条 有下列情形之一，需要裁减人员二十人以上或者裁减不足二十人但占企业职工总数百分之十以上的，用人单位提前三十日向工会或者全体职工说明情况，听取工会或者职工的意见后，裁减人员方案经向劳动行政部门报告，可以裁减人员。

（一）依照企业破产法规定进行重整的；

（二）生产经营发生严重困难的；

（三）企业转产、重大技术革新或者经营方式调整，经变更劳动合同后，仍需裁减人员的；

（四）其他因劳动合同订立时所依据的客观经济情况发生重大变化，致使劳动合同无法履行的。

裁减人员时，应当优先留用下列人员。

（一）与本单位订立较长期限的固定期限劳动合同的；

（二）与本单位订立无固定期限劳动合同的；

（三）家庭无其他就业人员，有需要扶养的老人或者未成年人的。

用人单位依照本条第一款规定裁减人员，在六个月内重新招用人员的，应当通知被裁减的人员，并在同等条件下优先招用被裁减的人员。

第四十二条 劳动者有下列情形之一的，用人单位不得依照本法第四十条、第四十一条的规定解除劳动合同。

（一）从事接触职业病危害作业的劳动者未进行离岗前职业健康检查，或者疑似职业病病人在诊断或者医学观察期间的；

（二）在本单位患职业病或者因工负伤并被确认丧失或者部分丧失劳动能力的；

（三）患病或者非因工负伤，在规定的医疗期内的；

（四）女职工在孕期、产期、哺乳期的；

（五）在本单位连续工作满十五年，且距法定退休年龄不足五年的；

（六）法律、行政法规规定的其他情形。

第四十三条 用人单位单方解除劳动合同，应当事先将理由通知工会。用人单位违反法律、行政法规规定或者劳动合同约定的，工会有权要求用人单位纠正。用人单位应当研究工会的意见，并将处理结果书面通知工会。

第四十四条 有下列情形之一的，劳动合同终止。

（一）劳动合同期满的；

（二）劳动者开始依法享受基本养老保险待遇的；

（三）劳动者死亡，或者被人民法院宣告死亡或者宣告失踪的；

（四）用人单位被依法宣告破产的；

（五）用人单位被吊销营业执照、责令关闭、撤销或者用人单位决定提前解散的；

（六）法律、行政法规规定的其他情形。

第四十五条 劳动合同期满，有本法第四十二条规定情形之一的，劳动合同应当续延至相应的情形消失时终止。但是，本法第四十二条第二项规定丧失或者部分丧失劳动能力劳动者的劳动合同的终止，按照国家有关工伤保险的规定执行。

第四十六条 有下列情形之一的，用人单位应当向劳动者支付经济补偿。

（一）劳动者依照本法第三十八条规定解除劳动合同的；

（二）用人单位依照本法第三十六条规定向劳动者提出解除劳动合同并与劳动者协商一致解除劳动合同的；

（三）用人单位依照本法第四十条规定解除劳动合同的；

（四）用人单位依照本法第四十一条第一款规定解除劳动合同的；

（五）除用人单位维持或者提高劳动合同约定条件续订劳动合同，劳动者不同意续订的情形外，依照本法第四十四条第一项规定终止固定期限劳动合同的；

（六）依照本法第四十四条第四项、第五项规定终止劳动合同的；

（七）法律、行政法规规定的其他情形。

第四十七条 经济补偿按劳动者在本单位工作的年限，每满一年支付一个月工资的标准向劳动者支付。六个月以上不满一年的，按一年计算；不满六个月的，向劳动者支付半个月工资的经济补偿。

劳动者月工资高于用人单位所在直辖市、设区的市级人民政府公布的本地区上年度职工月平均工资三倍的，向其支付经济补偿的标准按职工月平均工资三倍的数额支付，向其支付经济补偿的年限最高不超过十二年。

本条所称月工资是指劳动者在劳动合同解除或者终止前十二个月的平均工资。

第四十八条 用人单位违反本法规定解除或者终止劳动合同，劳动者要求继续履行劳动合同的，用人单位应当继续履行；劳动者不要求继续履行劳动合同或者劳动合同已经不能继续履行的，用人单位应当依照本法第八十七条规定支付赔偿金。

第四十九条 国家采取措施，建立健全劳动者社会保险关系跨地区转移接续制度。

第五十条 用人单位应当在解除或者终止劳动合同时出具解除或者终止劳动合同的证明，并在十五日内为劳动者办理档案和社会保险关系转移手续。

劳动者应当按照双方约定，办理工作交接。用人单位依照本法有关规定应当向劳动者支付经济补偿的，在办结工作交接时支付。

用人单位对已经解除或者终止的劳动合同的文本，至少保存二年备查。

第五章　特别规定

第一节　集体合同

第五十一条　企业职工一方与用人单位通过平等协商，可以就劳动报酬、工作时间、休息休假、劳动安全卫生、保险福利等事项订立集体合同。集体合同草案应当提交职工代表大会或者全体职工讨论通过。

集体合同由工会代表企业职工一方与用人单位订立；尚未建立工会的用人单位，由上级工会指导劳动者推举的代表与用人单位订立。

第五十二条　企业职工一方与用人单位可以订立劳动安全卫生、女职工权益保护、工资调整机制等专项集体合同。

第五十三条　在县级以下区域内，建筑业、采矿业、餐饮服务业等行业可以由工会与企业方面代表订立行业性集体合同，或者订立区域性集体合同。

第五十四条　集体合同订立后，应当报送劳动行政部门；劳动行政部门自收到集体合同文本之日起十五日内未提出异议的，集体合同即行生效。

依法订立的集体合同对用人单位和劳动者具有约束力。行业性、区域性集体合同对当地本行业、本区域的用人单位和劳动者具有约束力。

第五十五条　集体合同中劳动报酬和劳动条件等标准不得低于当地人民政府规定的最低标准；用人单位与劳动者订立的劳动合同中劳动报酬和劳动条件等标准不得低于集体合同规定的标准。

第五十六条　用人单位违反集体合同，侵犯职工劳动权益的，工会可以依法要求用人单位承担责任；因履行集体合同发生争议，经协商解决不成的，工会可以依法申请仲裁、提起诉讼。

第二节　劳务派遣

第五十七条　经营劳务派遣业务应当具备下列条件。

（一）注册资本不得少于人民币二百万元；

（二）有与开展业务相适应的固定的经营场所和设施；

（三）有符合法律、行政法规规定的劳务派遣管理制度；

（四）法律、行政法规规定的其他条件。

经营劳务派遣业务，应当向劳动行政部门依法申请行政许可；经许可的，依法办理相应的公司登记。未经许可，任何单位和个人不得经营劳务派遣业务。

第五十八条 劳务派遣单位是本法所称用人单位，应当履行用人单位对劳动者的义务。劳务派遣单位与被派遣劳动者订立的劳动合同，除应当载明本法第十七条规定的事项外，还应当载明被派遣劳动者的用工单位以及派遣期限、工作岗位等情况。

劳务派遣单位应当与被派遣劳动者订立二年以上的固定期限劳动合同，按月支付劳动报酬；被派遣劳动者在无工作期间，劳务派遣单位应当按照所在地人民政府规定的最低工资标准，向其按月支付报酬。

第五十九条 劳务派遣单位派遣劳动者应当与接受以劳务派遣形式用工的单位（以下称用工单位）订立劳务派遣协议。劳务派遣协议应当约定派遣岗位和人员数量、派遣期限、劳动报酬和社会保险费的数额与支付方式以及违反协议的责任。

用工单位应当根据工作岗位的实际需要与劳务派遣单位确定派遣期限，不得将连续用工期限分割订立数个短期劳务派遣协议。

第六十条 劳务派遣单位应当将劳务派遣协议的内容告知被派遣劳动者。

劳务派遣单位不得克扣用工单位按照劳务派遣协议支付给被派遣劳动者的劳动报酬。

劳务派遣单位和用工单位不得向被派遣劳动者收取费用。

第六十一条 劳务派遣单位跨地区派遣劳动者的，被派遣劳动者享有的劳动报酬和劳动条件，按照用工单位所在地的标准执行。

第六十二条 用工单位应当履行下列义务。

（一）执行国家劳动标准，提供相应的劳动条件和劳动保护；

（二）告知被派遣劳动者的工作要求和劳动报酬；

（三）支付加班费、绩效奖金，提供与工作岗位相关的福利待遇；

（四）对在岗被派遣劳动者进行工作岗位所必需的培训；

（五）连续用工的，实行正常的工资调整机制。

用工单位不得将被派遣劳动者再派遣到其他用人单位。

第六十三条 被派遣劳动者享有与用工单位的劳动者同工同酬的权利。用工单位应当按照同工同酬原则，对被派遣劳动者与本单位同类岗位的劳动者实行相同的劳动报酬分配办法。用工单位无同类岗位劳动者的，参照用工单位所在地相同或者相近岗位劳动者的劳动报酬确定。

劳务派遣单位与被派遣劳动者订立的劳动合同和与用工单位订立的劳务派遣协议，载明或者约定的向被派遣劳动者支付的劳动报酬应当符合前款规定。

第六十四条 被派遣劳动者有权在劳务派遣单位或者用工单位依法参加或者组织工会，维护自身的合法权益。

第六十五条 被派遣劳动者可以依照本法第三十六条、第三十八条的规定与劳务派遣单位解除劳动合同。

被派遣劳动者有本法第三十九条和第四十条第一项、第二项规定情形的，用工单位可以将劳动者退回劳务派遣单位，劳务派遣单位依照本法有关规定，可以与劳动者解除劳动合同。

第六十六条 劳动合同用工是我国的企业基本用工形式。劳务派遣用工是补充形式，只能在临时性、辅助性或者替代性的工作岗位上实施。

前款规定的临时性工作岗位是指存续时间不超过六个月的岗位；辅助性工作岗位是指为主营业务岗位提供服务的非主营业务岗位；替代性工作岗位是指用工单位的劳动者因脱产学习、休假等原因无法工作的一定期间内，可以由其他劳动者替代工作的岗位。

用工单位应当严格控制劳务派遣用工数量，不得超过其用工总量的一定比例，具体比例由国务院劳动行政部门规定。

第六十七条 用人单位不得设立劳务派遣单位向本单位或者所属单位派遣劳动者。

第三节　非全日制用工

第六十八条 非全日制用工，是指以小时计酬为主，劳动者在同一用人单位一般平均每日工作时间不超过四小时，每周工作时间累计不超过二十四小时的用工形式。

第六十九条 非全日制用工双方当事人可以订立口头协议。

从事非全日制用工的劳动者可以与一个或者一个以上用人单位订立劳动合同；但是，

后订立的劳动合同不得影响先订立的劳动合同的履行。

第七十条 非全日制用工双方当事人不得约定试用期。

第七十一条 非全日制用工双方当事人任何一方都可以随时通知对方终止用工。终止用工，用人单位不向劳动者支付经济补偿。

第七十二条 非全日制用工小时计酬标准不得低于用人单位所在地人民政府规定的最低小时工资标准。

非全日制用工劳动报酬结算支付周期最长不得超过十五日。

第六章　监督检查

第七十三条 国务院劳动行政部门负责全国劳动合同制度实施的监督管理。

县级以上地方人民政府劳动行政部门负责本行政区域内劳动合同制度实施的监督管理。

县级以上各级人民政府劳动行政部门在劳动合同制度实施的监督管理工作中，应当听取工会、企业方面代表以及有关行业主管部门的意见。

第七十四条 县级以上地方人民政府劳动行政部门依法对下列实施劳动合同制度的情况进行监督检查：

（一）用人单位制定直接涉及劳动者切身利益的规章制度及其执行的情况；

（二）用人单位与劳动者订立和解除劳动合同的情况；

（三）劳务派遣单位和用工单位遵守劳务派遣有关规定的情况；

（四）用人单位遵守国家关于劳动者工作时间和休息休假规定的情况；

（五）用人单位支付劳动合同约定的劳动报酬和执行最低工资标准的情况；

（六）用人单位参加各项社会保险和缴纳社会保险费的情况；

（七）法律、法规规定的其他劳动监察事项。

第七十五条 县级以上地方人民政府劳动行政部门实施监督检查时，有权查阅与劳动合同、集体合同有关的材料，有权对劳动场所进行实地检查，用人单位和劳动者都应当如实提供有关情况和材料。

劳动行政部门的工作人员进行监督检查，应当出示证件，依法行使职权，文明执法。

第七十六条 县级以上人民政府建设、卫生、安全生产监督管理等有关主管部门在各自职责范围内，对用人单位执行劳动合同制度的情况进行监督管理。

第七十七条 劳动者合法权益受到侵害的，有权要求有关部门依法处理，或者依法申请仲裁、提起诉讼。

第七十八条 工会依法维护劳动者的合法权益，对用人单位履行劳动合同、集体合同的情况进行监督。用人单位违反劳动法律、法规和劳动合同、集体合同的，工会有权提出意见或者要求纠正；劳动者申请仲裁、提起诉讼的，工会依法给予支持和帮助。

第七十九条 任何组织或者个人对违反本法的行为都有权举报，县级以上人民政府劳动行政部门应当及时核实、处理，并对举报有功人员给予奖励。

第七章 法律责任

第八十条 用人单位直接涉及劳动者切身利益的规章制度违反法律、法规规定的，由劳动行政部门责令改正，给予警告；给劳动者造成损害的，应当承担赔偿责任。

第八十一条 用人单位提供的劳动合同文本未载明本法规定的劳动合同必备条款或者用人单位未将劳动合同文本交付劳动者的，由劳动行政部门责令改正；给劳动者造成损害的，应当承担赔偿责任。

第八十二条 用人单位自用工之日起超过一个月不满一年未与劳动者订立书面劳动合同的，应当向劳动者每月支付二倍的工资。

用人单位违反本法规定不与劳动者订立无固定期限劳动合同的，自应当订立无固定期限劳动合同之日起向劳动者每月支付二倍的工资。

第八十三条 用人单位违反本法规定与劳动者约定试用期的，由劳动行政部门责令改正；违法约定的试用期已经履行的，由用人单位以劳动者试用期满月工资为标准，按已经履行的超过法定试用期的期间向劳动者支付赔偿金。

第八十四条 用人单位违反本法规定，扣押劳动者居民身份证等证件的，由劳动行政部门责令限期退还劳动者本人，并依照有关法律规定给予处罚。

用人单位违反本法规定，以担保或者其他名义向劳动者收取财物的，由劳动行政部门责令限期退还劳动者本人，并以每人五百元以上二千元以下的标准处以罚款；给劳动者造成损害的，应当承担赔偿责任。

劳动者依法解除或者终止劳动合同，用人单位扣押劳动者档案或者其他物品的，依照前款规定处罚。

第八十五条 用人单位有下列情形之一的，由劳动行政部门责令限期支付劳动报酬、加班费或者经济补偿；劳动报酬低于当地最低工资标准的，应当支付其差额部分；逾期不支付的，责令用人单位按应付金额百分之五十以上百分之一百以下的标准向劳动者加付赔偿金。

（一）未按照劳动合同的约定或者国家规定及时足额支付劳动者劳动报酬的；

（二）低于当地最低工资标准支付劳动者工资的；

（三）安排加班不支付加班费的；

（四）解除或者终止劳动合同，未依照本法规定向劳动者支付经济补偿的。

第八十六条 劳动合同依照本法第二十六条规定被确认无效，给对方造成损害的，有过错的一方应当承担赔偿责任。

第八十七条 用人单位违反本法规定解除或者终止劳动合同的，应当依照本法第四十七条规定的经济补偿标准的二倍向劳动者支付赔偿金。

第八十八条 用人单位有下列情形之一的，依法给予行政处罚；构成犯罪的，依法追究刑事责任；给劳动者造成损害的，应当承担赔偿责任。

（一）以暴力、威胁或者非法限制人身自由的手段强迫劳动的；

（二）违章指挥或者强令冒险作业危及劳动者人身安全的；

（三）侮辱、体罚、殴打、非法搜查或者拘禁劳动者的；

（四）劳动条件恶劣、环境污染严重，给劳动者身心健康造成严重损害的。

第八十九条 用人单位违反本法规定未向劳动者出具解除或者终止劳动合同的书面证明，由劳动行政部门责令改正；给劳动者造成损害的，应当承担赔偿责任。

第九十条 劳动者违反本法规定解除劳动合同，或者违反劳动合同中约定的保密义务或者竞业限制，给用人单位造成损失的，应当承担赔偿责任。

第九十一条 用人单位招用与其他用人单位尚未解除或者终止劳动合同的劳动者，给其他用人单位造成损失的，应当承担连带赔偿责任。

第九十二条 违反本法规定，未经许可，擅自经营劳务派遣业务的，由劳动行政部门责令停止违法行为，没收违法所得，并处违法所得一倍以上五倍以下的罚款；没有违法所得的，可以处五万元以下的罚款。

劳务派遣单位、用工单位违反本法有关劳务派遣规定的，由劳动行政部门责令限期改正；逾期不改正的，以每人五千元以上一万元以下的标准处以罚款，对劳务派遣单位，吊销其劳务派遣业务经营许可证。用工单位给被派遣劳动者造成损害的，劳务派遣单位与用工单位承担连带赔偿责任。

第九十三条 对不具备合法经营资格的用人单位的违法犯罪行为，依法追究法律责任；劳动者已经付出劳动的，该单位或者其出资人应当依照本法有关规定向劳动者支付劳动报酬、经济补偿、赔偿金；给劳动者造成损害的，应当承担赔偿责任。

第九十四条 个人承包经营违反本法规定招用劳动者，给劳动者造成损害的，发包的组织与个人承包经营者承担连带赔偿责任。

第九十五条 劳动行政部门和其他有关主管部门及其工作人员玩忽职守、不履行法定职责，或者违法行使职权，给劳动者或者用人单位造成损害的，应当承担赔偿责任；对直接负责的主管人员和其他直接责任人员，依法给予行政处分；构成犯罪的，依法追究刑事责任。

第八章 附则

第九十六条 事业单位与实行聘用制的工作人员订立、履行、变更、解除或者终止劳动合同，法律、行政法规或者国务院另有规定的，依照其规定；未作规定的，依照本法有关规定执行。

第九十七条 本法施行前已依法订立且在本法施行之日存续的劳动合同，继续履行；本法第十四条第二款第三项规定连续订立固定期限劳动合同的次数，自本法施行后续订固定期限劳动合同时开始计算。

本法施行前已建立劳动关系，尚未订立书面劳动合同的，应当自本法施行之日起一个月内订立。

本法施行之日存续的劳动合同在本法施行后解除或者终止，依照本法第四十六条规定应当支付经济补偿的，经济补偿年限自本法施行之日起计算；本法施行前按照当时有关规定，用人单位应当向劳动者支付经济补偿的，按照当时有关规定执行。

第九十八条 本法自 2008 年 1 月 1 日起施行。

3. 中华人民共和国劳动争议调解仲裁法

（2007年12月29日第十届全国人民代表大会常务委员会第三十一次会议通过）

目录

第一章　总则

第一条　为了公正及时解决劳动争议，保护当事人合法权益，促进劳动关系和谐稳定，制定本法。

第二条　中华人民共和国境内的用人单位与劳动者发生的下列劳动争议，适用本法。

（一）因确认劳动关系发生的争议；

（二）因订立、履行、变更、解除和终止劳动合同发生的争议；

（三）因除名、辞退和辞职、离职发生的争议；

（四）因工作时间、休息休假、社会保险、福利、培训以及劳动保护发生的争议；

（五）因劳动报酬、工伤医疗费、经济补偿或者赔偿金等发生的争议；

（六）法律、法规规定的其他劳动争议。

第三条　解决劳动争议，应当根据事实，遵循合法、公正、及时、着重调解的原则，依法保护当事人的合法权益。

第四条　发生劳动争议，劳动者可以与用人单位协商，也可以请工会或者第三方共同与用人单位协商，达成和解协议。

第五条　发生劳动争议，当事人不愿协商、协商不成或者达成和解协议后不履行的，可以向调解组织申请调解；不愿调解、调解不成或者达成调解协议后不履行的，可以向劳动争议仲裁委员会申请仲裁；对仲裁裁决不服的，除本法另有规定的外，可以向人民法院提起诉讼。

第六条　发生劳动争议，当事人对自己提出的主张，有责任提供证据。与争议事项有关的证据属于用人单位掌握管理的，用人单位应当提供；用人单位不提供的，应当承担不利后果。

第七条　发生劳动争议的劳动者一方在十人以上，并有共同请求的，可以推举代表参加调解、仲裁或者诉讼活动。

第八条　县级以上人民政府劳动行政部门会同工会和企业方面代表建立协调劳动关系三方机制，共同研究解决劳动争议的重大问题。

第九条　用人单位违反国家规定，拖欠或者未足额支付劳动报酬，或者拖欠工伤医疗费、经济补偿或者赔偿金的，劳动者可以向劳动行政部门投诉，劳动行政部门应当依法处理。

第二章　调解

第十条　发生劳动争议，当事人可以到下列调解组织申请调解。

（一）企业劳动争议调解委员会；

（二）依法设立的基层人民调解组织；

（三）在乡镇、街道设立的具有劳动争议调解职能的组织。

企业劳动争议调解委员会由职工代表和企业代表组成。职工代表由工会成员担任或者由全体职工推举产生，企业代表由企业负责人指定。企业劳动争议调解委员会主任由工会成员或者双方推举的人员担任。

第十一条　劳动争议调解组织的调解员应当由公道正派、联系群众、热心调解工作，并具有一定法律知识、政策水平和文化水平的成年公民担任。

第十二条　当事人申请劳动争议调解可以书面申请，也可以口头申请。口头申请的，调解组织应当当场记录申请人基本情况、申请调解的争议事项、理由和时间。

第十三条　调解劳动争议，应当充分听取双方当事人对事实和理由的陈述，耐心疏导，帮助其达成协议。

第十四条　经调解达成协议的，应当制作调解协议书。

调解协议书由双方当事人签名或者盖章，经调解员签名并加盖调解组织印章后生效，对双方当事人具有约束力，当事人应当履行。

自劳动争议调解组织收到调解申请之日起十五日内未达成调解协议的，当事人可以依法申请仲裁。

第十五条 达成调解协议后，一方当事人在协议约定期限内不履行调解协议的，另一方当事人可以依法申请仲裁。

第十六条 因支付拖欠劳动报酬、工伤医疗费、经济补偿或者赔偿金事项达成调解协议，用人单位在协议约定期限内不履行的，劳动者可以持调解协议书依法向人民法院申请支付令。人民法院应当依法发出支付令。

第三章 仲裁

第一节 一般规定

第十七条 劳动争议仲裁委员会按照统筹规划、合理布局和适应实际需要的原则设立。省、自治区人民政府可以决定在市、县设立；直辖市人民政府可以决定在区、县设立。直辖市、设区的市也可以设立一个或者若干个劳动争议仲裁委员会。劳动争议仲裁委员会不按行政区划层层设立。

第十八条 国务院劳动行政部门依照本法有关规定制定仲裁规则。省、自治区、直辖市人民政府劳动行政部门对本行政区域的劳动争议仲裁工作进行指导。

第十九条 劳动争议仲裁委员会由劳动行政部门代表、工会代表和企业方面代表组成。劳动争议仲裁委员会组成人员应当是单数。

劳动争议仲裁委员会依法履行下列职责。

（一）聘任、解聘专职或者兼职仲裁员；

（二）受理劳动争议案件；

（三）讨论重大或者疑难的劳动争议案件；

（四）对仲裁活动进行监督。

劳动争议仲裁委员会下设办事机构，负责办理劳动争议仲裁委员会的日常工作。

第二十条 劳动争议仲裁委员会应当设仲裁员名册。

仲裁员应当公道正派并符合下列条件之一。

（一）曾任审判员的；

（二）从事法律研究、教学工作并具有中级以上职称的；

（三）具有法律知识、从事人力资源管理或者工会等专业工作满五年的；

（四）律师执业满三年的。

第二十一条　劳动争议仲裁委员会负责管辖本区域内发生的劳动争议。

劳动争议由劳动合同履行地或者用人单位所在地的劳动争议仲裁委员会管辖。双方当事人分别向劳动合同履行地和用人单位所在地的劳动争议仲裁委员会申请仲裁的，由劳动合同履行地的劳动争议仲裁委员会管辖。

第二十二条　发生劳动争议的劳动者和用人单位为劳动争议仲裁案件的双方当事人。

劳务派遣单位或者用工单位与劳动者发生劳动争议的，劳务派遣单位和用工单位为共同当事人。

第二十三条　与劳动争议案件的处理结果有利害关系的第三人，可以申请参加仲裁活动或者由劳动争议仲裁委员会通知其参加仲裁活动。

第二十四条　当事人可以委托代理人参加仲裁活动。委托他人参加仲裁活动，应当向劳动争议仲裁委员会提交有委托人签名或者盖章的委托书，委托书应当载明委托事项和权限。

第二十五条　丧失或者部分丧失民事行为能力的劳动者，由其法定代理人代为参加仲裁活动；无法定代理人的，由劳动争议仲裁委员会为其指定代理人。劳动者死亡的，由其近亲属或者代理人参加仲裁活动。

第二十六条　劳动争议仲裁公开进行，但当事人协议不公开进行或者涉及国家秘密、商业秘密和个人隐私的除外。

第二节　申请和受理

第二十七条　劳动争议申请仲裁的时效期间为一年。仲裁时效期间从当事人知道或者应当知道其权利被侵害之日起计算。

前款规定的仲裁时效，因当事人一方向对方当事人主张权利，或者向有关部门请求权利救济，或者对方当事人同意履行义务而中断。从中断时起，仲裁时效期间重新计算。

因不可抗力或者有其他正当理由，当事人不能在本条第一款规定的仲裁时效期间申请仲裁的，仲裁时效中止。从中止时效的原因消除之日起，仲裁时效期间继续计算。

劳动关系存续期间因拖欠劳动报酬发生争议的，劳动者申请仲裁不受本条第一款规定的仲裁时效期间的限制；但是，劳动关系终止的，应当自劳动关系终止之日起一年内提出。

第二十八条 申请人申请仲裁应当提交书面仲裁申请，并按照被申请人人数提交副本。

仲裁申请书应当载明下列事项。

（一）劳动者的姓名、性别、年龄、职业、工作单位和住所，用人单位的名称、住所和法定代表人或者主要负责人的姓名、职务；

（二）仲裁请求和所根据的事实、理由；

（三）证据和证据来源、证人姓名和住所。

书写仲裁申请确有困难的，可以口头申请，由劳动争议仲裁委员会记入笔录，并告知对方当事人。

第二十九条 劳动争议仲裁委员会收到仲裁申请之日起五日内，认为符合受理条件的，应当受理，并通知申请人；认为不符合受理条件的，应当书面通知申请人不予受理，并说明理由。对劳动争议仲裁委员会不予受理或者逾期未作出决定的，申请人可以就该劳动争议事项向人民法院提起诉讼。

第三十条 劳动争议仲裁委员会受理仲裁申请后，应当在五日内将仲裁申请书副本送达被申请人。

被申请人收到仲裁申请书副本后，应当在十日内向劳动争议仲裁委员会提交答辩书。劳动争议仲裁委员会收到答辩书后，应当在五日内将答辩书副本送达申请人。被申请人未提交答辩书的，不影响仲裁程序的进行。

第三节 开庭和裁决

第三十一条 劳动争议仲裁委员会裁决劳动争议案件实行仲裁庭制。仲裁庭由三名仲裁员组成，设首席仲裁员。简单劳动争议案件可以由一名仲裁员独任仲裁。

第三十二条 劳动争议仲裁委员会应当在受理仲裁申请之日起五日内将仲裁庭的组成情况书面通知当事人。

第三十三条 仲裁员有下列情形之一，应当回避，当事人也有权以口头或者书面方式提出回避申请。

（一）是本案当事人或者当事人、代理人的近亲属的；

（二）与本案有利害关系的；

（三）与本案当事人、代理人有其他关系，可能影响公正裁决的；

（四）私自会见当事人、代理人，或者接受当事人、代理人的请客送礼的。

劳动争议仲裁委员会对回避申请应当及时作出决定，并以口头或者书面方式通知当事人。

第三十四条 仲裁员有本法第三十三条第四项规定情形，或者有索贿受贿、徇私舞弊、枉法裁决行为的，应当依法承担法律责任。劳动争议仲裁委员会应当将其解聘。

第三十五条 仲裁庭应当在开庭五日前，将开庭日期、地点书面通知双方当事人。当事人有正当理由的，可以在开庭三日前请求延期开庭。是否延期，由劳动争议仲裁委员会决定。

第三十六条 申请人收到书面通知，无正当理由拒不到庭或者未经仲裁庭同意中途退庭的，可以视为撤回仲裁申请。

被申请人收到书面通知，无正当理由拒不到庭或者未经仲裁庭同意中途退庭的，可以缺席裁决。

第三十七条 仲裁庭对专门性问题认为需要鉴定的，可以交由当事人约定的鉴定机构鉴定；当事人没有约定或者无法达成约定的，由仲裁庭指定的鉴定机构鉴定。

根据当事人的请求或者仲裁庭的要求，鉴定机构应当派鉴定人参加开庭。当事人经仲裁庭许可，可以向鉴定人提问。

第三十八条 当事人在仲裁过程中有权进行质证和辩论。质证和辩论终结时，首席仲裁员或者独任仲裁员应当征询当事人的最后意见。

第三十九条 当事人提供的证据经查证属实的，仲裁庭应当将其作为认定事实的根据。

劳动者无法提供由用人单位掌握管理的与仲裁请求有关的证据，仲裁庭可以要求用人单位在指定期限内提供。用人单位在指定期限内不提供的，应当承担不利后果。

第四十条 仲裁庭应当将开庭情况记入笔录。当事人和其他仲裁参加人认为对自己陈述的记录有遗漏或者差错的，有权申请补正。如果不予补正，应当记录该申请。

笔录由仲裁员、记录人员、当事人和其他仲裁参加人签名或者盖章。

第四十一条 当事人申请劳动争议仲裁后，可以自行和解。达成和解协议的，可以撤回仲裁申请。

第四十二条 仲裁庭在作出裁决前，应当先行调解。

调解达成协议的，仲裁庭应当制作调解书。

调解书应当写明仲裁请求和当事人协议的结果。调解书由仲裁员签名，加盖劳动争议仲裁委员会印章，送达双方当事人。调解书经双方当事人签收后，发生法律效力。

调解不成或者调解书送达前，一方当事人反悔的，仲裁庭应当及时作出裁决。

第四十三条 仲裁庭裁决劳动争议案件，应当自劳动争议仲裁委员会受理仲裁申请之日起四十五日内结束。案情复杂需要延期的，经劳动争议仲裁委员会主任批准，可以延期并书面通知当事人，但是延长期限不得超过十五日。逾期未作出仲裁裁决的，当事人可以就该劳动争议事项向人民法院提起诉讼。

仲裁庭裁决劳动争议案件时，其中一部分事实已经清楚，可以就该部分先行裁决。

第四十四条 仲裁庭对追索劳动报酬、工伤医疗费、经济补偿或者赔偿金的案件，根据当事人的申请，可以裁决先予执行，移送人民法院执行。

仲裁庭裁决先予执行的，应当符合下列条件。

（一）当事人之间权利义务关系明确；

（二）不先予执行将严重影响申请人的生活。

劳动者申请先予执行的，可以不提供担保。

第四十五条 裁决应当按照多数仲裁员的意见作出，少数仲裁员的不同意见应当记入笔录。仲裁庭不能形成多数意见时，裁决应当按照首席仲裁员的意见作出。

第四十六条 裁决书应当载明仲裁请求、争议事实、裁决理由、裁决结果和裁决日期。裁决书由仲裁员签名，加盖劳动争议仲裁委员会印章。对裁决持不同意见的仲裁员，可以签名，也可以不签名。

第四十七条 下列劳动争议，除本法另有规定的外，仲裁裁决为终局裁决，裁决书自作出之日起发生法律效力。

（一）追索劳动报酬、工伤医疗费、经济补偿或者赔偿金，不超过当地月最低工资标准十二个月金额的争议；

（二）因执行国家的劳动标准在工作时间、休息休假、社会保险等方面发生的争议。

第四十八条　劳动者对本法第四十七条规定的仲裁裁决不服的，可以自收到仲裁裁决书之日起十五日内向人民法院提起诉讼。

第四十九条　用人单位有证据证明本法第四十七条规定的仲裁裁决有下列情形之一，可以自收到仲裁裁决书之日起三十日内向劳动争议仲裁委员会所在地的中级人民法院申请撤销裁决。

（一）适用法律、法规确有错误的；

（二）劳动争议仲裁委员会无管辖权的；

（三）违反法定程序的；

（四）裁决所根据的证据是伪造的；

（五）对方当事人隐瞒了足以影响公正裁决的证据的；

（六）仲裁员在仲裁该案时有索贿受贿、徇私舞弊、枉法裁决行为的。

人民法院经组成合议庭审查核实裁决有前款规定情形之一的，应当裁定撤销。

仲裁裁决被人民法院裁定撤销的，当事人可以自收到裁定书之日起十五日内就该劳动争议事项向人民法院提起诉讼。

第五十条　当事人对本法第四十七条规定以外的其他劳动争议案件的仲裁裁决不服的，可以自收到仲裁裁决书之日起十五日内向人民法院提起诉讼；期满不起诉的，裁决书发生法律效力。

第五十一条　当事人对发生法律效力的调解书、裁决书，应当依照规定的期限履行。一方当事人逾期不履行的，另一方当事人可以依照民事诉讼法的有关规定向人民法院申请执行。受理申请的人民法院应当依法执行。

第四章　附则

第五十二条　事业单位实行聘用制的工作人员与本单位发生劳动争议的，依照本法执行；法律、行政法规或者国务院另有规定的，依照其规定。

第五十三条　劳动争议仲裁不收费。劳动争议仲裁委员会的经费由财政予以保障。

第五十四条　本法自 2008 年 5 月 1 日起施行。

4. 最高人民法院关于审理劳动争议案件适用法律问题的解释（一）

为正确审理劳动争议案件，根据《中华人民共和国民法典》《中华人民共和国劳动法》《中华人民共和国劳动合同法》《中华人民共和国劳动争议调解仲裁法》《中华人民共和国民事诉讼法》等相关法律规定，结合审判实践，制定本解释。

第一条　劳动者与用人单位之间发生的下列纠纷，属于劳动争议，当事人不服劳动争议仲裁机构作出的裁决，依法提起诉讼的，人民法院应予受理。

（一）劳动者与用人单位在履行劳动合同过程中发生的纠纷。

（二）劳动者与用人单位之间没有订立书面劳动合同，但已形成劳动关系后发生的纠纷；

（三）劳动者与用人单位因劳动关系是否已经解除或者终止，以及应否支付解除或者终止劳动关系经济补偿金发生的纠纷；

（四）劳动者与用人单位解除或者终止劳动关系后，请求用人单位返还其收取的劳动合同定金、保证金、抵押金、抵押物发生的纠纷，或者办理劳动者的人事档案、社会保险关系等移转手续发生的纠纷；

（五）劳动者以用人单位未为其办理社会保险手续，且社会保险经办机构不能补办导致其无法享受社会保险待遇为由，要求用人单位赔偿损失发生的纠纷；

（六）劳动者退休后，与尚未参加社会保险统筹的原用人单位因追索养老金、医疗费、工伤保险待遇和其他社会保险待遇而发生的纠纷；

（七）劳动者因为工伤、职业病，请求用人单位依法给予工伤保险待遇发生的纠纷；

（八）劳动者依据劳动合同法第八十五条规定，要求用人单位支付加付赔偿金发生的纠纷；

（九）因企业自主进行改制发生的纠纷。

第二条 下列纠纷不属于劳动争议。

（一）劳动者请求社会保险经办机构发放社会保险金的纠纷；

（二）劳动者与用人单位因住房制度改革产生的公有住房转让纠纷；

（三）劳动者对劳动能力鉴定委员会的伤残等级鉴定结论或者对职业病诊断鉴定委员会的职业病诊断鉴定结论的异议纠纷；

（四）家庭或者个人与家政服务人员之间的纠纷；

（五）个体工匠与帮工、学徒之间的纠纷；

（六）农村承包经营户与受雇人之间的纠纷。

第三条 劳动争议案件由用人单位所在地或者劳动合同履行地的基层人民法院管辖。

劳动合同履行地不明确的，由用人单位所在地的基层人民法院管辖。

法律另有规定的，依照其规定。

第四条 劳动者与用人单位均不服劳动争议仲裁机构的同一裁决，向同一人民法院起诉的，人民法院应当并案审理，双方当事人互为原告和被告，对双方的诉讼请求，人民法院应当一并作出裁决。在诉讼过程中，一方当事人撤诉的，人民法院应当根据另一方当事人的诉讼请求继续审理。双方当事人就同一仲裁裁决分别向有管辖权的人民法院起诉的，后受理的人民法院应当将案件移送给先受理的人民法院。

第五条 劳动争议仲裁机构以无管辖权为由对劳动争议案件不予受理，当事人提起诉讼的，人民法院按照以下情形分别处理。

（一）经审查认为该劳动争议仲裁机构对案件确无管辖权的，应当告知当事人向有管辖权的劳动争议仲裁机构申请仲裁；

（二）经审查认为该劳动争议仲裁机构有管辖权的，应当告知当事人申请仲裁，并将审查意见书面通知该劳动争议仲裁机构；劳动争议仲裁机构仍不受理，当事人就该劳动争议事项提起诉讼的，人民法院应予受理。

第六条 劳动争议仲裁机构以当事人申请仲裁的事项不属于劳动争议为由，作出不予受理的书面裁决、决定或者通知，当事人不服依法提起诉讼的，人民法院应当分别情况予以处理。

（一）属于劳动争议案件的，应当受理；

（二）虽不属于劳动争议案件，但属于人民法院主管的其他案件，应当依法受理。

第七条 劳动争议仲裁机构以申请仲裁的主体不适格为由，作出不予受理的书面裁决、决定或者通知，当事人不服依法提起诉讼，经审查确属主体不适格的，人民法院不予受理；已经受理的，裁定驳回起诉。

第八条 劳动争议仲裁机构为纠正原仲裁裁决错误重新作出裁决，当事人不服依法提起诉讼的，人民法院应当受理。

第九条 劳动争议仲裁机构仲裁的事项不属于人民法院受理的案件范围，当事人不服依法提起诉讼的，人民法院不予受理；已经受理的，裁定驳回起诉。

第十条 当事人不服劳动争议仲裁机构作出的预先支付劳动者劳动报酬、工伤医疗费、经济补偿或者赔偿金的裁决，依法提起诉讼的，人民法院不予受理。

用人单位不履行上述裁决中的给付义务，劳动者依法申请强制执行的，人民法院应予受理。

第十一条 劳动争议仲裁机构作出的调解书已经发生法律效力，一方当事人反悔提起诉讼的，人民法院不予受理；已经受理的，裁定驳回起诉。

第十二条 劳动争议仲裁机构逾期未作出受理决定或仲裁裁决，当事人直接提起诉讼的，人民法院应予受理，但申请仲裁的案件存在下列事由的除外。

（一）移送管辖的；

（二）正在送达或者送达延误的；

（三）等待另案诉讼结果、评残结论的；

（四）正在等待劳动争议仲裁机构开庭的；

（五）启动鉴定程序或者委托其他部门调查取证的；

（六）其他正当事由。

当事人以劳动争议仲裁机构逾期未作出仲裁裁决为由提起诉讼的，应当提交该仲裁机构出具的受理通知书或者其他已接受仲裁申请的凭证、证明。

第十三条 劳动者依据劳动合同法第三十条第二款和调解仲裁法第十六条规定向人民法院申请支付令，符合民事诉讼法第十七章督促程序规定的，人民法院应予受理。

依据劳动合同法第三十条第二款规定申请支付令被人民法院裁定终结督促程序后，劳动者就劳动争议事项直接提起诉讼的，人民法院应当告知其先向劳动争议仲裁机构申请仲裁。

依据调解仲裁法第十六条规定申请支付令被人民法院裁定终结督促程序后，劳动者依据调解协议直接提起诉讼的，人民法院应予受理。

第十四条　人民法院受理劳动争议案件后，当事人增加诉讼请求的，如该诉讼请求与讼争的劳动争议具有不可分性，应当合并审理；如属独立的劳动争议，应当告知当事人向劳动争议仲裁机构申请仲裁。

第十五条　劳动者以用人单位的工资欠条为证据直接提起诉讼，诉讼请求不涉及劳动关系其他争议的，视为拖欠劳动报酬争议，人民法院按照普通民事纠纷受理。

第十六条　劳动争议仲裁机构作出仲裁裁决后，当事人对裁决中的部分事项不服，依法提起诉讼的，劳动争议仲裁裁决不发生法律效力。

第十七条　劳动争议仲裁机构对多个劳动者的劳动争议作出仲裁裁决后，部分劳动者对仲裁裁决不服，依法提起诉讼的，仲裁裁决对提起诉讼的劳动者不发生法律效力；对未提起诉讼的部分劳动者，发生法律效力，如其申请执行的，人民法院应当受理。

第十八条　仲裁裁决的类型以仲裁裁决书确定为准。仲裁裁决书未载明该裁决为终局裁决或者非终局裁决，用人单位不服该仲裁裁决向基层人民法院提起诉讼的，应当按照以下情形分别处理。

（一）经审查认为该仲裁裁决为非终局裁决的，基层人民法院应予受理；

（二）经审查认为该仲裁裁决为终局裁决的，基层人民法院不予受理，但应告知用人单位可以自收到不予受理裁定书之日起三十日内向劳动争议仲裁机构所在地的中级人民法院申请撤销该仲裁裁决；已经受理的，裁定驳回起诉。

第十九条　仲裁裁决书未载明该裁决为终局裁决或者非终局裁决，劳动者依据调解仲裁法第四十七条第一项规定，追索劳动报酬、工伤医疗费、经济补偿或者赔偿金，如果仲裁裁决涉及数项，每项确定的数额均不超过当地月最低工资标准十二个月金额的，应当按照终局裁决处理。

第二十条　劳动争议仲裁机构作出的同一仲裁裁决同时包含终局裁决事项和非终局裁

决事项，当事人不服该仲裁裁决向人民法院提起诉讼的，应当按照非终局裁决处理。

第二十一条 劳动者依据调解仲裁法第四十八条规定向基层人民法院提起诉讼，用人单位依据调解仲裁法第四十九条规定向劳动争议仲裁机构所在地的中级人民法院申请撤销仲裁裁决的，中级人民法院应当不予受理；已经受理的，应当裁定驳回申请。

被人民法院驳回起诉或者劳动者撤诉的，用人单位可以自收到裁定书之日起三十日内，向劳动争议仲裁机构所在地的中级人民法院申请撤销仲裁裁决。

第二十二条 用人单位依据调解仲裁法第四十九条规定向中级人民法院申请撤销仲裁裁决，中级人民法院作出的驳回申请或者撤销仲裁裁决的裁定为终审裁定。

第二十三条 中级人民法院审理用人单位申请撤销终局裁决的案件，应当组成合议庭开庭审理。经过阅卷、调查和询问当事人，对没有新的事实、证据或者理由，合议庭认为不需要开庭审理的，可以不开庭审理。

中级人民法院可以组织双方当事人调解。达成调解协议的，可以制作调解书。一方当事人逾期不履行调解协议的，另一方可以申请人民法院强制执行。

第二十四条 当事人申请人民法院执行劳动争议仲裁机构作出的发生法律效力的裁决书、调解书，被申请人提出证据证明劳动争议仲裁裁决书、调解书有下列情形之一，并经审查核实的，人民法院可以根据民事诉讼法第二百三十七条规定，裁定不予执行。

（一）裁决的事项不属于劳动争议仲裁范围，或者劳动争议仲裁机构无权仲裁的；

（二）适用法律、法规确有错误的；

（三）违反法定程序的；

（四）裁决所根据的证据是伪造的；

（五）对方当事人隐瞒了足以影响公正裁决的证据的；

（六）仲裁员在仲裁该案时有索贿受贿、徇私舞弊、枉法裁决行为的；

（七）人民法院认定执行该劳动争议仲裁裁决违背社会公共利益的。

人民法院在不予执行的裁定书中，应当告知当事人在收到裁定书之次日起三十日内，可以就该劳动争议事项向人民法院提起诉讼。

第二十五条 劳动争议仲裁机构作出终局裁决，劳动者向人民法院申请执行，用人单位向劳动争议仲裁机构所在地的中级人民法院申请撤销的，人民法院应当裁定中止执行。

用人单位撤回撤销终局裁决申请或者其申请被驳回的，人民法院应当裁定恢复执行。仲裁裁决被撤销的，人民法院应当裁定终结执行。

用人单位向人民法院申请撤销仲裁裁决被驳回后，又在执行程序中以相同理由提出不予执行抗辩的，人民法院不予支持。

第二十六条 用人单位与其他单位合并的，合并前发生的劳动争议，由合并后的单位为当事人；用人单位分立为若干单位的，其分立前发生的劳动争议，由分立后的实际用人单位为当事人。

用人单位分立为若干单位后，具体承受劳动权利义务的单位不明确的，分立后的单位均为当事人。

第二十七条 用人单位招用尚未解除劳动合同的劳动者，原用人单位与劳动者发生的劳动争议，可以列新的用人单位为第三人。

原用人单位以新的用人单位侵权为由提起诉讼的，可以列劳动者为第三人。

原用人单位以新的用人单位和劳动者共同侵权为由提起诉讼的，新的用人单位和劳动者列为共同被告。

第二十八条 劳动者在用人单位与其他平等主体之间的承包经营期间，与发包方和承包方双方或者一方发生劳动争议，依法提起诉讼的，应当将承包方和发包方作为当事人。

第二十九条 劳动者与未办理营业执照、营业执照被吊销或者营业期限届满仍继续经营的用人单位发生争议的，应当将用人单位或者其出资人列为当事人。

第三十条 未办理营业执照、营业执照被吊销或者营业期限届满仍继续经营的用人单位，以挂靠等方式借用他人营业执照经营的，应当将用人单位和营业执照出借方列为当事人。

第三十一条 当事人不服劳动争议仲裁机构作出的仲裁裁决，依法提起诉讼，人民法院审查认为仲裁裁决遗漏了必须共同参加仲裁的当事人的，应当依法追加遗漏的人为诉讼当事人。

被追加的当事人应当承担责任的，人民法院应当一并处理。

第三十二条 用人单位与其招用的已经依法享受养老保险待遇或者领取退休金的人员发生用工争议而提起诉讼的，人民法院应当按劳务关系处理。

企业停薪留职人员、未达到法定退休年龄的内退人员、下岗待岗人员以及企业经营性停产放长假人员，因与新的用人单位发生用工争议而提起诉讼的，人民法院应当按劳动关系处理。

第三十三条　外国人、无国籍人未依法取得就业证件即与中华人民共和国境内的用人单位签订劳动合同，当事人请求确认与用人单位存在劳动关系的，人民法院不予支持。

持有《外国专家证》并取得《外国人来华工作许可证》的外国人，与中华人民共和国境内的用人单位建立用工关系的，可以认定为劳动关系。

第三十四条　劳动合同期满后，劳动者仍在原用人单位工作，原用人单位未表示异议的，视为双方同意以原条件继续履行劳动合同。一方提出终止劳动关系的，人民法院应予支持。

根据劳动合同法第十四条规定，用人单位应当与劳动者签订无固定期限劳动合同而未签订的，人民法院可以视为双方之间存在无固定期限劳动合同关系，并以原劳动合同确定双方的权利义务关系。

第三十五条　劳动者与用人单位就解除或者终止劳动合同办理相关手续、支付工资报酬、加班费、经济补偿或者赔偿金等达成的协议，不违反法律、行政法规的强制性规定，且不存在欺诈、胁迫或者乘人之危情形的，应当认定有效。

前款协议存在重大误解或者显失公平情形，当事人请求撤销的，人民法院应予支持。

第三十六条　当事人在劳动合同或者保密协议中约定了竞业限制，但未约定解除或者终止劳动合同后给予劳动者经济补偿，劳动者履行了竞业限制义务，要求用人单位按照劳动者在劳动合同解除或者终止前十二个月平均工资的30%按月支付经济补偿的，人民法院应予支持。

前款规定的月平均工资的30%低于劳动合同履行地最低工资标准的，按照劳动合同履行地最低工资标准支付。

第三十七条　当事人在劳动合同或者保密协议中约定了竞业限制和经济补偿，当事人解除劳动合同时，除另有约定外，用人单位要求劳动者履行竞业限制义务，或者劳动者履行了竞业限制义务后要求用人单位支付经济补偿的，人民法院应予支持。

第三十八条　当事人在劳动合同或者保密协议中约定了竞业限制和经济补偿，劳动合同解除或者终止后，因用人单位的原因导致三个月未支付经济补偿，劳动者请求解除竞业限制约定的，人民法院应予支持。

第三十九条 在竞业限制期限内，用人单位请求解除竞业限制协议的，人民法院应予支持。

在解除竞业限制协议时，劳动者请求用人单位额外支付劳动者三个月的竞业限制经济补偿的，人民法院应予支持。

第四十条 劳动者违反竞业限制约定，向用人单位支付违约金后，用人单位要求劳动者按照约定继续履行竞业限制义务的，人民法院应予支持。

第四十一条 劳动合同被确认为无效，劳动者已付出劳动的，用人单位应当按照劳动合同法第二十八条、第四十六条、第四十七条的规定向劳动者支付劳动报酬和经济补偿。

由于用人单位原因订立无效劳动合同，给劳动者造成损害的，用人单位应当赔偿劳动者因合同无效所造成的经济损失。

第四十二条 劳动者主张加班费的，应当就加班事实的存在承担举证责任。但劳动者有证据证明用人单位掌握加班事实存在的证据，用人单位不提供的，由用人单位承担不利后果。

第四十三条 用人单位与劳动者协商一致变更劳动合同，虽未采用书面形式，但已经实际履行了口头变更的劳动合同超过一个月，变更后的劳动合同内容不违反法律、行政法规且不违背公序良俗，当事人以未采用书面形式为由主张劳动合同变更无效的，人民法院不予支持。

第四十四条 因用人单位作出的开除、除名、辞退、解除劳动合同、减少劳动报酬、计算劳动者工作年限等决定而发生的劳动争议，用人单位负举证责任。

第四十五条 用人单位有下列情形之一，迫使劳动者提出解除劳动合同的，用人单位应当支付劳动者的劳动报酬和经济补偿，并可支付赔偿金。

（一）以暴力、威胁或者非法限制人身自由的手段强迫劳动的；

（二）未按照劳动合同约定支付劳动报酬或者提供劳动条件的；

（三）克扣或者无故拖欠劳动者工资的；

（四）拒不支付劳动者延长工作时间工资报酬的；

（五）低于当地最低工资标准支付劳动者工资的。

第四十六条 劳动者非因本人原因从原用人单位被安排到新用人单位工作，原用人单位未支付经济补偿，劳动者依据劳动合同法第三十八条规定与新用人单位解除劳动合同，或者新用人单位向劳动者提出解除、终止劳动合同，在计算支付经济补偿或赔偿金的工作年限时，劳动者请求把在原用人单位的工作年限合并计算为新用人单位工作年限的，人民法院应予支持。

用人单位符合下列情形之一的，应当认定属于"劳动者非因本人原因从原用人单位被安排到新用人单位工作"。

（一）劳动者仍在原工作场所、工作岗位工作，劳动合同主体由原用人单位变更为新用人单位；

（二）用人单位以组织委派或任命形式对劳动者进行工作调动；

（三）因用人单位合并、分立等原因导致劳动者工作调动；

（四）用人单位及其关联企业与劳动者轮流订立劳动合同；

（五）其他合理情形。

第四十七条 建立了工会组织的用人单位解除劳动合同符合劳动合同法第三十九条、第四十条规定，但未按照劳动合同法第四十三条规定事先通知工会，劳动者以用人单位违法解除劳动合同为由请求用人单位支付赔偿金的，人民法院应予支持，但起诉前用人单位已经补正有关程序的除外。

第四十八条 劳动合同法施行后，因用人单位经营期限届满不再继续经营导致劳动合同不能继续履行，劳动者请求用人单位支付经济补偿的，人民法院应予支持。

第四十九条 在诉讼过程中，劳动者向人民法院申请采取财产保全措施，人民法院经审查认为申请人经济确有困难，或者有证据证明用人单位存在欠薪逃匿可能的，应当减轻或者免除劳动者提供担保的义务，及时采取保全措施。

人民法院作出的财产保全裁定中，应当告知当事人在劳动争议仲裁机构的裁决书或者在人民法院的裁判文书生效后三个月内申请强制执行。逾期不申请的，人民法院应当裁定解除保全措施。

第五十条 用人单位根据劳动合同法第四条规定，通过民主程序制定的规章制度，不违反国家法律、行政法规及政策规定，并已向劳动者公示的，可以作为确定双方权利义务的依据。

用人单位制定的内部规章制度与集体合同或者劳动合同约定的内容不一致，劳动者请求优先适用合同约定的，人民法院应予支持。

第五十一条 当事人在调解仲裁法第十条规定的调解组织主持下达成的具有劳动权利义务内容的调解协议，具有劳动合同的约束力，可以作为人民法院裁判的根据。

当事人在调解仲裁法第十条规定的调解组织主持下仅就劳动报酬争议达成调解协议，用人单位不履行调解协议确定的给付义务，劳动者直接提起诉讼的，人民法院可以按照普通民事纠纷受理。

第五十二条 当事人在人民调解委员会主持下仅就给付义务达成的调解协议，双方认为有必要的，可以共同向人民调解委员会所在地的基层人民法院申请司法确认。

第五十三条 用人单位对劳动者作出的开除、除名、辞退等处理，或者因其他原因解除劳动合同确有错误的，人民法院可以依法判决予以撤销。

对于追索劳动报酬、养老金、医疗费以及工伤保险待遇、经济补偿金、培训费及其他相关费用等案件，给付数额不当的，人民法院可以予以变更。

第五十四条 本解释自 2021 年 1 月 1 日起施行。

5. 人力资源和社会保障部　最高人民法院关于劳动人事争议仲裁与诉讼衔接有关问题的意见（一）

人社部发〔2022〕9 号

各省、自治区、直辖市人力资源社会保障厅（局）、高级人民法院，解放军军事法院，新疆生产建设兵团人力资源社会保障局、新疆维吾尔自治区高级人民法院生产建设兵团分院。

为贯彻党中央关于健全社会矛盾纠纷多元预防调处化解综合机制的要求，落实《人力资源社会保障部最高人民法院关于加强劳动人事争议仲裁与诉讼衔接机制建设的意见》（人社部发〔2017〕70号），根据相关法律规定，结合工作实践，现就完善劳动人事争议仲裁与诉讼衔接有关问题，提出如下意见。

一、劳动人事争议仲裁委员会对调解协议仲裁审查申请不予受理或者经仲裁审查决定不予制作调解书的，当事人可依法就协议内容中属于劳动人事争议仲裁受理范围的事项申请仲裁。当事人直接向人民法院提起诉讼的，人民法院不予受理，但下列情形除外。

（一）依据《中华人民共和国劳动争议调解仲裁法》第十六条规定申请支付令被人民法院裁定终结督促程序后，劳动者依据调解协议直接提起诉讼的；

（二）当事人在《中华人民共和国劳动争议调解仲裁法》第十条规定的调解组织主持下仅就劳动报酬争议达成调解协议，用人单位不履行调解协议约定的给付义务，劳动者直接提起诉讼的；

（三）当事人在经依法设立的调解组织主持下就支付拖欠劳动报酬、工伤医疗费、经济补偿或者赔偿金事项达成调解协议，双方当事人依据《中华人民共和国民事诉讼法》第二百零一条规定共同向人民法院申请司法确认，人民法院不予确认，劳动者依据调解协议直接提起诉讼的。

二、经依法设立的调解组织调解达成的调解协议生效后，当事人可以共同向有管辖权的人民法院申请确认调解协议效力。

三、用人单位依据《中华人民共和国劳动合同法》第九十条规定，要求劳动者承担赔偿责任的，劳动人事争议仲裁委员会应当依法受理。

四、申请人撤回仲裁申请后向人民法院起诉的，人民法院应当裁定不予受理；已经受理的，应当裁定驳回起诉。

申请人再次申请仲裁的，劳动人事争议仲裁委员会应当受理。

五、劳动者请求用人单位支付违法解除或者终止劳动合同赔偿金，劳动人事争议仲裁委员会、人民法院经审查认为用人单位系合法解除劳动合同应当支付经济补偿的，可以依法裁决或者判决用人单位支付经济补偿。

劳动者基于同一事实在仲裁辩论终结前或者人民法院一审辩论终结前将仲裁请求、诉讼请求由要求用人单位支付经济补偿变更为支付赔偿金的，劳动人事争议仲裁委员会、人民法院应予准许。

六、当事人在仲裁程序中认可的证据，经审判人员在庭审中说明后，视为质证过的证据。

七、依法负有举证责任的当事人，在诉讼期间提交仲裁中未提交的证据的，人民法院应当要求其说明理由。

八、在仲裁或者诉讼程序中，一方当事人陈述的于己不利的事实，或者对于己不利的事实明确表示承认的，另一方当事人无须举证证明，但下列情形不适用有关自认的规定。

（一）涉及可能损害国家利益、社会公共利益的；

（二）涉及身份关系的；

（三）当事人有恶意串通损害他人合法权益可能的；

（四）涉及依职权追加当事人、中止仲裁或者诉讼、终结仲裁或者诉讼、回避等程序性事项的。

当事人自认的事实与已经查明的事实不符的，劳动人事争议仲裁委员会、人民法院不予确认。

九、当事人在诉讼程序中否认在仲裁程序中自认事实的，人民法院不予支持，但下列情形除外。

（一）经对方当事人同意的；

（二）自认是在受胁迫或者重大误解情况下作出的。

十、仲裁裁决涉及下列事项，对单项裁决金额不超过当地月最低工资标准十二个月金额的，劳动人事争议仲裁委员会应当适用终局裁决。

（一）劳动者在法定标准工作时间内提供正常劳动的工资；

（二）停工留薪期工资或者病假工资；

（三）用人单位未提前通知劳动者解除劳动合同的一个月工资；

（四）工伤医疗费；

（五）竞业限制的经济补偿；

（六）解除或者终止劳动合同的经济补偿；

（七）《中华人民共和国劳动合同法》第八十二条规定的第二倍工资；

（八）违法约定试用期的赔偿金；

（九）违法解除或者终止劳动合同的赔偿金；

（十）其他劳动报酬、经济补偿或者赔偿金。

十一、裁决事项涉及确认劳动关系的，劳动人事争议仲裁委员会就同一案件应当作出非终局裁决。

十二、劳动人事争议仲裁委员会按照《劳动人事争议仲裁办案规则》第五十条第四款规定对不涉及确认劳动关系的案件分别作出终局裁决和非终局裁决，劳动者对终局裁决向基层人民法院提起诉讼、用人单位向中级人民法院申请撤销终局裁决、劳动者或者用人单位对非终局裁决向基层人民法院提起诉讼的，有管辖权的人民法院应当依法受理。

审理申请撤销终局裁决案件的中级人民法院认为该案件必须以非终局裁决案件的审理结果为依据，另案尚未审结的，可以中止诉讼。

十三、劳动者不服终局裁决向基层人民法院提起诉讼，中级人民法院对用人单位撤销终局裁决的申请不予受理或者裁定驳回申请，用人单位主张终局裁决存在《中华人民共和国劳动争议调解仲裁法》第四十九条第一款规定情形的，基层人民法院应当一并审理。

十四、用人单位申请撤销终局裁决，当事人对部分终局裁决事项达成调解协议的，中级人民法院可以对达成调解协议的事项出具调解书；对未达成调解协议的事项进行审理，作出驳回申请或者撤销仲裁裁决的裁定。

十五、当事人就部分裁决事项向人民法院提起诉讼的，仲裁裁决不发生法律效力。当事人提起诉讼的裁决事项属于人民法院受理的案件范围的，人民法院应当进行审理。当事人未提起诉讼的裁决事项属于人民法院受理的案件范围的，人民法院应当在判决主文中予以确认。

十六、人民法院根据案件事实对劳动关系是否存在及相关合同效力的认定与当事人主张、劳动人事争议仲裁委员会裁决不一致的，人民法院应当将法律关系性质或者民事行为效力作为焦点问题进行审理，但法律关系性质对裁判理由及结果没有影响，或者有关问题已经当事人充分辩论的除外。

当事人根据法庭审理情况变更诉讼请求的，人民法院应当准许并可以根据案件的具体情况重新指定举证期限。

不存在劳动关系且当事人未变更诉讼请求的，人民法院应当判决驳回诉讼请求。

十七、对符合简易处理情形的案件，劳动人事争议仲裁委员会按照《劳动人事争议仲裁办案规则》第六十条规定，已经保障当事人陈述意见的权利，根据案件情况确定举证期限、开庭日期、审理程序、文书制作等事项，作出终局裁决，用人单位以违反法定程序为由申请撤销终局裁决的，人民法院不予支持。

十八、劳动人事争议仲裁委员会认为已经生效的仲裁处理结果确有错误，可以依法启动仲裁监督程序，但当事人提起诉讼，人民法院已经受理的除外。

劳动人事争议仲裁委员会重新作出处理结果后，当事人依法提起诉讼的，人民法院应当受理。

十九、用人单位因劳动者违反诚信原则，提供虚假学历证书、个人履历等与订立劳动合同直接相关的基本情况构成欺诈解除劳动合同，劳动者主张解除劳动合同经济补偿或者赔偿金的，劳动人事争议仲裁委员会、人民法院不予支持。

二十、用人单位自用工之日起满一年未与劳动者订立书面劳动合同，视为自用工之日起满一年的当日已经与劳动者订立无固定期限劳动合同。

存在前款情形，劳动者以用人单位未订立书面劳动合同为由要求用人单位支付自用工之日起满一年之后的第二倍工资的，劳动人事争议仲裁委员会、人民法院不予支持。

二十一、当事人在劳动合同或者保密协议中约定了竞业限制和经济补偿，劳动合同解除或者终止后，因用人单位的原因导致三个月未支付经济补偿，劳动者请求解除竞业限制约定的，劳动人事争议仲裁委员会、人民法院应予支持。

人力资源和社会保障部

最高人民法院

2022 年 2 月 21 日